U0097117

古代歷史文化研究輯刊

九編

王明蓀 主編

第15冊

鄭和下西洋研究論稿（上）

張箭 著

國家圖書館出版品預行編目資料

鄭和下西洋研究論稿（上）／張箭 著 — 初版 — 新北市：花木蘭文化出版社，2013〔民 102〕

序 6+ 目 2+184 面；19×26 公分

（古代歷史文化研究輯刊 九編；第 15 冊）

ISBN：978-986-322-196-8（精裝）

1. 航海 2. 國際貿易史 3. 中國

618 102002676

古代歷史文化研究輯刊

九 編 第十五冊 ISBN：978-986-322-196-8

鄭和下西洋研究論稿（上）

作 者 張 箭

主 編 王明蓀

總編輯 杜潔祥

出 版 花木蘭文化出版社

發行所 花木蘭文化出版社

發行人 高小娟

聯絡地址 235 新北市中和區中安街七二號十三樓

電話：02-2923-1455／傳眞：02-2923-1452

網 址 http://www.huamulan.tw 信箱 sut81518@gmail.com

印 刷 普羅文化出版廣告事業

初 版 2013 年 3 月

定 價 九編 27 冊（精裝）新台幣 45,000 元

本書受國家九八五工程三期
四川大學「區域歷史與民族創新基地」資助

鄭和下西洋研究論稿（上）

張　箭　著

作者簡介

張箭，1955 年生於成都市。四川大學歷史系歷史專業本科，史學學士、碩士、博士，南開大學歷史專業博士後。四川大學歷史文化學院教授、碩士生、博士生和博士後導師。治世界中世紀近代史、中國中古史、中西交通比較交流史、中外農史、中外宗教史等。懂英俄拉丁日語（程度有不同）。發表論文二百多篇；著有《地理大發現研究》、《世界大航海史話》；主編主撰有《影響世界的猶太巨人》；二人合譯有《清末近代企業與官商關係》；（另有博士論文《三武一宗滅佛研究》。）

提　　要

本書系研究鄭和下西洋的個人專題論文集。收入近十幾年來發表的二十好幾篇論文，分為總論、中西比較、船舶研究、動物考證、文獻研究、古籍整理、問題討論、書評樂評、附錄九個篇章。在第一篇章中，總結出下西洋壯舉中形成和體現的八種偉大精神：即愛國主義、集體主義、奉獻、創造創新、包容平等、和平、開放和科學精神。分析出中國人沒有參與地理大發現的地理原因，即所處的地理位置不佳，離待發現的美洲、黑非洲、澳洲較遠，周圍皆是文明的較強的鄰國，不似西歐地理環境得天獨厚……第二篇章進行鄭和下西洋與十五、十六世紀西班牙葡萄牙大航海比較，指出它們實為雙峰傲立、珠聯璧合、交相輝映，皆為文明史上的大事，共同開創了大航海時代。在航海術、造船術、製圖術等方面也各有千秋，難分伯仲……在第三篇章中，引入排水量、噸位、型深等概念並研究這些問題，獨闢蹊徑，使鄭和寶船大小的研究有了突破和躍進。在第四篇章中，考征、甄別出下西洋之人所見所記所引進的異獸神鹿、飛虎、草上飛、馬哈獸、糜裏羔獸、膃肭臍分別為今日之馬來貘、鼯猴、猞猁、阿拉伯劍羚、印度藍牛、小靈貓。本書原創性領先的研究還多……本書既有較大學術意義，還有弘揚鄭和精神、批評「中國威脅論」等實踐意義。

中國人走向海洋（代序）

李映發*

當今是人類走向海洋，全面開發和利用海洋資源的時代。

中國有海疆 2 萬公里，海域有渤海、黃海、東海、南海等共 473 萬平方公里。中國是文明古國，從陸地或海上與鄰國的和平交往是幾千年來的優良傳統，即使是從南洋、西洋、西亞、非洲來的國王、酋長、使臣、商人、僧人、朋友也以誠相待，「有朋自遠方來，不亦樂乎」。

古代中國「以農立國」，以農業文明著稱於世，由於強大的經濟基礎遠勝於亞洲各國及「黑暗中世紀」的歐洲，由此而產生燦若群星的輝煌文化。英國劍橋的李約瑟博士（1900～1996 年）在所著的《中國科學技術史》中指出，「中國是發明的國度」，「在十三世紀前，中國的科學技術遙遙領先於世界」。中國的科學技術對於歐洲曾發生過「震天撼地的影響」。尤其是中國的「四大發明」，火藥、羅盤（指南針）、造紙、印刷術傳到歐洲，促進了歐洲的文明進程，火藥火炮轟坍了封建領主的城堡，指南針使地中海、大西洋上的奴隸船、海盜船，殖民航海家的探險船在「一片汪洋都不見」的茫茫大洋中找到了方向，締造了「地理大發現」的輝煌歷史。

在古代中國文明中，有農業文明，即所謂的「黃色文明」，這是主要的，但也有燦爛的海洋文化，即「藍色文明」。中國東、南兩方都臨大海，當然古人早就熟悉大海。西元前五世紀末，大學問家孔子問弟子子路的志向，子路回答說：「乘桴浮於海」，桴（fú），木筏。這說明早有人來往於海（應主要爲沿海）。對於海上資源，古人早有認識和利用，山東的齊國，就是因沿海的魚、

---

* 序者 1940 年生於四川巴縣（今屬重慶），四川大學歷史文化學院教授，農工民主黨四川大學基層總支主任。

鹽之利用而首先在春秋列國中稱霸。秦漢稱物產豐富的關中和成都平原爲「天府之國」、「陸海」。唐朝人顏師古注班固《漢書．地理志》中「陸海」曰，「言其地高陸而饒物產，如海之無所不出」。「海納百川」、「海中有仙山」、「海之無所不出」是遠古中國人對海洋的認識。

古老神州面臨大海大洋，蔚藍色的海洋神秘地誘惑著中國人。古人不滿足於只知道「島夷卉服，厥篚織貝，厥包桔柚」（《禹貢》），還想知道更遠的海洋。秦始皇派徐福帶三千童男童女駕船向東洋深處去，尋求扶桑國，傳說到了現在的日本。《漢書．地理志》中記述，漢朝使節曾訪問日南（今越南中部）、黃支國（今印度東海岸維查雅瓦達一帶）、己程不國（今斯里蘭卡）等國家。有學者說「己程不國」爲今東非國家，「漢之譯使自此還矣」。自此以降，中國史籍上不乏有使節、僧人、商人去印度洋。李約瑟指出：「西元三世紀到七世紀末是中印交往的偉大時代」。東吳、隋朝都曾派使臣、將領帶兵到琉求（今臺灣）。唐朝時，中國商船直接開往印度洋。宋元時期，朝廷注重發展海外貿易，鼓勵蕃商前來，中國商船也前往印度、阿拉伯、東非。這時期，中國人建造海船和航海技術突飛猛進，建造的海船不僅體魄巍然，載重量大，而且創造出了有密封隔水艙的船體，即使一處觸礁撞破也不致全船進水，增加了安全；羅盤（指南針）、牽星板，火藥武器運用上了海船，保障了航向的正確和航程中的自衛安全；對於季風、海流及航道的各方面知識都大爲豐富。元朝是蒙古族爲主體的政權，這個「馬上民族」入主中原後卻偏好海上活動，至元十一年（1274 年）、十八年（1281）年兩征日本，分別爲 2.5 萬人 900 艘船和 4 萬人 2500 艘船，至元二十四年（1287 年），命脫歡統水師 9 萬人，戰船 500 艘征安南（今越南），二十九年（1292 年），命史弼、李興等率水軍 2 萬船 500 艘征爪哇（今印尼）。不義之戰雖然失敗，但在大隊人馬航海方面卻積纍了不少經驗。1279 年、1281 年、1282 年，元世祖忽必烈三次派使臣楊廷璧等人由海道出使印度。1292 年，馬可．波羅請求回國，忽必烈派他護送元公主闊闊眞去伊爾汗國由海路順道回威尼斯。馬可．波羅說，忽必烈還派使臣去過馬達加斯加島。據黃溍（1277～1357 年）《海運千戶楊樞墓誌銘》記載，楊樞曾奉命於大德五年（1301 年）和九年（1305 年）兩度由海道去忽魯謨斯（今屬伊朗，在霍爾木茲海峽北）。十四紀初，年輕的汪大淵曾兩次「附舶東西洋」，1349 年著《島夷志略》記述「身所遊覽，耳目親見」，其中屬於印度洋及沿岸的國家和地區的地名有 10 餘個，如里伽塔（今也門亞丁），天堂（今沙特阿拉伯麥加）、麻那裏（今肯亞馬林迪）、層搖羅（今坦桑尼亞基瓦爾基西瓦尼）等等。這時期，在印度洋上遠航的船隻，不再是八、九世紀流行的阿拉伯人用椰子樹木料造的平底船，而是中國人用堅實木料造的大而又有密隔水艙結構、并有羅盤和火藥武器裝備的大帆船。這在《馬可·波羅遊記》中有記載。這一切，使印度洋上的海上貿易發生了換代性的變化，原來主要靠阿拉伯人的船遠航，而元代後靠中國船將阿拉伯人的貨物運過印度洋，入太平洋，去中國。

1368 年元朝滅亡，明朝建立。明初 30 餘年修復王朝更替創傷，「與民休息」，發展社會經濟，迎來了明成祖「永樂盛世」。明成祖朱棣以藩王奪得帝位，心雄志大，向中外廣爲昭示入繼大統，宣揚新朝德化柔遠，頻派使臣出訪大陸上、大洋中諸鄰國和遠方友邦。明初洪武、永樂年間都曾派使臣前往太平洋上的中山、北山、南山等國（今琉求群島），派使臣訪印度洋上國家，據《明實錄》記載，洪武年間 3 次（二年正月，三年六月，四年八月），建文四年 1 次。永樂年間，除鄭和下西洋外有 9 次，（永樂元年八月、十月，十年七月、九月、十月、十一月，十三年七月，十八年九月，二十年九月。詳情見《明實錄》相關年月條目）。由此可見，元明時期中國人頻繁來往於印度洋。

中國古代遠洋航行的最高成就，是由鄭和下西洋締造的。永樂三年（1405 年）明成祖派遣鄭和下西洋。此後，至明宣宗宣德八年（1433 年）鄭和七次下西洋。鄭和率領的龐大船隊是人類走向海洋史上曠古未有的壯舉。第一次下西洋，將士 27,800 人，大中小船 208 艘。第四次下西洋有 28,568 人，七次下西洋共計將士、舵工、水手、工匠、醫生、翻譯等等 10 餘萬人次。遍訪了今南洋、印度洋上及沿岸 30 餘國，最遠處抵達阿拉伯半島的天方（麥加）、伊朗忽魯謨斯（波斯灣）和非洲東岸的竹步（今索馬里朱巴河口之準博一帶）、卜喇哇（索馬里布臘瓦）。如此龐大的船隊，在太平洋西海域和印度洋上「雲帆高掛，晝夜星馳，涉彼狂瀾，若履通衢」，往返數次，均順利成功，實在是令古今中外人驚歎！

鄭和下西洋，嚴格地執行和完成了皇帝的旨意：「宣德化以柔遠」、「際天極地，罔不臣妾」，贏得了「萬國來朝」的盛況。鄭和所到之處齎印賞文綺賜封贈，「天書到處多歡聲，蠻魁酋長爭相迎，南金異寶遠馳貢，懷恩慕義攄忠誠」（馬歡《紀程詩》）。天朝贏得了友誼、聲威，也採購了西洋大量的珍寶奇香、異獸珍禽。鄭和下西洋的壯舉，爲人類航海史譜寫了輝煌的篇章，是當時西洋列國海洋上的弄潮兒不可望及項背的，所以說在人類開發印度洋的歷史上，12～15 世紀初是中國人的時代。

鄭和下西洋停止後，中國人迅速退出了印度洋。60 餘年後，葡萄牙、西班牙等西方小國船隊迅速建立起海上霸權，推出了「地理大發現」開天闢地的大節目。之後，英國人建立起「日不落」海上殖民霸權……鄭和下西洋六百年後，中國船隊重新回到了印度洋。從 2008 年 12 月 25 日起至今，中國遵從聯合國安理會有關決議，按有關國家的做法，並受索馬裏過渡政府的邀請，派出了若干艘軍艦前往印度洋亞丁灣爲來往商船護航防範海盜。這是當今弘揚的鄭和精神。

鄭和下西洋是明朝的一件大事，筆者治明清史、中國科技史，當然也十分關注和研究這件大事。鄭和下西洋，是國家開放，走向世界的輝煌篇章。近代史上，梁啓超、孫中山先生都高度肯定和讚譽鄭和是中國歷史上傑出的航海家。改革開放 30 餘年來，國內外的鄭和研究盛況空前。《鄭和研究》、《海交史研究》、《中西文化研究》、《中國文化研究》、《光明日報》等等各類雜誌報刊發表論文數千篇，有關歷史資料集、論集，文藝創作等書近百種，大小規模的學術交流會一年之中有幾次。其中最盛大的一次是 2005 年在南京舉行的紀念鄭和下西洋 600 週年國際學術討論會。

在此之際，張箭教授《鄭和下西洋研究論稿》大著送到我手上，請我爲之作序。受人重託，不可絲毫懈怠。

張箭教授，大學本科在四川大學歷史系學習，讀書時喜歡世界史，三年級作學年論文《試論麥哲倫環球航行》。大學畢業後應屆考取攻讀世界中世紀史研究生，碩士畢業後留本校本系任教，開設世界中世紀史、中西交通交流史等課。在職又攻讀中國古代史魏晉南北朝方向博士生獲博士學位。今爲博士生（後）導師。我倆時常見面，常談一些中西文化和交流方面話題。我一直注重鄭和下西洋的授課和科研，與南京鄭和研究會聯繫較早，訂閱大刊《鄭和研究》。1996 年，爲擴大《鄭和研究》宣傳，我想到了張箭和另外一位治中西文化交流的老師，介紹訂閱該刊；希望他們二位也來參加鄭和研究，從世界史的視角來研究鄭和下西洋，或許更能引向深入。次年，《鄭和研究》第 3 期發表了張箭研究鄭和的第一篇文章《美洲地名的由來與鄭和遠航》。張箭教授是一個勤學思敏的人，在學術刊物上常見他發表的文章。關於鄭和研究的文章已發表了數十篇。他有的專著曾惠贈我，我倆一同出席 2005 年在南京舉行的「鄭和下西洋 600 週年國際學術討論會」。他今「集腋成裘」，將論文匯為《論稿》，囑我作序。鑒於彰揚鄭和精神和與張箭的友誼（我們還是冬泳泳友），拙筆欣然應允。

《論稿》彙集的近 30 篇文章，對鄭和下西洋進行了較為全面的研究，包括：鄭和下西洋和明朝停罷下西洋的原因，鄭和下西洋的社會效益與歷史意義，鄭和下西洋與西方殖民主義者「地理大發現」的比較，鄭和航海圖與寶船大小的研究，有關文獻、圖籍的整理與研究。筆者拜讀了每篇文章，初步感覺本書最大的特色是以世界歷史進程的視野來認識、研究和評價中國明朝的鄭和下西洋事件；近百年來，尤其是近三十餘年來，研究鄭和下西洋的文章和專著何其多，也偶有人涉及東西方航海史的比較，卻是膚淺的，都是以「國家歷史視野」看問題，而不是以「世界歷史視野」看問題。由此而形成本書最大的亮點在於：「鄭和下西洋」與「地理大發現」的比較，鄭和下西洋對動物的引進及其對中國動物知識長進的影響。

張箭教授長期從事「地理大發現」的研究，也有專著行世。他對鄭和下西洋作了比較研究，鄭和七次下西洋，10 萬人次，總航程達 8 萬海里，每次船舶一二百艘，寶船大數千至萬餘噸，而達·迦馬發現好望角時，船小，100～2000 噸，4 艘，170 餘人。哥倫布發現美洲新大陸，船亦小，60～120 噸，第一次航行有 3 艘船，90 餘人。麥哲倫環行地球只有 5 隻船，234 人。鄭和下西洋獲得的是廣佈了「天朝」聲威，各國的暫時「賓服」和採購的珍寶、異獸，於國家社會經濟無補，反而致使國帑虧空。而西方「地理大發現」諸航海家，不僅個人，國家獲得巨額財富和殖民地，而且對於全球文明史的演進作出了巨大貢獻。如此比較，天壤之別，不禁使張箭教授發出陣陣浩歎。比較中，張教授也明確指出，鄭和下西洋是和平的文明之師，後者是懷著掠奪財富而冒險的殖民主義者。中國人「鄙視征服」、「不圖掠奪」；鄭和下西洋是人類航海史上的壯舉，但就中國古代文明總體而言，應是「大陸河川」文明，而不是以海洋文化為主的「藍色文明」，筆者認為這一提法有一定道理、也新穎。

這一比較研究中，最精到的是對「下西洋」引進的動物考證。張箭教授運用現代歷史學、地理學、生物學、語言學等知識，從詞源、生態地理、動物區系、野獸形態、中外文獻、圖書等入手，排查、比對、觀察、實驗等方法考證引進的珍禽異獸，兕——犀牛、鼉——鱷魚、駝雞——鴕鳥、花福鹿

——斑馬、麒麟——長頸鹿等的中外名稱；據動物形態、產地和動物學上的分類，又特別對六種異獸作了考證：神鹿是馬來貘、飛虎是鼯猴、草上飛是猞猁、馬哈獸是阿拉伯劍羚、麋裏羔獸是印度藍牛、膃肭臍是小靈貓。這類論文，曾在 2005 年南京國際學術討論會上贏得與會者的好評。

張教授對鄭和寶船大小、噸位作了深入考證，對馬歡《瀛涯勝覽》，鞏珍《西洋番國志》、費信《星槎勝覽》、《鄭和航海圖》作了深入研究，費了一番大功夫，發表一些較好的議論，對《鄭和航海圖》的研究和復原用工甚勤。文如其人，專家學者的精神與風采油然可見。

張箭教授發揮自己治學之長，對鄭和研究另闢蹊徑，欲使之別開生面，取得了成果，可喜可賀。倘若「欲窮千里目，更上一層樓」，筆者以爲還可從中國有關史料中去發掘、深入、考究，因爲鄭和下西洋畢竟是中國的歷史事件。研究中，注意古代中國國情與西方的差異。中國古代社會，人們以政治取向爲主要價值觀念，西方人以經濟取向爲價值觀念。明朝人看西方圖利航海探險，一定會說「不屑爲」，「無補於國」。倘若我們以文化視角看待，二者都是人類航海史上的壯舉。

當今，我國正在進行社會主義的現代化建設，市場經濟的蓬勃發展已改變了人們的傳統觀念。以當今的價值觀來弘揚鄭和精神，張教授比較研究出的歷史經驗教訓那是可以借鑒的了。張箭教授對鄭和精神的八點解讀也非常好。讓我們繼承祖國海洋文化傳統，弘揚鄭和精神，力求做到既開發海洋資源和又保衛海上主權，爲世界和平作出貢獻。

回顧明朝「永樂盛世」，神州大地富庶國強；廣袤海洋上和平交往，賓朋遍天下。21 世紀是海洋的世紀，中國人要「偉大復興」，只顧陸地上是不夠的，必須走向海洋。我們相信，中國成爲海上強國之日，也是民族偉大復興實現之時。

此書讀後，讀者一定會獲得如此思考的裨益。

李映發於蓉城錦江之濱川大花園

目次

上 冊

下　冊

總　論　篇

鄭和下西洋的偉大精神與深深遺憾

摘　要

鄭和精神內涵豐富深厚，本文梳理總結為八種精神。鄭和精神在下西洋的壯舉中發揮了巨大的作用，而且它已融為今天民族精神的一部分。下西洋也留下遺憾：一是中國人未能參與地理大發現，鄭和沒有成為哥倫布那樣的大地理發現家。個中原因學界已有較全面的分析；二是沒把途經的無人之地無主之地建成中國的島嶼或飛地，其主要原因在於中國當時沒有人口壓力；三是後繼無人，沒有出現鄭和第二第三第 N，沒有出現新的大航海家外交家。這就不是歷史的必然而是偶然了。原因何在，本文分析概括為六種原因。

關鍵詞：鄭和精神，下洋遺憾，後繼無人，個中原因

鄭和的名字像航標燈一樣閃耀在茫茫夜海，像啓明星般點燃了 15 世紀的文明曙光，輝映和引領了一個時代的航路。這位航海先行者以智慧爲舵、意志作槳，揚起和平的風帆，絞起友誼的錨碇，櫛風沐雨二十九載，犁波耕瀾十幾萬（市）里，篳路藍縷，披波斬浪，創造了世界航海史上的輝煌。三保（寶）太監鄭和無疑是偉大的航海家、外交家、政治家。不過鄭和不似法顯玄奘，不是踽踽獨行的一個人，而是代表著一個偉大的群體，即鄭和與他的同僚戰友王景宏、侯顯等統率的數萬官兵水手；在他們背後，還有更多的工匠技師，還有明朝的人民。他們在西元 1405～1433 年間及前後，建造了數百艘上千艘各型海船（因每次都難免有些毀損和折舊報廢），每次駕乘 200 來艘海船，出動 27000 餘人。七下西洋，歷時二十九個年頭，縱橫於西太平洋北印度洋，遍訪亞非三十多個國家和地區。與亞非各國人民結下了深厚的友誼，傳播了當時堪稱領先的中華文明，營建了公平合理的東亞東南亞政治、經濟秩序和貿易圈，互通了有無互補了稀缺，促進了亞非各國經濟文化社會的發展。二十九年的風雨歷程，十幾萬里的驚濤駭浪，數萬人的頑強拼搏，三十幾個國家的友好交往，給亞非人民留下了美好豐富的歷史回憶，也給我們留下了寶貴的精神財富，值得我們好好整理，繼承和發揚。

一、鄭和精神的實質與內涵

七下西洋的壯舉和下洋官兵水手的奮鬥，已形成、凝聚爲、體現了一種偉大的精神，我們就以下西洋的自始至終的統帥鄭和冠名稱之爲鄭和精神。鄭和精神的實質已成爲民族精神的一部分，其內涵豐富深厚，概括起來，大致有以下幾個方面。

1、忠貞不渝的愛國主義精神

我們認爲，凡對國家民族做出貢獻爭得榮譽的行動皆在愛國主義之列。著名史家范文瀾就此論道：「凡法施於民（辦有利於民的事），以死勤事（民事），以勞定國，能禦大災，能捍大患的人，依據他們對祖國和人民的實際貢獻，都可以稱爲愛國者」〔註 1〕。鄭和遠航在政治、外交、經貿、科技、文化等諸多方面的貢獻是巨大的，在當時的世界上創造了許多第一，爲各國所不及，其影響是深遠的；也爲祖國和人民爭得了榮譽。艦船隊七次奉旨遠航，

〔註 1〕 范文瀾：《中國通史簡編》（修訂本）第一編，人民出版社 1953 年版，第 67 頁。

肩負的是國家的使命、人民的囑託。著名改良家梁啓超稱鄭和爲「祖國大航海家」，革命先行者孫中山贊下西洋爲「中國超前軼後之奇舉」，就是把鄭和作爲一個愛國者，把鄭和精神作爲愛國主義精神來讚揚的。

2、精誠團結的集體主義精神

鄭和船隊每次遠航都有兩萬多人出行。他們來自祖國各地，有不同的民族（鄭和、馬歡是回族），不同的宗教信仰（鄭和、馬歡信仰伊斯蘭教），不同的階級和階層。他們雖遠離故土，仍組織嚴密，軍容嚴整。他們在多次的遠航中，發揮了集體的智慧和力量，團結協作，才取得一個又一個的遠航勝利。據現有的資料，鄭和遠航沒有內訌脫逃嘩變的。反觀個人主義盛行的西方，在其後的大航海中，那樣的事卻屢見不鮮。最爲典型的便爲麥哲倫環航，其中就有一次叛亂（後被弭平），一次脫逃（一船（人）從麥哲倫海峽逃跑回到西班牙）〔註2〕。

3、忠於職守愛崗敬業的奉獻精神

鄭和船隊人員眾多，分工細密。據史載，至少就有「官校、旗軍、火長（領航員）、舵工、班碇手、通事（翻譯）、辦事、書算手、醫士、鐵貓（錨）、木艌、搭材等匠，水手、民稍（艄）人等」〔註3〕。有十幾類人員，每一類又有幾種專業崗位。比如「醫士」，就至少可分醫師、護士、藥師三種。這些船員皆各司其職，各盡所能，配合協作，默默奉獻了自己的年華，甚至是熱血和生命。就以鄭和而論，他從 35 歲開始指揮下西洋，歷時近 29 年，在 1433 年第七次下西洋歸國途中病逝，把自己的一生獻給了祖國的航海事業。前後參加過下西洋的人員大約有 10 萬人次以上（因爲寫《瀛涯勝覽》的馬歡只三下西洋；寫《星槎勝覽》的費信只四下西洋；寫《西洋番國志》的鞏珍只一下西洋）。他們中的絕大多數或曰 99.99%都沒有留下姓名、隻言片語。但他們都履行了個人對國家、民族、社會和從事的職業的責任，表現出中華民族無私奉獻的優秀品質。

4、敢為人先發展傳統的創造創新精神

中華民族是富於創造性、充滿創造力的民族，歷史上有許多重要發明爲

〔註 2〕參馬吉多維奇父子：《地理發現史綱》第 2 卷，莫斯科 1983 年版，第 345～349 頁（И. П. Магидович, В. И. Магидович：“Очерки по Истории Географических Открытий”, Москва 1983, Том II, СС. 128～130）。

〔註 3〕〔明〕祝允明：《前聞記・下西洋》，叢書集成初編本。

我們首創，在人類文明發展史上曾長期獨領風騷。鄭和與艦船隊的成員繼承了先輩爭創一流的優良傳統，又進行了重大的發展和創新，把民族的創造力發揮得淋漓盡致。鄭和航海至少創造出這樣好幾個世界第一：遠航時間最早，當時航行得最遠，航隊規模最大人數最多，造船工業最發達，航海技術最先進，海上力量最強大，繪製了當時最詳細、完備、實用的航海圖（即《鄭和航海圖》），寫下了對途經地區最客觀、翔實、公允的風土人情記歷史地理志（即《瀛涯勝覽》、《星槎勝覽》、《西洋番國志》，前兩書西方人都十分倚重，均有英語譯注本）〔註4〕。

5、海納百川求同存異的包容、和合精神

中國是個儒家（或曰儒教、孔教）居主導地位的文明國家，自來揭櫫和諧、中庸、合作。鄭和又是一個回族穆斯林。但鄭和與下洋人員表現出了對不同宗教和種族的尊重理解。他們積極傳播中華文明儒家文化，所到之處贈送賜給圖書典籍（一般爲儒書、曆書等）、冠服、度量衡器具。他們在錫蘭（今斯里蘭卡）則弘揚佛法，布施佛寺，推動佛教文化進一步發展；他們在印尼、馬來西亞建清眞寺，傳播伊斯蘭教文化。鄭和船隊與世界上的黃、白、黑、棕四大人種皆有密切的交往（中國、東南亞爲黃人居住區，伊朗、波斯灣爲白人區，印度南半部、埃塞俄比亞爲棕人區，東非爲黑人區）。下洋人員對他們一視同仁一體尊重，毫無歧視輕慢。翻翻記述下西洋的「三書」（即兩「覽」一「志」），鄭和與下洋人員的這種襟懷氣度便一目了然。這些都體現了鄭和作爲一個政治家應有的風範和膽識，也保證了航海事業的成功和興盛。同時也以實踐否定了今天西方人亨廷頓等鼓吹的文明衝突論，一些人宣揚的種族衝突論。

6、睦鄰友好親善的和平精神

鄭和遠航最大限度地張揚了和平。鄭和艦船隊是當時世界上最強大的艦船隊，有200來艘各型艦船，27000餘官兵水手。艦船隊不僅配有大量用優質鋼鐵製作的先進的冷兵器刀、矛、弓、箭、弩、矢、盾等，而且配備有當時最先進的火炮火銃、火藥炸藥等熱兵器。宣宗宣德五年頒發的第七次下西洋的詔書命令：「今命太監鄭和等往西洋忽魯謨斯（今伊朗霍爾木茲）公幹，……

〔註4〕即 The Overall Survey of the Ocean's Shores, translated and edited by J. V. G. Mills, Cambridge University Press, 1970，共400餘頁；The Overall Survey of the Star Raft, translated by J. V. G. Mills, revised, annotated and edited by Roderich Ptak, Harrassowitz Verlag. Wiesbaden, 1996，共150多頁。

及隨船合用軍火器、紙箚、油燭、柴炭，並內官內使年例酒、油燭等物，敕至，爾等即照數支與太監鄭和、王景弘……等」〔註5〕。但在是威武之師的同時他們又是文明之師、禮儀之師、和平之師。在下西洋中，鄭和艦船隊從未恃強淩弱，搶劫殺戮，掠奪財富，更未侵佔他國一寸土地，征服擴張，建立殖民地。麻六甲海峽是溝通東南亞與印度洋的重要水上通道，也是下西洋的必經之地。爲便於龐大的艦船隊活動，鄭和船隊在當地政權和居民的允許下，在這一地區曾建有用於歇腳、補給、中轉集散的基地。在《鄭和航海圖》上，可以見到麻六甲海峽兩側標有「官廠」的地名兩處（第28圖，第31圖）。一處在滿剌加（今麻六甲），一處在蘇門答剌（臘）。所謂「官廠」就是這樣的商站，又稱「重（chóng）柵小城」（《瀛涯勝覽·滿剌加》語），或「城柵鼓角」（《西洋朝貢典錄·滿剌加國》語）。下西洋的使命結束後，此重柵小城自行撤走，不復存在。這凸顯了中國人在國際交往中的誠信友好善良。反觀後來西方的航海家、冒險家、殖民家、海盜，則要麼死乞白賴，要麼賄賂公行，要麼武力侵佔，如葡萄牙人之在澳門，荷蘭人之在臺灣……中西對比不啻有天壤之別。

和平需要宣導身體力行，也需要維護，有時甚至需要保衛。鄭和艦船隊主持正義，扶持弱者，反對恃強淩弱，調解、緩和了東南亞各國的衝突和矛盾。鄭和艦船隊在不得已的情況下，也被迫用兵，「該出手時就出手，風風火火走兩洲」（亞非）。第一次是在舊港國（今印尼蘇門答臘巴領旁）剿滅危害鄭和寶船隊的華裔海盜陳祖義團夥，第二次是在錫蘭（山）國自衛反擊陰謀殺人越貨搶船的錫蘭王亞烈苦奈爾；第三次是在印尼蘇門答剌（臘）國介入其國的王位之爭，擒獲蘇幹剌一派。前兩次用兵皆純屬自衛反擊。後一次雖有擔當「警察」的成分，但也熄滅了久燃的戰火，維護了地區的和平、穩定與繁榮。而且即便是自衛反擊，也是很有分寸，做到有理有利有節。例如錫蘭王亞烈苦奈爾兵敗被俘押回北京後，低頭認罪悔過，故又被赦免放還歸國，並立其王族之人繼續當王。正因爲鄭和在東南亞伸張正義，主持公道，維護和平，友好交往，故東南亞人民至今仍紀念鄭和。現在東南亞各地有許多以「三寶」（保）命名的地方，如馬來西亞有三寶山、三保井，菲律賓有三寶顏，印尼有三寶壟、三寶港〔註6〕，等等。一些地方還有三寶廟或三寶寺，

〔註5〕《西洋番國志》所附皇帝敕書二，中華書局2000年版，第10頁。
〔註6〕見劉寶軍：《海外回族和華人穆斯林概況》，人民出版社2004年版，第49～50頁。

如泰國、印尼蘇門答臘，香火旺盛〔註7〕。這些皆是見證。

7、面向世界的開放精神

鄧小平同志對鄭和下西洋所表現出的開放精神和擁抱世界的胸懷給予充分肯定。他說：「恐怕明朝明成祖時候，鄭和下西洋還算是開放的。明成祖死後，明朝逐漸衰落。……長期閉關自守，把中國搞得貧窮落後，愚昧無知」〔註8〕。鄭和下西洋凸顯的時代主題是開放，是中國與海洋、中國與外部世界的交往和理解。其背後展示的是一個世界大國在當時經濟發展、政治相對安定的條件下，一種面向世界擁抱世界的胸懷。它使中國贏得了各國的尊敬，實現了在當時歷史條件下和眼光中的互惠互利雙贏，推動了世界文明的發展。

8、求真務實的科學航海精神

當時的遠洋航行是科學技術含量很高的超長途運輸和旅行，「來不得半點的虛僞和驕傲」（毛澤東語）。為了進行和完成下西洋，幾萬民工和官兵、幾千工匠、幾百技師、上百設計師工程師，殫智竭力，集思廣益，造出了當時世界上數量最多噸位最大的數百艘乃至上千艘遠洋海船（因不可避免地有損壞和折舊）。儘管大寶船的大小長期有長44丈、寬18丈（滿載排水量達四萬多噸）和2000料船、八櫓船（排水量一千多至四千多噸）的兩說和文獻派（堅持前者）科技派（主張後者）的激烈爭論（我個人屬科技派）。但它們屬於當時世界上最大最好的海船則是一致無異議的定評。否則，它們怎能運載27000多人和大量的給養、淡水、貨物，怎能抗住太平洋上的狂風、印度洋上的巨浪、赤道上的烈日、東南亞的淫雨。船隊到了汪洋大海上。但見「洪濤接天，巨浪如山，視諸異域，迥隔於煙霞縹緲之間。而我之雲帆高張，晝夜星馳，涉彼狂瀾，若履通衢」〔註9〕！這是何等的豪放，恢宏！這其中又有何等高端先進的航海技術保障支撐，這背後又凝聚了中國海員水手和指揮官員何等豐富的航海經驗，何等認眞負責、一絲不苟的科學態度，體現了何等的科學判斷決策，科學組織指揮，科學觀察操作。一句話，顯現了何等求眞務實勤於探索的科學精神。

鄭和精神是對中華民族精神的繼承豐富和發展，是對中華民族凝聚力和

〔註7〕參《鄭和下西洋資料彙編》，齊魯書社1989年版，下冊第70～87頁。
〔註8〕《鄧小平在中顧委第三次全體會議上的講話》，1984年1月22日。
〔註9〕福建長樂天妃宮碑《天妃靈濟之記》，《中國通史參考資料》第七冊。

創造力的很好注解。它給我們留下了寶貴的精神財富，它的豐富內涵還需要我們進一步挖掘總結。鄭和精神在下西洋的歷史壯舉中發揮了巨大的作用，它在當時體現和振奮了民族精神，並實質上已融爲今天民族精神的一部分。

二、無盡的惆悵與遺憾

歷史往往是複雜的，事物常常有多面性。鄭和下西洋在創造了輝煌、獨領了風騷的同時，也留下了遺憾，令人惆悵；留下了經驗教訓，需要好好總結。

下西洋的最大遺憾我認爲是中國人未能完成至少是參與地理大發現，具體說來便是發現澳洲－大洋洲諸島，發現南部非洲，發現南北美洲，發現北亞－西伯利亞，開闢把上述地區與舊大陸聯繫起來的新航路新通道，完成環球航行發現地球。而在後來的地理大發現時代，這些發現和開闢主要是通過遠洋航行探險來實現。下西洋既然顯示出中國具有當時世界上最強大、最先進、最完備的造船航海能力、組織指揮能力、財政後勤物資保障能力，那麼中國人「缺席」了地理大發現就不能不令人遺憾，感到惆悵和惋惜〔註10〕。

近年來，英國退役海軍軍官、業餘史學家孟席斯（G. Menzice）寫出了《1421年：中國發現世界》（1421：The Year China Discovered the World）一書，提出下西洋期間有的分䑸、單船已完成上述大部分地理發現，即航入大西洋、航達美洲、澳洲，進行了環球航行等。不過，此說正在研究探討和爭論中，還未達成共識。竊以爲，退一步說，即使有下西洋的少數、個別船隻航達、漂到了美、澳、西非、歐洲等，其意義也十分有限，也不能與後來的迪亞士、哥倫布、達·伽馬、卡伯拉爾、麥哲倫等的地理發現相提並論。這是因爲前者未能返回，也就沒有發現成功；前者沒有把他（們）的發現用文字記錄下來形成文獻，也就沒有爲文明人類的地理學民族學寰宇學博物學知識寶庫增添什麼新東西；前者沒把所到地區的地理簡況繪成地圖海圖，便對後來的航海者探險者無什麼幫助；前者未能成功環航世界，也就沒有證明地球。至於對世界歷史的發展和人類文明演進的影響，前者更不能與後者同日而語。對後者的意義和地位，馬列主義經典作家已有經典性的概括：「美洲的發現，繞過非洲的航行，給新興的資產階級開闢了新的活動場所。東印度和中國的市場，

〔註10〕個中原因本人已寫有《中國人爲什麼「缺席」了地理大發現》予以分析，載《海洋世界》2005年第7期，可參閱。

美洲的殖民地化，對殖民地的貿易、交換手段和一般商品的增加，使商業、航海業和工業空前高漲，因而使正在崩潰的封建社會內部的革命因素迅速發展」〔註 11〕。

下西洋留下的遺憾我感覺可能還有，中國人沒有在地廣人稀或荒無人煙的蠻荒之地拓殖，把它們建成中國的島嶼和飛地。這點與我們踐行和平友好、不事侵略征服並不矛盾，因爲有的地區和島嶼是無人之地或無主之地。造成這一點的原因也較多，我想最主要的還是中國當時係地大物博人稀之國。15 世紀初在中華大地約 1000 萬平方公里的土地上，只生活著幾千萬以漢族爲主的各族人民，沒有向外移民殖民的人口壓力。例如始下西洋的 1405 年，明朝只有 969 萬戶，5162 萬人〔註 12〕。中國境內明朝籍外人口（即各少數民族自治政權半自治政權控制的人口）其時約有 800 萬〔註 13〕。這樣中國當時每平方公里才有 6 個居民（按 1000 萬平方公里計），人口密度只相當於今日中國的 1/21。當時人均佔有的自然資源非常豐富（如耕地、淡水、礦藏、草場、森林、野生動物資源，等等）。故明太祖朱元璋的使節曾說：「大明皇帝富有四海，豈有所求於（夷）王焉」〔註 14〕。

三、爲何沒有第二個第 N 個鄭和

西元 1904 年，在鄭和始下西洋五百週年（紀念）前夕，近代啓蒙思想家、資產階級改良家梁啓超撰文《祖國大航海家鄭和傳》，紀念鄭和下西洋 500 週年，也由此開始了具有近代意義的鄭和下西洋學術研究。梁任公在文中提出：「而鄭君之烈，隨鄭君之沒以俱逝……則哥倫布以後，有無量數之哥倫布，維哥達嘉馬（按，即瓦斯科·達·伽馬，Vasco Da Gama）以後，有無量數之維哥達嘉馬。而我則鄭和以後，竟無第二之鄭和」〔註 15〕。於是就提出一個梁氏難題，即鄭和遠航爲何勃然興起，又戛然而止，沒有長期堅持繼續下去。

學人皆知，英國著名漢學家李約瑟曾提出了一個李約瑟難題：即中國古代中世紀的科學技術十分發達先進，但爲何在近代落伍了，近代科技爲什麼

〔註 11〕《共產黨宣言》，《馬克思恩格斯選集》第 2 卷第 252 頁。

〔註 12〕《明太宗實錄》卷四九永樂三年十二月癸亥條：「是歲天下户九百六十八萬九千二百六十，口五千一百六十一萬八千五百」。臺灣中研院史語所影印本。

〔註 13〕參趙文林、謝淑君：《中國人口史》，人民出版社 1988 年版，第 360 頁。

〔註 14〕明宋濂：《勃尼國入貢記》，《宋學士文集》，商務印書館 1926 年版。

〔註 15〕梁啓超：《祖國大航海家鄭和傳》，《新民叢報》1904 年第 3 卷第 21 號。

沒有在中國孕育產生。現在這個問題在學術界討論得較熱烈，各種解釋和答案已在逐步破解這個難題。改革開放以來，當代學者宋正海陳傳康率先提出鄭和遠航爲什麼沒有導致中國人去完成地理大發現的問題，並做了初步的解釋〔註 16〕。一些學者參與了探討，本人也廁身其列，並做了一些分析。上述三個問題有所關聯，後面兩個問題聯繫更緊密。筆者這裡只對梁氏提出的鄭和遠航爲何沒能堅持、繼續、發展下去，沒有出現鄭和第二第三這一問題略做解釋闡述。

眾所周知，鄭和下西洋這一規模極其宏大的航海活動，從 1405 年勃然興起，一開始就出動了兩百來艘船，二萬七千多人。而且在二十八九年間（按年頭算爲 29 年）連續進行了七次，遠達印度洋和赤道以南的東非。但在 1433 年第七次遠航返回後，則從未再下西洋，戛然而止。可謂「其興亦速焉，其亡亦忽焉」(取人亡政息之意)。鄭和、王景宏、侯顯等是大航海家、外交家、政治家，但在中國、亞洲當時的歷史條件下，他們不可能成爲哥倫布、達．伽馬、麥哲倫那樣的探險家、地理發現家、殖民冒險家，這一點我已在「缺席」一文和《研究》一書中做了詮釋〔註 17〕，這似乎已是歷史的必然。但在鄭和之後本還可以有趙和、錢和、孫和、李和，本還可以有鄭和第二、第三、第四、第 N……本還可以有新的中國航海家、外交家。但卻沒有出現。我認爲這就不是歷史的必然而是偶然了，値得我們仔細探討，認眞總結經驗教訓。

由於時代、階級、文化類型、民族性格的局限，下西洋在行動中也有一些偏差和失誤。第一，下洋規模太大，導致投資太大，代價太大，浪費也太大。使國家、人民難以長期承受。打造那些幾百艘上千艘大中小各型海船，「須支動天下一十三省錢糧，方才夠用」〔註 18〕。再加上支付數萬工匠、官兵、水手的工資餉銀，時間一長財力必然不支。須知「國初府庫充溢。三寶鄭太監（和）下西洋，齎銀七百萬（兩）。費十載，尚餘百萬餘，歸」(明王士性：《廣志繹》卷之一《方輿崖略》)。倘把規模縮小九倍，即每次出動二十來艘船兩千多人，相當於原規模的 1/10。那仍然是當時最強大最先進的遠洋艦船隊，仍能完成下西洋的各項任務，達到各種既定目的，諸如「耀兵異域，示

〔註 16〕宋正海、陳傳康：《鄭和航海爲什麼沒有導致中國人去完成「地理大發現」？》，《自然辯證法通訊》1983 年第 1 期。

〔註 17〕張箭：《地理大發現研究，15～17 世紀》第五章《中國人爲什麼沒有參與地理大發現》，商務印書館 2002 年版。

〔註 18〕〔明〕羅懋登：《三寶太監西洋記通俗演義》卷之三第十五回。

中國富強」(《明史·鄭和傳》),追尋惠帝蹤跡(即被推翻的逋逃中的建文帝),顯示自己正統,警告帖木兒,貿采琛異,懷柔遠人,教化異族,即「恒遣使敷宣教化於海外諸蕃國」〔註19〕,使天下賓服,萬國來朝,四海和平,等等。那樣,下西洋便可長期延續,化七下西洋爲十七下西洋,七十下西洋……國力也可長期支撐。

第二,在對外交往中,過分重政治輕經濟,重虛榮輕物惠,重名分輕實利,重王道仁義,輕經濟規律和效益。鄭和船隊每到一地,便要向當地統治者頒發大明天子的詔書、皇曆等,冊封他們爲王,即所謂「皇華使者承天敕,宣佈綸音往異域」(《瀛涯勝覽·紀行詩》)。給予大量的賞賜。然後才進行商業上的市場交易、貨物交換。臨走時當地統治者又要送一些當地的土特產、珍禽異獸、奇珍異寶等給船隊,名曰貢品。而船隊又要賞賜,其賞品價値比貢品的價値高得多。長此以往,國庫因之爲虛。

第三,大量的各國外交使團隨船隊回訪明朝,來、住、去的費用,及在華盤桓參觀訪問的費用,都得由朝廷開支。派出使團的國家名義上承認爲明朝的藩屬,送來的禮物名曰貢品,大明皇帝又要爲之回贈比購買那些禮物的價値還要高得多的賞品。所以當時就有人認爲:「連年四方蠻夷朝貢之使,相望於道,實罷(疲)中國」(《明史·李時勉傳》)。時間一久,國人必然厭倦,皇帝貴族也會覺得不再新鮮,財政也感支絀。

第四,中國當時經濟、文化、科技先進,與亞非各國在經濟上缺乏互補性。中國下西洋時輸出的多是大宗的絲綢、茶葉、瓷器、漆器、棉布、銅錢、銅器、鐵農具、工具、鐵鍋鐵勺等,而換回的主要是供皇室貴族官僚享受、把玩的奇珍異寶、珍禽異獸、高級香料、補藥及各種奢侈品。對國計民生無補。故明朝就有人指摘:「縱得奇寶而回,於國家何益」〔註20〕?再加上這種交換帶有突出的不等價和巨大的反剪刀差,便難以長期爲繼。

第五,大明朝廷組織大規模下西洋的同時,仍不准民間出海下洋,施展才華、幹番事業。明成祖甚至下「令禁民間海船,原有海船悉改爲平頭船,所在有司防其出入」〔註21〕。據此禁令,所有民間海船都得砍去掛帆的桅杆,

〔註19〕成祖御製《南京弘仁普濟天妃宮碑》文,《鄭和下西洋資料彙編》,中冊(下),第856頁。

〔註20〕《殊域周咨錄》卷八《瑣里、古里》。

〔註21〕《明太宗實錄》卷二七永樂二年正月辛酉條。

使民眾由於海船不能升帆而無法航行到海外進行外貿。這樣在官方下西洋輟止後，民間也不能湧現航海家、探險家、旅行家、商業家。而西方的大航海、大發現、大殖民則是官辦、官民合辦和民辦一起上，形成熱潮，並高潮迭起。如哥倫布首航美洲便屬「官民合辦」性質。此後，直到明穆宗時「隆慶初年（1567～1572），巡撫福建涂澤民題請開海禁，准販東西二洋」〔註22〕。這才在一定程度上開放海禁，史家稱爲隆慶開關，有一定積極意義。不過此時已經時過境遷，葡萄牙人已東來，西班牙人已西來。國際形勢和時代背景似乎已不太利於湧現鄭和第幾這樣的大航海家了。

第六，明朝對華人海商海盜集團的政策似乎也有再斟酌之處。如對下西洋時佔據印尼蘇門答臘巴領旁的陳祖義團夥，萬曆初年的林鳳（林道乾）集團（他們曾進駐今菲律賓呂宋島），明末的鄭芝龍集團……。朝廷對他們打擊剿滅無疑是正義的。但如果改成招撫、收編、改造，加以紀律約束，爲我（中國）所用，他們中興許會湧現出幾個航海家來。反觀西方大航海大發現，稍後崛起的英國和荷蘭是很鼓勵、利用、庇護、厚待它們的海盜的。

總之，一點不計經濟效益，完全不講經濟規律，就必然受到經濟規律的懲罰，遭到朝野的反對。明朝後來有兩次曾想重下西洋，均未能成行。一次是在15世紀中葉英宗時期。英宗在土木之變中兵敗，被蒙古瓦喇軍俘虜。其弟在於謙主持下繼位是爲代宗。於謙領導軍民打退了瓦喇軍，終於迎回了英宗。後代宗病危，英宗發動政變，殺於謙復辟。英宗復辟有些類似成祖經靖難之役登位，均是兄弟鬩牆骨肉相殘的結果。故英宗想仿傚永樂年的作法，派遣都指揮使馬雲出使西洋，顯示國威軍威，炫耀財富，粉飾皇帝、天子的正統、正宗、正胤、合法。但宣德以後反對下西洋的意見已占上風。因爲「（內官下番）收貨所出常數千萬（貫），而所取曾不及一二。且錢出外國自昔有禁，今乃竭天下所有以予之，可爲失其宜矣」〔註23〕。「中國前後耗費亦不貲。其隨行軍士，或以航敗漂沒異國，有十餘年始得還者，什不存一二云」〔註24〕。在朝臣們的反對下英宗只得作罷。

另一次是在憲宗成化年間（1465～1487），憲宗感到海外各國久不朝貢有點冷寂，便頗想再下西洋。但朝野認爲下西洋雖「所取無名寶物不可勝計，

〔註22〕澳門基金會編：《明清時期澳門問題檔案文獻彙編》，人民出版社2000年版，第5卷第118頁。

〔註23〕乾隆敕撰：《續文獻通考》卷一一《錢幣》五，臺北新興書局影印本。

〔註24〕清傅恒：《歷代通鑒輯覽》卷一〇二，1857年刻本，第52冊。

而中國耗廢（費）亦不貲」〔註 25〕。於是遭到大臣劉大夏、項忠等的反對。他們諫阻：「三保下西洋費錢糧數十萬，軍民死且萬計。縱得奪寶而回，於國家何益！此特一弊政，大臣所當切諫者也」〔註 26〕。明憲宗只好打消了重下西洋的念頭。

夏元吉、劉大夏、項忠等反對下西洋無可厚非。但劉大夏等愛屋及烏恨事及書，又藏匿甚至毀掉下西洋的檔案、卷宗以阻下番。這又過於激烈、狹隘、近視、意氣用事，實不可取。有關檔案文獻的毀損令人惋惜。

鄭和下西洋已成爲歷史。但它所蘊含的精神卻仍在現實世界中閃爍著光芒。對它的研究有助於增強對我們中華文明的認同感和自豪感，增強中華民族的凝聚力和向心力。中國在明初那個極其輝煌的下西洋時代沒有擴張，在和平崛起的今天更不會威脅誰。「長風破浪會有時，直掛雲帆濟滄海。」鄭和精神將永世長存，並激勵著我們去奮鬥。

（附識：本文有很少部分參考借鑒了劉漢俊《一個民族的征帆》，萬明《鄭和下西洋：永恆的輝煌》等文，特此説明並致謝）

（原載《長江文明》第一輯，重慶出版社 2008 年版）

〔註 25〕《明史・宦官・鄭和傳》。

〔註 26〕《殊域周咨錄》卷八《瑣里、古里》。

The Spirit and Regret of Zheng He's Voyages to West Ocean

Abstract

The spirit of Zheng He is of rich and deep connotation and this paper comb it into eight spirits. The spirit of Zheng He played giant role in the magnificent feat of sailing to the Western Ocean and it has merged into a part of the Chinese national spirit today. Yet sailing to west ocean left regrets also: First, the Chinese couldn't take part in the great geographical discoveries and Zheng He didn't become a great geographical discover as Christopher Columbus. Why of it have been analyzed more completely by the scholastic circles in China; Second, the magnificent feat didn't transform and build the lands into the Chinese islands or exclaves, which had or no habitants or no sovereigns and Zheng He's fleet passed by. The main cause of it lies in that China had no population pressure then. Third, the long voyage had no successors and no Zheng He II, III, N, and the new great Chinese navigators and diplomats no longer appeared since then. This isn't a historical necessity but a contingency. Why? This paper analyzes and concludes it as six causes to explain.

Key word: Spirit of Zheng He, Regrets of sailing to west ocean, No successors, Why it is.

六百年後的回眸與反思——
解析中國人爲什麼沒有參與地理大發現

目錄：一、軟弱而短暫的動因；二、經驗主義的宇宙觀和大地觀；三、古代中式地圖的缺陷；四、重陸輕海的觀念和探險取向；五、地理條件和地緣政治的制約；六、優越的經濟地理狀況的負面作用；七、愛好和平崇尚勞動的文化心態和民族性格。

六百年前的 1405 年（明永樂三年），鄭和、王景宏、侯顯等奉明成祖朱棣之命，率領著兩萬七千餘名官兵水手，駕乘著兩百餘艘大小船舶，開始了下西洋的壯舉，拉開了大航海的帷幕。船隊舳艫十里，篷帆蔽日，桅檣如林，鑼聲喧天（雨霧天彼此敲鑼聯繫）。他們前後七次下洋，歷時二十八年（1405～1433），航行於太平、印度兩大洋，遍訪東南亞、南亞、西亞、東（北）非三十多個國家和地區。遠航途中，「觀夫海洋，洪濤接天，巨浪如山；視諸異域，迥隔於煙霧縹緲之間。而我之雲帆高張，晝夜星馳，涉彼狂瀾，若履通衢」。「涉滄溟十萬餘里」〔註 1〕。下西洋向全世界展示了燦爛的中國古代文明，先進的傳統科學技術，表達了中國人民與各國人民友好交往的良好願望，踐行了睦鄰和平的國際政治。

我們今天知道，地球是個水球，海洋包圍著陸地並彼此相連。所以，航海探險是地理大發現最主要最重要的途徑和方式。縱觀地理大發現前一階段的四大航行探險，莫不如此：1492 年哥倫布首航西印度，開始了發現美洲的歷史進程；1498 年達・伽馬首航東印度，開闢了聯結（連接）歐洲和亞洲、大西洋和印度洋的新航路；1500 年卡伯拉爾二航印度，發現了南美巴西和東非馬達加斯加島；1519～1522 年麥哲倫、埃爾・卡諾環航世界，發現了地球，證實了水球……就鄭和船隊的規模、裝備，技術和明代中國的造船航海能力而論，中國人是完全能完成、參與一部分地理大發現的，這已為中外所公認。但遺憾的是率先開創大航海時代的中國人卻沒有能在接踵而至的地理大發現中弄潮，沒有能參與、完成（一部分）地理大發現，令人惋惜。我們今天在隆重紀念鄭和首下西洋六百週年之際，禁不住要對個中的原因探討梳理總結一番。

一、軟弱而短暫的動因

地理大發現是規模巨大而持久的遠航和探險的結果，它需要巨大的投入，需要國家或王室的支持，因而需要有強大持續的動因。這樣的動因在當時的歐洲是存在的，但在明代的中國卻不存在。西歐沿海國家由於腹地狹小，一向重視海上貿易。中世紀中期以來，就形成了以海運為聯繫紐帶的兩大海上商貿區，即地中海商貿區和北海波羅的海商貿區。這兩大商貿區又通過經直布羅陀海峽的海路和從意大利到德國的陸路溝通連接。早在元初威尼斯商

〔註 1〕長樂天妃宮石碑《天妃之神靈應記》。

人馬可・波羅便來過中國，回國後寫成《馬可・波羅遊記》一書。此書誇張地描寫了中國、印度、日本等東方國家的富庶，在歐洲人中激起了去東方冒險淘金的熱情。這種激情到地理大發現時代便迸發出來。15 世紀，西歐資本主義開始萌芽，各國統治集團爲擴展商業和殖民活動，更積極鼓勵航海探險。

和當時西歐統治者積極支持遠航探險、發展海外事業相反，明代中國統治者仍採取傳統的重農抑商政策。這一政策強調只有農業才是國計民生的根本，而工、商業只是末業。因此國家爲了長治久安，便要盡可能地抑制它的發展。重農抑商的觀念在中國歷兩千餘年而不衰，自秦統一以來始終被歷代王朝奉爲國策。明代抑商強烈地表現在對外貿易上的海禁。海禁的初期原因是防範政敵。所以洪武四年便「乃禁瀕海民不得私出海」〔註 2〕。後又因「緣海之人往往私下諸番、貿易番貨、因誘蠻夷爲盜。命民部嚴禁絕之，違者懲以重法」〔註 3〕，故而厲行海禁。

海禁的最直接原因則是倭患。14 世紀 30 年代以來，日本開始了南北朝分裂時期，15 世紀 60 年代以降，日本又陷入了戰亂的戰國時代。西南部的封建諸侯大名組織了一部分武士、浪人和商人出沒於中國沿海，搶劫、殺戮，進行掠奪和騷擾。歷史上稱之爲倭寇。爲此明朝在加強海防的同時，厲行海禁，嚴刑峻法，禁止人民出海貿易，甚至「片板不准下海」。倭患持續到 16 世紀 60 年代才被基本蕩平，海禁則直到明末也沒有完全解除。

由於中國堅固的封建經濟結構，占統治地位的自然經濟，以及建立其上的嚴密的封建政治結構和精緻的封建主義意識形態，使中國封建社會長盛不衰。儘管明中葉以降中國個別地區（江南）也出現了資本主義萌芽，但中國早期資產者非常軟弱。明代各大城市爆發過聲勢不同的反對封建專制統治的市民運動，但都以失敗而告終。中國資本主義不發展，便沒有進行地理大發現的強大持續的經濟動因。所以恩格斯總結到：「封建主義的基礎是農業，……而航海事業是一種毫無疑義的資產階級的事業，這種事業的反封建特性，也在一切現代艦隊身上打上了烙印」〔註 4〕。

明代允許外國商人來華貿易，卻改變宋、元的市舶制度，實行「朝貢貿易制度」。外國商船只要名義上向明廷朝貢，就能恩准上岸貿易。這種貿易不

〔註 2〕《明太祖實錄》卷 70，中研院史語所影印本。
〔註 3〕《明太祖實錄》卷 231；亦見《續文獻通考》卷 26《市》。
〔註 4〕恩格斯：《論封建制度的瓦解和民族國家的產生》，《馬克思恩格斯全集》第 21 卷。

僅不抽關稅，而且對「貢品」付比市價高得多的錢。即「厚往而薄來可也」，「則賚予之物宜厚」〔註5〕。外商撈到巨大好處，便爭相向明廷朝貢。但這種花錢買虛名的朝貢貿易使明廷背上了經濟包袱，最後不得不對各國朝貢次數、規模大加限制。

明代不讓老百姓出海，但朝廷卻組織了多次遠航。這些遠航從表面看，似乎可以大大刺激明廷對遠方財富的欲望，從而成爲進行地理大發現的經濟動因。但情況並非這樣。鄭和下西洋的動因不是出於經濟要求，而是有其政治目的。政治目的可以成爲一時的動因，但遠不如經濟動因那樣持續穩定。一旦時過境遷，原有的政治目的很快消失，遠航也就失去了動因。名震世界的鄭和遠航也就這樣突然偃旗息鼓了。

中國古代改朝換代後，新朝新帝大多要昭告天下，希望海外各邦臣服新王朝。明朝建立後更需要這樣做。因爲元朝是少數民族蒙古人建立的王朝，又因爲明朝是由農民起義領袖開創的王朝。因此朱元璋開國建朝後，不斷遣使出海安撫各邦。鄭和第一次遠航離明朝開國才 37 年，離元朝徹底滅亡才 17 年，離洪武年號 7 年。因此鄭和下西洋主要推行懷柔政策，「所以宣德化而柔遠人也」〔註6〕。

鄭和下西洋之所以規模如此巨大，短時間內進行了七次，還有另外兩個政治目的。一是尋覓被推翻的建文帝朱允炆。朱元璋死，朱允炆以皇太孫繼位。朱元璋第四子朱棣初封爲燕王，鎮守北平（北京）。建文元年朱棣起兵，發動靖難之役，四年破京師（南京），奪其侄建文帝之位，稱明成祖，年號永樂。建文帝下落不明，傳說他已逃亡西洋。若眞是這樣，終究是禍根。爲了長治久安，實現永樂大業，明成祖便派遣鄭和等出使西洋尋覓。《明史・鄭和傳》便說，「成祖疑惠帝亡海外，欲蹤迹之」〔註7〕。

二是聯印抗蒙，警告帖木兒。明朝伊始，具有蒙古血統但已突厥化的帖木兒在中亞建立了帝國。他於 1370 年「在撒馬爾罕宣佈他是成吉思汗汗系的繼承人，察合臺汗國的君主」〔註8〕。所製法令也以成吉思汗的大箚撒爲標榜。帖木兒接著征服了伊朗、西亞一部、小亞一部、南亞一部、俄羅斯南部。帖木兒還企圖東征中國，幫助元蒙在中原復辟，使中國皈依伊斯蘭教。1404 年

〔註 5〕《明太祖實錄》卷 71；卷 154。
〔註 6〕前引《天妃之神靈應記》。
〔註 7〕《明史・鄭和傳》，中華書局標點本。
〔註 8〕布哇著、馮承鈞譯：《帖木兒帝國》，《西域南海史地考證譯叢》第三卷。

帖木兒在撒馬爾罕召集庫里爾臺大會，決定東征中國。他集結了馬步駝象兵四十餘萬，於 1404 年 11 月開始進兵。1405 年 2 月帖木兒越過錫爾河後病死軍中，這才始罷東侵之役〔註 9〕。因此，鄭和下西洋又有聯合印度等國，牽制、夾擊帖木兒的側背，至少是警告、示威於帖木兒的意圖。《明史・鄭和傳》便說：「且耀兵異域，示中國富強」〔註 10〕。不過這一條動因也因帖木兒帝國不久衰落而很快消退。

鄭和第七次遠航歸來（1434 年，一說鄭和便病逝於第七次遠航的返航途中），懷柔政策已見成效，各國已與明廷建立政治、外交關係，來華使節絡繹不絕，盛況空前（例如第六次下西洋返回時，隨船來華的竟有 16 國，「遣使千二百人貢方物至京」〔註 11〕。此時建文帝若還在人世，也是近 60 歲的老人，有復辟之心，無復辟之力。這時明成祖亦早已去世，帖木兒帝國也開始衰落，不再構成威脅。於是鄭和遠航的三大政治目標已不復存在，遠航自然也就沒有了強大的動因。而且鄭和七次大規模航海不僅沒有像後來西歐冒險家的遠航那樣帶來巨額利潤，反而使國庫空虛。寶船隊每次出海，裝載大量金銀、銅錢、瓷器、絲綢、茶葉、棉布、銅器、鐵農具、鐵鍋鐵勺等，而換來的主要是供皇室和貴族官僚享用的奇珍異寶、珍禽異獸、香料、補藥及各種奢侈品。每次遠航耗資巨大，危害了封建統治的經濟基礎——自然經濟，致使統治集團內的一些政治派別指責下西洋為「弊政」。憲宗時的劉大夏等便尖銳地指出：「三保下西洋，費錢糧數十萬，軍民死且萬計。縱得奪寶而回，於國家何益」〔註 12〕？於是自唐以來中國遠航一直名播海外，但自下西洋壯舉後，反而一蹶不振，讓位於西歐。

二、經驗主義的宇宙觀和大地觀

無論是哥倫布向西遠航，或是迪亞士、達・伽馬向南探航，還是麥哲倫環球航行，之所以能進行，並非純粹魯莽的冒險，而是和他們本人及其資助者確信大地是球形分不開的。

歐洲傳統的大地球形觀念產生於古希臘。它最早由畢達哥拉斯學派和帕

〔註 9〕同上。
〔註 10〕《明史・鄭和傳》。
〔註 11〕《明成祖實錄》卷 127。
〔註 12〕嚴從簡：《殊域周咨錄》卷 8。

爾門尼德創立〔註 13〕，其後阿納薩哥拉斯提出經驗性證明，最後亞里士多德進行了全面的論證。他根據月食時地球投射到月球上的影子輪廓呈弧形，觀測者地（海）面位置的移動引起恒星位置變化，物體墜下的直綫與通過墜下點的切綫相交構成同一角度等〔註 14〕，精闢地證明了大地是球體。從此，球形大地說在希臘和希臘化世界得到確立和普遍承認。與此同時，亞里士多德又確立以球形大地爲中心，且有許多同心天球環繞的宇宙模型。阿里斯塔克則超前地提出，太陽是宇宙的中心，地球和行星都繞太陽運行，地球每天又繞自己的軸自轉一圈。古希臘的宇宙觀和地球觀是相互支持的，不管是日心說還是地心說，在其天體體系中大地都是球體。誠然，到了中世紀黑暗時期，古希臘科學的宇宙觀地球觀被基督教聖經所闡述的觀念所取代，地平的觀念佔了統治地位。但是，這並不意味著早已受到理論和經驗證明的球形大地觀就完全被征服，就完全銷聲匿迹了。

14 世紀以降，西歐開始了市民資產者的思想啓蒙運動和新文化運動文藝復興。沉寂很久的地球觀和天體是球體的宇宙觀又逐步復活並得到發展。對地球的各種設想、猜測、推算最後鼓舞了地理大發現的勇士們闖入神秘的大西洋。

明代中國占統治地位的宇宙理論已是渾天說。東漢張衡《渾天儀圖注》說：「渾天如鷄子，天體圓如彈丸，地如鷄中黃，孤居於內。天大而地小，天表裏有水。天之包地，猶殼之裏黃」。由此看來，渾天說似乎主張大地是球形的，因而有利於地理大發現，其實不然。

中國古代地理視野狹小，當時周圍地區文明程度又遠比中原地區低。因此中國古代統治者習慣把中原地區作爲世界中心，把以中原爲中心建立的國家稱爲中國，也稱爲中華。君主自認爲是天子，而視周圍世界爲蠻荒之地，並依離王都遠近劃分世界。《國語》、《禹貢》分世界爲五服，《周禮》則分爲九服。中國古代也常稱周圍世界爲四海，中國封建統治者認爲自己對世界負有教導、開化的使命。與這種把中原作爲世界中心的政治觀念相適應的是地平的大地觀。中國古代最早流行的宇宙理論是蓋天說，它起源於周初。蓋天說先後有兩種，一種爲「頭之圓也像天，足之方也像地」〔註 15〕；另一種爲

〔註 13〕 см. В. А. Де меНТьеВ, Д. А. АдрюшеНКо:《ИсТория ГеОГрафии》, МиНсК ,1962, С.35.

〔註 14〕 參亞里士多德：《論天》，載《古代的地理學》，商務，1986。

〔註 15〕 《淮南子・精神訓》。

「天像蓋笠，地法覆盤」〔註 16〕。儘管它們在大地形狀上說法略有不同，但都不認爲大地是球形。蓋天說宇宙觀和地平大地觀也是相互支持的，即通常或通俗所說的天圓地方。「地方」便意味著大地地平，至多地（淺）拱，而不可能地球。唐代以後，渾天說完全取代了蓋天說，到清代中期哥白尼學說傳入以前，它一直是我國關於宇宙結構的權威學說。

如果說渾天說包含著球形大地觀，那麼其間的宇宙觀和大地觀也是相互支持的。但即使這樣，渾天說與古希臘的宇宙理論和大地球形觀仍有本質的不同。渾天說中的球形大地半個浸在水中，只半個在水上。因爲「天表裏有水，……天地各乘氣而立，載水而浮」〔註 17〕。也就是說水中的半球並非人世，航行是永遠無法到達的。它只是爲了解釋大地之所以能靜居宇宙不致下墜而引進的一個實體和參照物。因此渾天說中的人類世界實際上還是個半球，它和第二蓋天說中的拱形大地倒有相似之處。因此，中國古代也從來沒有像歐洲中世紀那樣的有關對蹠人、對蹠地的爭論。由此可見，渾天說與蓋天說一樣，同樣也不會引導人們去討論航海西行可以東達、或東行可以西達的問題，也不會討論環球航行的問題。相反，它只會證明，爲此而進行的遠航是根本徒勞的。

三、古代中式地圖的缺陷

對於一個要遠離陸地、闖入神秘無邊的海洋、尋找新陸地、探索新航路的航海家來說，只知道大地是球形自然是遠遠不夠的。他還需要瞭解地球大小，海陸分佈。因而具備可供設計航綫的較爲精確的世界地圖是十分重要的。在這方面，中國明代的條件也不成熟。

在地球學說的基礎上，古希臘學者最早開始測算地球的大小，並越測越好。到公元前 3 世紀的埃拉托色尼時候，他巧妙地、創造性地、科學地測出了地球的周長約合 39690 公里〔註 18〕，精確度達到 99%以上。這個數字被希臘羅馬世界普遍接受，以後的測算均都不如這個精確度。

中國古代也有近似的測量，不過時間晚得多。唐開元十二年（724 年），

〔註 16〕《周髀算經》卷下。

〔註 17〕《渾天儀圖注》，載《全後漢文》卷 55。

〔註 18〕сМ. Я. Ф.Антошко, А. И. Соловьёв:《История Географического Изучения Земли》, МГУ, 1962, С.32.

僧一行和南宮說進行了大規模的地理緯度測量，其中還在豫東平原進行了世界上第一次子午綫實測，測得「351 里 80 步而極差一度」〔註 19〕。351.27 里實際上是子午綫一度的弧長。把唐度唐里換算成公制單位，約合 132 公里，約大了 19.7%。有了這個數據，只要再乘以 365.25（周天度數），就立即可求得整個子午圈長度。但是他們就此駐足，沒有再朝推算地球大小方向前進一步。元代郭守敬曾做過大規模的緯度測量——四海測驗。但這一工作更不涉及地球大小。由此可見，中國古代比較發達的爲制訂曆法而進行的緯度測量，本來可以推算出子午圈的長度，瞭解地球大小。但由於經驗主義大地觀的束縛，就始終沒有像希臘人那樣做。

古代中國和古希臘在地圖學方面都有著燦爛的成就，可主要由於地理環境的影響，兩者發展方向不同。古希臘及地中海沿岸國家，腹地小，可耕地少，發展農業受到很大限制。但彼此可以通過地中海互通有無，所以爲遠航服務的大範圍、小比例尺地圖發展起來。這類地圖的目的不在於描繪陸地內部的地形地物，而在於正確描繪陸地之間、海港之間的正確位置。茫茫海洋無固定的地物標誌，因此用統一的經緯度標定船舶、航綫、出發港、目的港的正確位置，並把它們描繪在海圖（地圖）上，似乎是有效的辦法。要把地域範圍很大的地中海及其周圍地區（約幾百萬平方公里）的國家、地區位置（主要是重要地點的經緯度）正確地標繪在篇幅有限的小比例尺平面圖上是不容易的。爲了避免和減小地球曲率、半徑引起的誤差，地圖投影法也似乎是有效的方法。所以在古希臘製圖系統中，普遍採用了經緯度和投影法。這方面做出創造發明的學者有正確測出地球大小的埃拉托色尼，公元 2 世紀希臘學者推羅的馬林，集大成者則是 2 世紀埃及的希臘大天文學家、大地理學家托勒密。托勒密創立了正軸圓錐投影法和修正圓錐投影法〔註 20〕。托勒密還在他的《地理學導言》一書中搜集了 8100 多個地方的經緯度，建立起地理經緯網。他還用正軸圓錐投影法繪製了世界地圖。托勒密的《地理學導言》和世界地圖成爲西方傳統自然地理學的代表。

到了神學籠罩的中世紀，一種把世界想像爲圓平面的 T—O 型地圖發展起來。這種圖把人居世界用一個四周環繞著海洋的圓來表示，即 O 形，圓中有一個 T 型的水域，歐、亞、非三大洲便被這 T 型水域隔開。這種圖既沒有

〔註 19〕《舊唐書・天文志上》，中華書局標點本。

〔註 20〕參托勒密《把地球正確畫在平面上的方法》，載前引《古代的地理學》。

經緯度，更沒用投影法，大大歪曲了世界的形象。但到文藝復興開始後，古希臘科學的地圖學傳統也漸漸復蘇，T—O 型地圖則慢慢消失。地理大發現前夕和開始後，地理學家們更大量製作和不斷更新世界地圖和地球儀，爲地理大發現推波助瀾。

中國地圖學的發達還稍早於古希臘，並有較高水平，但屬於另一種地圖系統。中國幅員遼闊，氣候適宜。因此自古以來以農業立國，注重水利灌溉，並一直採取重農抑商政策，更不鼓勵海外貿易。中央及地方政府編製地圖，主要用於分配土地、徵收賦稅、軍事進攻、城池防禦以及交通水利等方面，故非常需要能詳細反映地理要素的地圖，包括地籍圖、政區圖、地形圖等。這類圖主要反映陸地，有豐富的地物標誌，可以用平面測量法保證精確度，所以沒有特別必要測定經緯度。這類圖一般範圍不大，地球曲率造成的製圖誤差一般可以忽略不計，所以也沒有特別必要發明採用地圖投影法（再說中國古代也無與地球觀掛鈎的經度和投影概念）。中國大比例尺地圖十分精確，地形表示也有較高的水平。最傑出的代表是長沙馬王堆三號漢墓出土的地形圖。古代中式地圖學的奠基人是 3 世紀的裴秀。他總結前人經驗創立了用於繪製地圖的「製圖六體」和用於拼接、縮製地圖的「計里劃方」。六體即分率、準望、道里、高下、方邪、迂直〔註 21〕。前三體講比例尺、方位、距離，後三體講測量學對斜距歸化到水平距離的改正（高下）、方向偏差的改正（方邪）和曲折改正（迂直）。這些理論和方法顯然適用於測繪小範圍大比例尺地圖，可以大大提高精確度，保證質量；但也顯然在測繪大範圍小比例尺地圖時存在較大缺陷，會產生嚴重誤差。事實上中國古代也從不發展世界地圖。現存宋代的《華夷圖》、元代朱思本的《輿地圖》、明初的《大明混一圖》〔註 22〕、明代羅洪先的《廣輿圖》等，均是以中國爲主的國家地圖，至多是涉及部分周邊國家和地區的東亞地圖。中國古代也從不繪製採用經緯網和投影法的地圖。鄭和寶船隊七下西洋，也沒有繪製一幅他們途經的、從中國東南沿海到非洲東北海岸，從西太平洋到北印度洋的大範圍小比例尺地圖，即我們今天在各種書籍、期刊、報紙上常見的那種反映鄭和遠航業績的「鄭和下西洋圖」。鄭和船隊集體繪製有《鄭和航海圖》〔註 23〕，它是一幅一字展開的長卷式地

〔註 21〕見《晉書・裴秀傳》，中華書局標點本。
〔註 22〕說詳本書《〈大明混一圖〉的地理範圍辨析》一文。
〔註 23〕全稱《自寶船廠開船從龍江關出水直抵外國諸番圖》，原載明代茅元儀《武備

圖。圖中注重對沿途山川航道地形地物的形象描繪，很像中國傳統的長卷式山水畫，諸如「長江萬里圖」之類。所不同的是圖上用類似省略號的符號和單行排列的航綫說明文字標出往返航道。全圖沒有統一的方位，而是依照往返的主要航道由右向左展延，因而許多地區無法正確拼接，也無法判斷圖上是上北下南或下北上南（或右北左南或左北右南）。全圖沒有統一的比例尺，致使海圖與實際情況相差很大，許多地方很難與實地對照辨認，相互之間也難以比較大小。圖上的內容全是在船上能看到的海岸和島嶼，而不反映所經地區的地理全貌。所以這種圖只是非常粗略的示意圖，它在形式上與羅馬的道路里程圖、中世紀歐洲的朝聖地圖倒有些相似。比起地理大發現時代航海家地圖家們對所發現地區（海域）繪製的有統一方位、比例尺、經緯度、投影法、羅經綫的（長）方形地圖，其缺陷是明顯的。

根據經緯度、地球大小（主要是基本緯圈如赤道）和有已知世界的世界地圖，就必然並有可能對地球的未知世界部分進行較科學的猜測。這些猜測包括：大西洋有多大，從歐洲西海岸向西航行到日本、中國、印度需要多少時間；大西洋中會不會有大塊陸地存在；非洲向南延伸多遠，大西洋是否與印度洋相通，印度洋是否是「地中海」；在發現太平洋後也自然要猜測：太平洋有多大，其中會不會有大片陸地；大西、印度、太平三大洋會不會在南部匯合成南大洋，南大洋中是否有大塊陸地；等等。對這些問題長期猜測和探討，對地理發現便有呼喚和推動作用。

但是中國古代似乎從來沒有從科學上來論證未知世界的存在，也沒有提出橫渡太平洋到美洲，南下繞過非洲到西歐去的設想，或論證這些設想的可能性。儘管《梁書・諸夷傳》等史書曾提到中國以東兩萬里外的扶桑國、扶桑以東千餘里的女國，但後來也沒有誰從地圖學、地理學的視角去論證它的存在。明代鄭和七次遠航，也沒有一次向東闖入太平洋去尋找扶桑國，而基本上是沿著中國和西洋的傳統航綫向西。

四、重陸輕海的觀念和探險取向

人類的探險在歷史上主要表現爲陸地探險和海洋探險兩類。中西不同的海洋觀和探險取向，也是導致參與或「缺席」地理大發現的重要原因。

志》卷 240。現代有向達整理，中華書局 1961 年出版的單行本；本人有自己將其拼接復原後的手卷卷軸。

位於地中海沿岸的南歐文明、北非文明和西亞文明，共同組成一個大的文明區域。不同的自然生態圈對人文活動圈的活動有很大影響。南歐文明起源於小島克里特和伯羅奔尼撒半島。半島上的濱海小平原因面積太小，不過萬把平方公里，不利於發展農業。特定的生存環境，促成了地中海沿岸各文明區的古代居民更多的是向海上拓展，謀求生路，頑強地發展海上探險和航運捕魚，而不是被動地受囿於狹小的陸地。腓尼基人及其支裔迦太基人便是其中最爲傑出的一支。

南歐文明的後繼者發揚光大者便是希臘羅馬文明。希臘民族一開始就是一個「海上民族」，他們在航海事業上的成就造就了東地中海地區的希臘化世界。隨著地中海的制海權由希臘轉入羅馬，羅馬人加強了對海洋的探索和控制，他們在航海事業上的成就造就了整個地中海包括黑海的拉丁化世界。世界上最大的內海地中海成了名副其實的羅馬內湖。他們開創的航海技術、貿易路綫及海軍傳統影響到以後的葡萄牙、西班牙和其他西歐國家的航海家。

西方人對海洋的重視程度隨著歷史的發展而發展，海上探險亦不斷深入。其間雖然經過中世紀的黑暗而受到抑制，但隨著歷史的前進，中世紀中期以來便出現了彼此通過海路和陸路溝通連接的地中海商貿區和北海波羅的海商貿區，發生過九次跨越地中海的十字軍東征（其中有三次是直接組成艦隊乘船走海路）。到中世紀晚期，文藝復興和科學的光芒驅退了神學的陰晦，資本主義的幼苗衝破了封建土地的板結，歐洲人重視海上探險的傳統又得以恢復和發揚光大。

華夏文明誕生在與地中海文明有巨大差異的地區。它以黃河流域、長江流域爲中心，面積廣大，腹地縱深，擁有遼闊的生存空間和迴旋餘地。華夏東南部瀕臨太平洋西部的邊緣海，海岸綫達 1.8 萬公里。西部、北部被高原、大山、沙漠、沼澤阻隔，形成一個較爲獨立的原生型文明區域。這個地域比任何古老文明區域（包括印度）都遼闊得多，氣候又屬溫帶和亞熱帶（秦嶺、淮河以南）。這就爲人民提供了良好的生產和生活條件，爲華夏民族創造了一個發展潛力極大的生存環境。因而中國文明具有大陸河川文明的特徵。

從遠古起華夏人民就開始涉足海洋，從徐福東渡日本、經海上絲瓷之路、到鄭和七下西洋，這些都說明中國人對海洋的探索還是比較著力和頻繁的。但華夏民族對海洋的認識和重視，比起西方人來說相對遜色。在中國人的觀念中，大海不甚重要。如在祭祀活動中，表現的是「三王之祭川也，皆先河而後海」〔註 24〕。在古代地理著作中，也主要論及地理現象、風土人情、物產土特和歷史沿革，對海洋的記載則比較粗略。即便在諸子百家、經史子集、儒釋道三教九流的著作中對海洋偶有所論，也局限於把它視作吐星出日、神隱怪匿的神秘世界。總有一種「以舟爲車，以楫爲馬，往若飄風，去則難從」〔註 25〕的無形壓力。唐宋以降隨著封建經濟的繁榮，對外關係的日益密切，航海事業有了較大發展，不僅造船技術有了長足進步，航海能力日臻強大，中國水手還以擅長駕船，善於利用信風而遐邇聞名。元代有兩次跨海遠征日本的大戰。至元十八年（1281 年）那次集結艦隊兵員竟達十萬，動員船隻多達千艘，堪稱空前（只不過因遭颱風而失敗）。特別是明代七下西洋，更是中國有史以來對海洋認識的集大成和航海事業的總檢閱。儘管如此，中國人仍未走出重陸地輕海洋的老框框，即使利用大海，也僅著眼於漁鹽和舟楫之利，而缺乏向海外拓展的雄心。明末士人便說：「與夷蠻交，如撫蝸牛之角，不足懼也。難在乘風破浪，險在謀利貪婪」〔註 26〕。

中國人的海洋觀與華夏文明所處的生存環境不無密切的關係。中國東（南）面的太平洋一望無際，航行的危險大、收穫小。而長江黃河珠江流域的廣闊沃土又爲祖輩們提供了可以充分活動的舞臺，足夠的生存場所，故而無需冒險去開拓海疆。華夏文明是一種以牛耕爲特色的水利農業文明。中國人堪稱馭牛民族，與游牧的騎馬民族，駕船的海上民族（如古代的希臘、腓尼基、羅馬，中世紀的意大利、西、葡，近代的荷、英等）迥然不同。這種文明在歷史發展中有極頑強的連續性和穩定性，它賴以生存的經濟基礎是農業。而農業需要有固定的區域，不宜做經常的、大規模的遷移和殖民。這些特點與地中海文明是大不相同的。

華夏民族的拓邊鑿空精神有著悠久的歷史，但絕大部分探險活動主要以陸地爲舞臺。無論是張騫、班超、甘英，還是法顯、玄奘、義淨，他們的偉大探險和旅行都主要是在陸地上進行的（法顯從印度回國時走海路，但乘的是外國船；義淨去印度時走海路，所乘的船國籍不明。他倆都不是自己駕船）。海洋探險顯然無法與這數量眾多、久負盛名、影響深遠的陸地探險相提並論。除了秦漢時發現海南島，三國時發現臺灣島，中國古代便不再有較重大的海上探險及其地理發現。雖然鄭和下西洋突破了重洋阻隔最遠到達赤道附近的

〔註 24〕《禮記・學記》。
〔註 25〕《越絕書》第十《越絕外傳・記越地書》。
〔註 26〕轉引自布爾斯廷：《發現者》，上海譯文，1995，P.289。

非洲東（北）海岸，但此舉主要是爲永樂皇帝頒「正朔」，「遣使以即位招諭……諸國」〔註 27〕；「欲威制四方，遣使四處招徠」〔註 28〕；「疑惠帝亡海外，欲蹤迹之。且欲耀兵異域，示中國富強」〔註 29〕；「宣德化而柔遠人」，「恒遣使敷宣教化於海外諸蕃國，導以禮義，變其夷習」〔註 30〕；以達到「撫馭華夷，嘉有萬方，同臻至治」〔註 31〕；「君主天下，……施恩布德，……庶幾共享太平之福」〔註 32〕的目的。下西洋帶有濃厚的政治色彩，而經濟文化的交流是很次要的，更無「貿遷有無，逐利遠近」和開疆拓土的意圖。正因爲如此，宣德五年第七次下西洋後海上活動漸被禁止，下西洋受到譴責和抨擊。從此中國完全進入了漫長的「海禁」時期，失去了突破傳統牛耕水利農業社會格局的最後機會和參與地理大發現的大好時機。

還應注意的是，中國的陸上探險取得較大成就者均在隋唐之前，尤以兩漢爲甚。隋唐以降，中國封建經濟走向成熟，自給自足的自然經濟和以農爲本的觀念根深蒂固。這種以農耕經濟爲基礎建立起來的大一統社會，使人們不是經常生活在競爭激烈的氛圍中而萌生鑿空外遷之念。儘管宋元明以來商品經濟有了一些發展，但仍不能對中國社會發展中的高度穩定性有所動搖，最終只能使成就一時的陸上探險歸於沉寂。即使有馬可．波羅來華 17 年，伊本．拔圖塔來華幾年〔註 33〕，也沒有激起什麼人到西方去旅行、經商、觀光的願望。海上探險雖在隋唐興盛，但主要是文化交流活動，眞正意義上的海上貿易則相形見絀。特別是時處大航海大發現的明代，閉關自守、禁海的政策嚴重妨礙了航海事業的發展。明成祖朱棣、明宣宗朱瞻基只懷著仿漢唐盛世，天下清平安樂的抱負，忠實地奉行明太祖朱元璋定下的對外政策：「朕以（爲）諸蠻夷小國，阻山隔海，僻在一隅」；「不爲中國患者，不可輒自興兵」〔註 34〕。

〔註 27〕《明成祖實錄》卷 12 上。

〔註 28〕《明史．西域傳四》。

〔註 29〕《明史．鄭和傳》。

〔註 30〕南京龍江天妃宮明代碑文，《御製弘仁普濟天妃宮之碑》，永樂十四年，http://blog.sina.com.cn/s/blog_607131680100py66.html

〔註 31〕《殊域周咨錄》卷 8。

〔註 32〕《鄭和家譜》「敕海外諸蕃」條。載李士厚：《影印原本鄭和家譜校注》，晨光出版社 2005 年版。

〔註 33〕拔圖塔是 14 世紀中葉北非摩洛哥的阿拉伯人。

〔註 34〕《明太祖實錄》卷 68。

由此可見，儘管中國人也進行了爲數不少的海上探險，增長了對世界和海洋的認識，但中國人的海陸觀和閉關自守的心態沒有改變。所以，重陸輕海的觀念和探險取向，閉關自守的政策等也是中國人未能躋身地理大發現的一個重要原因。

五、地理條件和地緣政治的制約

注：略，詳見本書中《論中國人沒有參與地理大發現的地理原因》。

六、優越的經濟地理狀況的負面作用

注：略，詳見本書中《論中國人沒有參與地理大發現的地理原因》。

七、愛好和平崇尚勞動的文化心態和民族性格

歐洲人特別是西歐人屬於比較崇尚武力征服擴張、獲取戰利品、領地、臣民的民族（族群）。早在古希臘初期便有「希臘大殖民」運動，使希臘人的城邦從希臘半島和愛琴海地區擴展到東地中海和黑海沿岸。晚期則有亞歷山大的東征及其大帝國。亞歷山大帝國是世界歷史上第一個地跨歐亞非的龐大帝國，把希臘、埃及、巴比倫、波斯、印度（限於西北部印度河流域）等文明古國都囊括其中（中國除外）。亞歷山大帝國雖然曇花一現，但卻在西方人的腦海中埋下了記憶的種子，在他們的血液中留下了擴張的血球。繼承了希臘文化傳統的羅馬帝國經過長期血腥的征服擴張成爲第二個地跨歐亞非的龐大帝國，在其盛期地中海和黑海都成了羅馬內湖。雖然羅馬後來也瓦解了，但羅馬公民崇尚武力征服擴張，嗜好掠奪物品領地奴隸臣民的言行心理已凝固爲西方人的文化心態，鑄就了他們的民族性格。所以中世紀歐洲的一些個封建王國，國勢一有興盛，疆土一有擴展，便以羅馬的繼承者自居。君主稱「愷撒」、「奧古斯都」、「皇帝」，國家號稱某某羅馬帝國。

到了中世紀晚期，由於商品經濟和貨幣關係的發展，歐洲的貴金屬十分匱乏。於是，在商人、騎士、冒險家、資產者中，黃金夢泛濫起來。哥倫布關於「誰佔有黃金，誰就能使靈魂從地獄升入天堂」的自白，便是他爲什麼去冒險的絕妙注腳。正如恩格斯所指出：「葡萄牙人在非洲海岸、印度和整個遠東尋找的是黃金；黃金一詞是驅使西班牙人橫渡大西洋到美洲去的咒語；

黃金是白人剛踏上一個新發現的海岸所要的第一件東西」〔註35〕。西方（歐）人熱衷於征服擴張，醉心於掠奪財富土地臣民的文化心態和民族性格在新的形勢下也勃然「復興」，並緊密結合，淋漓張揚。地理大發現第一階段的遠航探險計劃能得到資助，全靠有人從理論上實際上來證實可期得到的經濟利益。支持哥倫布航海的卡斯提爾女王伊莎貝拉一世，派遣達·伽馬船隊的葡萄牙國王曼努埃爾一世，賜船隊給麥哲倫的西班牙國王查理一世等，都是期待獲得巨大經濟政治利益而與探險家簽訂協議的。這些探險家爲了報答資助人，也爲了自己發財致富和躋身上流，便用各種卑劣手段以謀求財富。地理大發現前半期的英雄們，大都是各色冒險家和亡命徒，從事海盜勾當，征殺搶掠，從而使第一階段的地理大發現成爲中世和近代之交歷史上非常血腥的一幕。遠航帶回的物品的價值往往是遠航耗資的幾倍、十幾倍，且一般還有新插上十字架和王旗的土地。這就吸引了越來越多的人去海外冒險，地理大發現很快形成熱潮。

中華民族則是愛好和平崇尚勞動的民族，具有鄙視征服不屑掠奪的文化心態和民族性格。漢朝唐朝是中國封建社會最強盛的王朝，也是版圖很大的王朝。但漢唐的強盛和輿圖擴展都不是靠武力征服和掠奪，而主要靠經濟發達文化昌明吸引，令少數民族志願歸附和周邊國家傾慕攀交。蒙元帝國是版圖超過此前一切帝國（包括阿拉伯帝國）的空前大帝國，其在中國的元朝也是中國歷史上疆土最大的王朝〔註 36〕。蒙元是武力征服的結果。但蒙元的統治民族是蒙古族，中華民族的主體民族漢族自身也處於被征服、被奴役、被統治的境地。

到了與大航海大發現基本同步的明朝，中國恢復了漢族王朝，也恢復了愛好和平崇尚勞動的民族心理和性格。朱元璋就認爲，海外諸夷，「得其地不足以供給，得其民不足以使令」，「彼不爲中國患之，朕決不伐之」〔註 37〕。並把不征諸夷列入「皇明祖訓」。所以七下西洋不是像西方遠航那樣爲了掠奪財富，開疆拓土，而是爲了遠播皇恩，教化諸夷，萬方來朝，共享太平。

這種不同的民族心理和性格西方傳教士也感覺到了。明后葉來華的利瑪竇就曾做過深刻的比較，他說：「非常值得注意的是，在這樣一個幾乎具有無

〔註35〕恩格斯：《論封建制度的瓦解和民族國家的產生》，《馬克思恩格斯全集》第 21 卷。

〔註36〕參張箭：《世界歷史上版圖最大之帝國初探》，《陰山學刊》2007 第 4 期。

〔註37〕《明太祖實錄》卷 68。

數人口和無限幅員的國家，而各種物產又極爲豐富。雖然他們有裝備精良的陸軍和海軍，很容易征服鄰近的國家，但他們的皇上和人民卻從未想過要發動侵略戰爭。他們很滿足於自己已有的東西，沒有征服的野心。在這方面，他們和歐洲人很不同。歐洲人常常不滿意自己的政府，並貪求別人所享有的東西」〔註 38〕。

這種民族心理和性格是在幾千年的民族文化的陶冶下形成發展並豐富的。從儒家的「仁」、「仁政」學說到墨家的「兼愛」、「非攻」理論，以及道家的「無爲而治」思想，都體現出追求和平的強烈願望。從西漢董仲舒起，儒家學說成爲中國社會的主導思想。儒家主張「君子喻於義，小人喻於利」，強調義利之辨和重義輕利。儒家的義利觀成爲中國傳統的道德價值觀。在儒家的影響下，華夏民族從思想觀念上就反對不義之戰，鄙薄不義之財，並崇尙勞動，熱愛日出而作，日入而息；種瓜得瓜，種豆得豆；春播秋收，男耕女織的和平勞動生活。甚至對經商、販運、囤積、倒賣等商業活動也有一些冷淡和疏遠，認爲它們就算不是不義也有一些輕義。這種文化心態和民族性格似乎也是中國人未能參與地理大發現的一個因素（這裡不去評判這種民族心理和性格的高下長短優劣美醜，而只涉及它與地理大發現的關係）。

綜上所述，中國人未能參與地理大發現的原因是多方面的。當然其中最根本最主要的還是經濟動因。如果明代中國商品經濟和資本主義有迅速的發展，從而產生強大持續的經濟動因，那麼其他種種不利因素和困難條件都會有所改變和在相當程度上被克服，並按經濟規律和要求而順向發展。那樣中國人也會進行和參與（一部分）地理大發現。

六百年的風雲過去了。我們今天在掩卷沉思、煞筆回眸、總結歷史經驗之時，也不必爲鄭和下西洋未能導致中國人參與地理大發現而過分遺憾、惆悵。鄭和下西洋展示的文明之師威武之師的形象，不是已經永遠地留在了亞非人民的印象裏嗎；下西洋開創的睦鄰友好和平外交傳統，不是仍然在爲中國人民與亞非人民的友誼與合作發揮作用，繼續在爲中國今日的和平崛起呼風鋪墊和吶喊開道嗎？最後請讓我用一首新詩，來結束這篇文章吧。

六百年的波濤裏，／不見了巍然的寶船；／上萬年的海風中，／消逝了鼓風的篷帆。／只留下，一頭黑髮，／一張黃色的臉。／浩瀚的太平洋印度洋上，／到處有過我們的祖先！／啊——／搖一柄大櫓，／扯一掛征帆，／

〔註 38〕《利瑪竇中國札記》，中華，1983，PP.58-59。

喝一碗老酒，／壯一顆赤膽，／駕一道海流歷一路艱險，／唱一首和平友誼的頌歌到明天〔註 39〕！

（附識：本文既是個人的研究心得體會，酌情參閱了本人有關的拙著拙文；又參考借鑒綜合了許多學者的論文成果，尤其是宋正海、陳傳康的論文《鄭和航海爲什麼沒有導致中國人去完成「地理大發現」？》，並加以發展；還有羅榮渠、姚芳、江道源、陳美明、趙麗霞、許肇興、苑素明、楊宏偉等人的論著。限於篇幅和體例，未能一一列出。特此說明，並致謝忱。）

（原載《海洋世界》2005 年第 7 期，2012 年 11 月刪改）

〔註 39〕在葉雨蒙《誰比哥倫布先到達美洲》（崑崙，2003）中的一首詩基礎上改編。特此說明並致謝。

論中國人沒有參與地理大發現的地理原因

摘　要

本文分四部分探討這一重要問題。1、述評學界已研究提出確認的中國人沒有參與地理大發現的各種原因。並簡論地理（大）發現的概念以統一認識。2、論述中國缺乏參與地理大發現的理想的自然地理條件和位置。因爲從中國橫渡太平洋到美洲的距離是從西歐或西非橫渡大西洋到美洲的距離的幾乎三倍。3、闡述中國缺乏從事地理大發現的合適的政治地理環境。中國人難以向南航海去發現澳洲，因爲文明的東南亞把中國和澳洲隔開。如果中國人（明人）要向北探險去發現北亞－西伯利亞，又被游牧民族如蒙古人、女眞人－滿人、維吾爾人、哈薩克人等鎖閉。4、指出，中國優越的經濟地理狀況在地理大發現方面反而起了負作用。中國自來是個大國，地域遼闊、物產資源豐富、經濟發達，而且其人口直到明末清初仍不多。中國在經濟上不需要外貿和外國，因此在中國，海陸探險和地理發現缺乏經濟刺激和人口壓力。

關鍵詞：地理大發現；中國；自然地理；政治地理；經濟地理

中圖分類號：K205，K90

文獻標識碼：A

一、引論：述評與概念

中外比較研究是改革開放以來興起的一個新的研究領域，把鄭和下西洋與葡萄牙西班牙遠航探險發現結合起來比較研究更是近年來的一個熱門課題。該課題有個比較忌諱、避而不談的問題，即雙方在航海史、探險史、地理發現史和科學考察史上的地位作用。鄭和船隊沒有發現什麼文明人類前所未知未達的陸地和水域，沒有開闢什麼文明人類前所未航的有重大價值和意義的新航路，沒有擴大什麼文明人類所知的地理範圍。他們所經過的地區和水域基本上都是文明的中國人、東南亞人、馬來人、印度人、波斯人、阿拉伯人已知已航已達已居住的地區和水域。由此便又引出一個令人深思使人生趣引人入勝的問題——中國人爲什麼沒有參與地理大發現？近年來已有學者本著實事求是、科學研究的宗旨，以探險的勇氣探討這個問題。宋正海、陳傳康指出原因在於鄭和遠航的動因是軟弱而短暫的，中國資本主義不發展，便沒有進行地理大發現的強大持久的經濟動因；古代中國人的大地觀是狹隘的，最流行的是蓋天說和地平說。渾天說中的人類世界也只是一個半球，類似於拱形大地說；中國的傳統地圖有很大的缺陷，只發展小範圍大比例尺地圖，從不發展世界地圖和地球儀。而大地觀與地圖又是緊密相聯的。〔註 1〕著名史學家羅榮渠剖析出是因中西王權之不同。中國皇帝具有直接向全國居民徵稅徵賦的權力，他（們）所支持的鄭和遠航是要導向強化大一統的皇權主義和維護重農抑商的傳統經濟體制；鄭和遠航的組織形式是皇朝特遣艦隊，官方外交使團。這種耗資巨大的遠航不能持久；傳統經濟體制決定了下西洋進行的是傳統的朝貢貿易。明朝的「重商」不是同保護主義而是同擺闊主義結合在一起，使遠航不能爲繼；明朝雖鼓勵官家航海下西洋又實行海禁，不准民間航海出洋貿易。這就不能發展航海事業。〔註 2〕有的認爲，因爲中國人自來就有重陸輕海的思想觀念和探險取向。雖拓邊鑿空精神有著悠久的歷史，但張騫、甘英、法顯、玄奘、義淨等的偉大探險都主要是在陸地上進行的，且均在隋唐及其以前。華夏文明是牛耕水利農業文明，人們安

〔註 1〕宋正海、陳傳康，《鄭和航海爲什麼沒有導致中國人去完成「地理大發現」？》〔J〕自然辯證法通訊，1983，(1)。

〔註 2〕羅榮渠，《15 世紀中西航海發展取向的對比與思索》〔J〕，歷史研究，1992，(1)。

土重遷。〔註 3〕有的學者強調是由於（明代）中國人的思想觀念價值取向在作祟。即中國人重農輕商的價值取向，貴義賤利的功利追求，夷夏大防的民族體認，儒家風雅的交往氣度。這些與當時（15～17 世紀）西方人的思想觀念價值取向恰成 180 度的不同和對立。〔註 4〕有的補充道，還因東西方人的性格不同。西方人敢於冒險，哥倫布野心勃勃想當大富翁。中國人以農爲本的觀念根深蒂固，不想擴張。鄭和習慣於對皇帝唯命是從，不可能私命船隊探索新航線另有企圖。〔註 5〕這些學者的探索都言之成理，持之有故，給人啓迪，開拓出一塊新園地。在此基礎上我們探討中國人沒有參與地理大發現的地理原因，以益學術。

在此之前我們先得簡單闡明地理（大）發現的概念，以求得對基本理論的認同和共識。我們認爲，地理發現應指文明民族的代表首次到達了或最早瞭解了各文明民族均前所未知的地表的某一部分，或率先確定了地表已知各部分之間的空間聯繫。這裏說的文明民族指有了文字，形成了階級社會和國家，從而邁進了文明時代的民族。地理大發現應指 15 世紀中後葉至 17 世紀末葉，歐洲人（葡、西、荷、俄、英、法等）發現了全世界的文明人類均前所未知的大片陸地（包括非洲西部、南部，南北美洲，澳洲－大洋洲，亞洲北部）和水域；橫渡了文明人類均前所未橫渡的大西洋、太平洋、印度洋（東非←→澳洲），航入了文明人類均前所未航入的（三大洋匯合後的）南大洋和北冰洋；對這些陸地和水域乃至地球本身有了初步的瞭解和一定的認識；開闢了若干前所未有前所未知的重要航路和通道，把地球上的各大洲（南極洲除外）、各大洋、各地區直接地緊密地聯繫起來；極大地充實、豐富和初步完善了反映地球表面基本地理概貌的世界地圖和地球儀。這一切對全世界全人類的影響極大，歷史學界和地理學界便創造了地理大發現這個提法和術語來概括這方面的歷史發展。〔註 6〕

〔註 3〕姚芳，《東西方不同的海洋探險及其結果》〔J〕，湖北大學學報，1994，(1)。

〔註 4〕江道源、陳美明，《思想觀念對 15～16 世紀中西航海業發展的影響》〔J〕，海交史研究，1994，(2)。

〔註 5〕趙麗霞，《鄭和爲什麼沒有成爲中國的哥倫布》〔J〕，黑龍江社會科學，1999，(6)。

〔註 6〕對地理（大）發現概念等問題詳細、深入和系統的闡述，可參見拙文《地理大發現簡論》，載羅徽武等主編:《世界近代史研究》，成都科技大學出版社 1992 年版。對取代、否定、質疑地理大發現這一提法和術語的各種觀點與說法的批評，可參見拙文《否定「地理大發現」之否定》，載《四川大學學報》1996

二、自然地理條件的影響

中國人之所以未能參與地理大發現，除了引論所概述的原因以外，還受到自然地理條件的影響。中國以東是世界上最浩瀚的太平洋。從中國橫渡太平洋到美洲的距離是從西歐或西非橫渡大西洋到美洲的距離的將近三倍。例如，從上海到聖法蘭西斯科（三藩市）的空中航線距離爲 10550 公里，從廣州到巴拿馬城的空中航線距離將近兩萬公里。而從巴西里約熱內盧到西非突出部達喀爾的空中航線距離僅爲 5030 公里，從紐約到倫敦爲 5560 公里，從紐約到巴黎爲 5840 公里。〔註 7〕又如，從上海到巴拿馬城的海上航線距離爲 8570 海里，從上海到加拿大溫哥華爲 5110 海里，從廣州到巴拿馬城爲上萬海里。而從巴拿馬的科隆到西班牙的直布羅陀海上航線距離爲 4330 海里，從紐約到荷蘭鹿特丹爲 3270 海里，從紐約到直布羅陀爲 3150 海里。〔註 8〕可見，中國缺乏參與地理大發現的理想的自然地理條件和地理位置。

地理大發現的時代相當於中國明朝的中期後期和清朝初期。即使明代中國具備了西歐的各種政治、經濟、社會、文化條件，或者即使把地理大發現的急先鋒和佼佼者西班牙葡萄牙搬到中國的華東地區（西、葡的本土面積分別爲約 50 萬和 9 萬平方公里，相當於中國的一個大省和一個小省），橫渡太平洋發現美洲、開始地理大發現也要困難得多，也要挪後若干年代。要知道哥倫布的首次遠航是在非常困難的情況下進行的。他多年奔波八方遊說，先後向葡、西、英、法幾國君主宣傳他的西航計劃（哥倫布曾派他的哥哥巴托羅繆去遊說英王亨利七世、法王查理八世〔註 9〕。最後好不容易才爭取到西班牙王后伊薩貝拉一定程度的支持，才勉強成行。航行途中，爲防止海員們疑惑、畏難、後悔、鼓譟返航，哥倫布不得不隱瞞眞實航程，假報被縮短了的航程。到了最後幾天，海員們的懷疑、不滿、恐懼已很難再自持和被控制，到了要暴亂叛逃的邊緣。1492 年 10 月 6 日在旗艦上召開了船長大副要員會議。會議經過爭論最後決定再前進四至五天，不見陸地就返航。〔註 10〕哥倫

年第 2 期。

〔註 7〕編輯部，《最新世界地圖集》〔S〕，北京：中國地圖出版社，1990。(《世界交通圖》)

〔註 8〕編輯部，《最新世界地圖集》〔S〕。(《世界交通圖》)

〔註 9〕莫里遜，《航海家哥倫布》〔M〕，長沙：湖南人民出版社，1983，頁 30～31。

〔註 10〕Gianni Granzotto. Christopher Co1umbus〔M〕, Uni. of Oklahoma Press, 1987, p.136.

布也只得遵從眾議，如此允諾。可就在最後一天即第五天，發現了一些漂浮的樹枝等，晚上 10 點鐘發現了前面有亮光，半夜兩點，西班牙人終於發現了第一塊陸地——西印度群島的聖薩爾瓦多島（華特林島）。〔註 11〕倘若西班牙在華東，哥倫布橫渡的是太平洋，那麼他的遠航不就失敗了嗎。而一旦首次遠航探險失敗無果而還，在若干年內便極難再發起新的橫渡探險了。而且哥倫布橫渡大西洋到達美洲是從地理發現到地理大發現的質變、飛躍、分水嶺，是從序幕到正劇的開演。從此，遠航、探險、發現、殖民在歐洲形成熱潮。葡萄牙人是因受到西班牙人成功橫渡大西洋、到達西方的印度的刺激，才加快了繞航非洲到東印度去的步伐。英國人也是受到西班牙和哥倫布的激勵，才有了 15 世紀末老卡博特到達北美紐芬蘭的探航，才躋身於地理大發現的行列……歷史不能假定，但歷史學家可以在假定的條件下研究歷史，甚至可以在某些方面在一定程度上檢驗假定。正因爲中國面臨的太平洋比西、葡、英等面臨的大西洋幾乎寬兩倍（是它的近三倍），1955 年臺灣鍾玉麟等五人的木帆船航渡美洲試驗、1974 年香港衛聚賢等組織的仿漢船橫渡太平洋試驗均告失敗。〔註 12〕而 1976 年英國蒂莫西的仿 6 世紀皮筏船橫渡大西洋試驗卻獲得成功。〔註 13〕這些現代人的模擬航渡試驗從一個側面佐證了我的觀點。

三、政治地理環境的制約

（一）南下澳洲的礙難

澳洲大陸和大洋洲諸島離中國相對較近，中國人航渡發現澳洲和大洋洲諸島相對不太困難。但澳洲－大洋洲大陸和主要島嶼之北隔著東南亞－南洋這些文明地區。具體到今天的政治版圖便隔著馬來西亞、菲律賓、印尼等國家。中國人要發現澳洲等就得先征服控制上述地區，或至少就得在那一帶建立勢力範圍、殖民據點、商站、補給港等。而愛好和平、熱愛自由、善良仁

〔註 11〕見《哥倫布航海日記》10 月 11 日，載張至善編譯：《哥倫布首航美洲》，商務印書館 1994 年版，第 16～17 頁。對於哥倫布駛抵美洲的第一塊陸地今爲何地，有不同的說法和爭論。

〔註 12〕施存龍，《歷史沒有允許殷人航渡美洲》〔J〕，世界歷史，1995，(2)。高增德，《中國現代社會科學家大辭典》〔S〕，太原：書海出版社，1994。(「衛聚賢」條)

〔註 13〕Timothy Severin. The Voyage of Brendan—Did Irish Monks Discover America?〔J〕. National Geographic. 1977,（6）, pp.58～59.

義的中華民族沒有去做那些事。明後葉來華的利瑪竇就曾做過深刻的比較：「雖然他們有裝備精良的陸軍和海軍，但他們的皇上和人民卻從未想過要發動侵略戰爭。他們……沒有征服的野心。在這方面，他們和歐洲人很不同。」〔註 14〕這是問題的一方面。另一方面，明人即使要去做也未必做得成。因爲征服控制教化文明民族比征服控制教化蠻族困難得多。而控制征服教化與自己處於同一社會發展階段的民族和人民就更加困難。

具體說來，馬來西亞的西馬來西亞位於馬來半島南部，馬來西亞的東馬來西亞位於加里曼丹島北部（歷史上屬印尼）。馬來西亞自古以來就是文明之邦。印尼 13 世紀末至 15 世紀末是強大的滿者伯夷王朝統治時期（1293～1478），其時封建制度封建生產關係最後形成。14 世紀下半葉國王哈延烏魯時期已大體奠定今日印尼版圖的基礎，其疆域還包括馬來半島南部（即西馬來西亞）。〔註 15〕軍事方面印尼早已使用鋼鐵武器，著名的爪哇匕首便蜚聲國外。〔註 16〕16 世紀時西爪哇的萬丹國已使用火炮。〔註 17〕

菲律賓在地理大發現時代也已是文明之邦了。麥哲倫到達菲律賓的 16 世紀初，菲律賓北部和中部已從奴隸社會過渡到早期封建社會，菲律賓南部已處於較爲發展的封建社會。〔註 18〕菲律賓各地也早已有了各種民族文字。〔註 19〕菲律賓人還已有了鐵器。例如，「麻逸國在勃泥（加里曼丹北部）之北，……有銅佛像，……商人用瓷器、貨金、鐵鼎、烏鉛、五色玻璃珠、鐵針等博易。」〔註 20〕（《麻逸國》）又如，「其地以石崎山爲保障，……貿易之貨，赤金、花銀、八都剌布、青珠、處器、鐵條之屬。」〔註 21〕（《蘇祿》）菲律賓的土邦軍隊也已裝備了鋼鐵武器。麥哲倫就是在宿務島地區因插手當地內戰而被土邦軍隊打死。麥哲倫船隊的皮加費塔在他的日記中對致麥哲倫

〔註 14〕利瑪竇，《利瑪竇中國箚記》〔M〕，北京：中華書局，1983，頁 296～297。

〔註 15〕周一良、吳于廑、朱寰：《世界通史．中古部份》〔M〕，北京：人民出版社，1972，頁 296～297。

〔註 16〕蘇聯科學院，《世界通史：第四～五卷》〔M〕，北京：三聯書店，1962，第 4 卷，頁 921。

〔註 17〕蘇聯科學院，《世界通史：第四～五卷》〔M〕，第 4 卷，頁 926。

〔註 18〕中山大學東南亞歷史研究室，《菲律賓史稿》〔M〕，北京：商務印書館，1977，頁 13。

〔註 19〕中山大學東南亞歷史研究室，《菲律賓史稿》〔M〕，頁 10，17。

〔註 20〕〔南宋〕趙汝適，（楊博文校釋），《諸蕃志》〔M〕，北京：中華書局，1996。

〔註 21〕〔元〕汪大淵，（蘇繼廎校釋），《島夷志略》〔M〕，北京：中華書局，1981。

死命的那場戰鬥有準確細緻的記述。「他們向我們射出這麼多的箭，向總隊長投出這麼多的投槍（有些是戴鐵尖的），……使我們難以防身。……他們……終於用毒箭射傷了總隊長的右腿。……一個印第安（或印度，作者按）（麥克坦島）人的投槍擊中了總隊長的臉，他的手臂也被投槍擊傷，……他們中的一個人用彎刀砍傷了他的左腿，使他俯面栽倒在地上。他們立刻用鐵尖的和竹尖的投槍向他擲來，用彎刀吹他，直到把他殺死。」〔註22〕當然，我們是在總體上講印尼和菲律賓的情況的，這並不排除分屬今日印尼或菲律賓的個別地區和少數島嶼，當時還處於原始社會和石器時代。

總之，中國人似乎容易發現的澳洲大陸、大洋洲主要島嶼因隔著文明的馬來西亞、印尼和菲律賓，受地緣政治的制約而麻煩和困難起來。而歐洲人到達西非、南非、南北美洲、澳洲、亞洲北部則不必穿越文明地帶。歐洲人所征服控制教化的西非南非黑人、美洲印第安人、澳洲黑人、北亞黃人均是只有石器、木器、骨器的原始人。其中只有少數人有銅製武器，如中美洲大陸的馬雅人和阿茲持克人等，但他們仍遠不是擁有鋼鐵武器和火器的歐洲白人的對手。

（二）北上西伯利亞（北亞）和北冰洋的阻攔

在中國地理圈文化圈以北，是蠻荒原始未開化無主、人煙稀少甚至無人的北亞（今俄羅斯西伯利亞，廣義）和北冰洋。古代中國人包括屬中國地理圈文化圈的各少數民族、他們的足跡和地理知識的北至一般達到北緯 60 度，個別地方達到北緯 63 度。〔註23〕元朝是中國歷史上版圖最大的封建王朝，是疆域向北擴展延伸最遠最寬的朝代。其北部疆域和勢力範圍大致達到了北緯 60 度一線，個別地段達到了北緯 63 度。〔註24〕而北亞最北端泰梅爾半島切柳斯金角達到了北緯 77 度 43 分。所以北亞－西伯利亞的中部北部屬世人不知世上無主的待發現地區。中國人要去探察它發現它開發它據有它併入它是相對容易的。但地理大發現時代主要是在明代。明代的地緣政治狀況又阻礙著中國人去發現北亞北冰洋。明代明朝的北部是韃靼，西北部是瓦剌，東北部是女真各部，西部是烏斯藏。瓦剌與烏斯藏之間是突厥政權亦力把裏。

〔註22〕V. Stefansson：Great Adventures and Explorations from the Earliest Times to the Present, as Told by the Explorers Themselves, London：1956, pp.263～264.

〔註23〕張箭，《古代中國人足跡和地理知識的北至》〔J〕，歷史研究，1999，(6)。

〔註24〕張箭，《元朝北疆範圍研究》〔J〕，中國邊疆史地研究，2000，(1)。

〔註 25〕儘管今天看來它們是中國的少數民族建立的地方政權，但當時卻是半獨立半藩屬的民族政權。蒙古族的韃靼和瓦剌長期與明朝處於敵對戰爭狀態。「終明之世，邊防甚重，東起鴨綠江，西抵嘉峪（關），綿亙萬里，分地守禦。」〔註 26〕明朝不得不置「九邊」築長城。今天雄姿猶在的長城便多半是明長城（用條石和燒過的磚砌成）。雖 1572 年（隆慶五年）明與韃靼媾和，俺達汗受封爲順義王，實際上仍獨立自主。瓦剌（各部）則一直是獨立政權。今新疆地區的維吾爾族哈薩克族和其他少數民族皆「地大者稱國，小者只稱地面。」〔註 27〕它們有的獨立，有的接受明朝的策封，處於半藩屬狀態，有的則受蒙古人統治。明本土與新疆少數族直接接壤的土魯番（地區），「（成化）八年（1472 年），土魯番速檀阿力乘機襲破其城（哈密），……據守其地。」〔註 28〕「哈密國回回、畏兀兒（維吾爾）、哈剌灰（改信伊斯蘭教的蒙古人）三種番夷同居一城，種類不貴，彼此頡頏。」〔註 29〕明、土從此爭奪哈密一帶地區。1529 年（嘉慶八年），明放棄哈密等關外七衛，退守嘉峪關。〔註 30〕東北的女眞族 16 世紀時處於自治狀態，與明的關係是貿易通商和敵對戰爭交錯進行。1616 年女眞族建立後金，與明斷絕關係並處於敵對戰爭狀態。

中國北部、西北部、東北部、西部的這些少數民族也都有自己的民族語言、民族文字和民族宗教。它（他）們（當時）操蒙、維、哈、滿、藏等語言，寫蒙、維、哈、滿、藏等文字，信喇嘛教（蒙、藏）、伊斯蘭教（維、哈）、薩滿教（滿）等宗教。它（他）們與操漢語、寫漢文、主要信儒教的中國主體民族漢族，與在明朝直接統治管轄下的其他少數民族，均有很大差別。

中國以北可供發現的廣大地區是北亞－西伯利亞和北冰洋。中國人要去發現它就得先打敗、統治韃靼、瓦剌、吐魯番、後金等，控制那些地區，取得發現北亞－西伯利亞的前進基地。就如同葡萄牙西班牙要從事遠航探險、

〔註 25〕中國社會科學院，《簡明中國歷史地圖集》〔S〕，北京：中國地圖出版社，1991。（《明時期全圖》（一）（二））

〔註 26〕〔清〕張廷玉等，《明史》〔M〕，北京：中華書局，1974。（《兵志・邊防》）

〔註 27〕《明史》卷 332《西域傳 4・俺的干》。翦伯贊主編《中國史綱要》各版皆注明該語出自《明史》卷 329《西域傳》，但在卷 329 中卻查不到。蒙四川大學歷史系柯建中教授查出該語出自《明史》卷 332《西域傳》4，特此鳴謝。

〔註 28〕〔清〕張廷玉等，《明史》〔M〕，（《西域傳・哈密衛》）

〔註 29〕〔明〕馬文升，《興復哈密國王記》〔A〕，〔明〕沈節甫輯，《紀錄彙編卷 37》〔M〕，上海：涵芬樓影印本，1938，頁 2。

〔註 30〕翦伯贊，《中國史綱要（修訂本）下冊》〔M〕，北京：人民出版社，1995，頁 209。

地理發現就得先打敗、驅逐伊比利亞半島上的阿拉伯人－摩爾人、穆斯林一樣。也如同荷蘭人要參與地理大發現就得先推翻西班牙的異族統治一樣。又如同俄羅斯人一樣。他們要發現北亞和北亞沿海的北冰洋地區就得先打敗金帳汗（欽察汗）以及從它分離演化出的各韃靼國家，擺脫它們的統治和控制，並進而去控制統治它們，佔領發現北亞的出發陣地（特別是打敗佔領失必兒－西伯利亞汗國）。英國、法國則是先完成國家統一，實現國內和平，才躋身於地理大發現行列。英國在 1485 年結束了長達 30 年的玫瑰（薔薇）戰爭，才有老卡博特 1497 年的北美航行探險，英國始加入地理大發現。法國則在 1477 年「削藩」削掉了勃艮第公國的主要權力和領地，1491 年合併獨立的大領地不列塔尼，最後完成了國家統一。才有 1524 年維拉簕諾的北美航行探險，〔註 31〕法國始參與地理大發現。如果把蒙、哈、維、滿政權視爲國內的少數民族政權，則明朝遠未完成國家統一，實現國內和平。不視它們如斯（蒙、哈今天就更難被視如斯），自然（明代）中國的政治地理環境就比較險惡。

有明一代明朝都受到北方游牧民族的嚴重威脅。初期有元蒙殘餘勢力捲土重來復辟的危險，前中期（1449 年、正統十四年）有明 50 萬大軍被瓦剌擊敗、英宗皇帝被俘的土木之變。中後期（1550 年，嘉靖二十九年）有韃靼軍寇掠京師的庚戌之變。後期有女眞後金南侵的嚴重威脅，最後明朝終於被滿族（女眞族）建立的清朝所滅。〔註 32〕到 17 世紀末，當清朝統一了全中國，控制了東北、北方、西北各少數民族地區，平定了三藩之亂，滅了臺灣奉明朝爲正朔的鄭氏政權，17 世紀 90 年代初步擊敗蒙古準噶爾部噶爾丹汗，獲得了發現北亞和北冰洋的前進基地，具備了參與地理大發現的政治條件時，卻爲時已晚，事過境遷。此時地理大發現已基本完成與結束了。

就北亞和北冰洋來說，1618～1619 年俄人佩特林等已從托木斯克東南下，造訪了蒙古和中國，到達了北京，「鑿空」了俄（蒙）中聯繫的陸上通道。〔註 33〕1620 年左右俄人已從西至東駕船繞過了亞洲大陸最北端泰梅爾半島。

〔註 31〕Geovanni da Verrazano〔A〕, Encyclopdia of Americana：Vol. 2〔S〕, Chicago：1980s.

〔註 32〕崇禎皇帝雖被李自成農民軍逼死，但南明馬上建立。若清軍不入關，農民軍與明軍之間鹿死誰手還未可預料。故明朝應是亡於清朝。

〔註 33〕張箭，《明末清初俄使出訪中國初探》〔J〕，清史研究，2001，（1）。

〔註 34〕1643～1646 年，波雅爾科夫等已從勒拿河中游南下到達黑龍江中上游（澤雅河注入處），然後順河東航駛入鄂霍次克海，又北航到烏利亞河登陸返回。〔註 35〕1648～1649 年，阿列克塞耶夫（波波夫）和迭日涅夫等已從科雷馬河河口出航，沿北亞大陸海岸東航，轉南繞過了亞洲大陸最東端迭日涅夫角，穿過了白令海峽，首次從北冰洋航入了太平洋，分別到達和發現了堪察加半島（中部）和阿納德爾灣。〔註 36〕1649～1651 年，哈巴羅夫等從勒拿河中游南下闖入黑龍江上游最靠北的河段，又沿江東航侵擾到黑龍江與澤雅河匯合處。〔註 37〕1620 年，平達等從葉尼塞河下游的土魯漢斯克（新孟加席）出發，溯下通古斯卡河而上到了近河源地的北緯 58 度處，〔註 38〕距貝加爾湖北岸僅約 300 公里。1623 年平達等到達勒拿河河源地北緯 54 度處，〔註 39〕距貝加爾湖中部西岸僅約 140 公里。17 世紀 40～60 年代，俄人已在貝加爾湖周圍地區（西部、南部、東部）建立了好幾個殖民－移民點。〔註 40〕所以，到清軍入關逐鹿中原之時，北亞大部分和北亞海岸外的北冰洋已被俄國人發現，並捷足先登併入了版圖。中俄已逐漸接壤。從哈巴羅夫侵入黑龍江上游起，中俄開始了武裝衝突。在清朝統一臺灣（1683 年）後六年（1689 年），在準噶爾部正大舉進攻清朝之際，中俄在武力對峙的情況下簽訂了尼布楚條約，規定以外興安嶺和額爾古納河爲界，以北屬俄國以南屬中國。〔註 41〕中俄相互承認了對方的領土和勢力範圍。至此，中國以北已沒有什麼地區可供發現了。世界上待發現的大塊地區只有最遙遠的終年冰雪覆蓋的南極洲、澳

〔註 34〕Академия Наук СССР. Всемирная История（世界通史）〔M〕, Москва：1958.（Том IV, c.97, карта）

〔註 35〕Академия Наук СССР. Всемирная История（世界通史）〔M〕（Том V, c.161, карта）

〔註 36〕Академия Наук СССР. Всемирная История（世界通史）〔M〕（Том V, c.161, карта）

〔註 37〕Академия Наук СССР. Всемирная История（世界通史）〔M〕（Том V, c.161, карта）

〔註 38〕И. П. Магидович, В. И. Магидович：Очерки по Истории Географических Открытий（地理發現史綱）Том II〔M〕, Москва：1983.（c.270）

〔註 39〕И. П. Магидович, В. И. Магидович：Очерки по Истории Географических Открытий（地理發現史綱）Том II〔M〕（c.270）

〔註 40〕Академия Наук СССР. Всемирная История（世界通史）〔M〕（Том V, c.161, карта）

〔註 41〕條約以滿、漢、俄、拉丁、蒙五種文字勒石立碑於中俄邊境各地。條約全文見《清聖祖實錄》卷 143，康熙 28 年 12 月癸亥條。

洲東海岸、北極圈以內的美洲北部和格陵蘭島的極地部分。

在地理大發現時代，中國周圍除北亞之外都是文明國家和地區，中國與它們的聯繫早已建立。中國周圍幾無其他可發現的地區，也幾無其他可開闢的較爲重要的新航路新陸路。所以，中國也缺乏參與地理大發現的適宜的政治地理環境。即使 15～17 世紀的中國具備了歐洲的各種政治、經濟、社會、文化條件，或者即使把西班牙、葡萄牙、英國、荷蘭、法國等搬到中國來，它們也未見得是蒙古、女眞、維吾爾、哈薩克的對手，正如它們當時不是奧斯曼土耳其的對手一樣。要知道土耳其甚至在 1529 年和 1683 年兩次圍攻維也納。〔註 42〕迪亞士、達・伽馬之所以開闢繞航非洲去印度的新航路，哥倫布之所以西渡大西洋欲開闢去東方的新航路，英、荷、法之所以探察北方新航路，最直接最緊要的考慮便是避開土耳其人、阿拉伯人的勢力和鋒芒。假如中西掉過兒（交換位置），中國人也不是不可能發現西非、繞航非洲，開闢去印度的新航路，從而把地理大發現推向高潮，只不過要晚一點。西班牙、葡萄牙等也未見得能在 15～17 世紀東渡美洲、南渡澳洲，北據北亞，航入北冰洋、南大洋。

葡萄牙人是地理大發現的鼻祖。他們繞航非洲是在好幾十年間逐步完成的。西非是原始的黑人居住的待發現地區，距葡萄牙較近。葡萄牙人從西非北部開始，每隔幾年十來年就組織一次遠航探險，就發現一段新的海岸一片新的地區，一些新的島嶼，就在新發現的地區進行一些殖民活動，就掠取積纍一部分財富，就建立個把殖民據點或殖民地，然後又組織新的遠航探險。王室、貴族、冒險家、商人、航海者乃至國家民族都在持續的探航中不斷嘗到新的甜頭。而葡萄牙在西非的探航和發現獲得一個一個的成功，又刺激促使西班牙去開闢到東方的另一條新航路，從而開始了地理大發現。而葡、西遠航探險發現的成功、對居住著原始部落的黑非洲和美洲的擴張成功，又刺激促使英、荷、法加入地理大發現。北亞（今俄羅斯西伯利亞、廣義）和北冰洋沿岸也是原始的黃人居住的待發現地區甚至是無人地區，離東歐平原北歐平原上的俄國本土也比較近（15 世紀末歐洲東北部巴倫支海沿岸已是俄國領土〔註 43〕。俄國人發現北亞和北冰洋沿海的情況也近似於葡萄牙，也是一步步地探險發現，攫取開發財

〔註 42〕湯因比，《歷史研究》，上中下冊〔M〕，上海：上海人民出版社，1966（上冊，頁 147）。

〔註 43〕Академия Наук СССР. Всемирная История（世界通史）〔M〕（Том IV, c.9, карта）

富，建立殖民－移民點，一步步地成功和完成的。

總之，歐洲東西兩頭的國家具備而中國缺乏進行地理大發現的適宜的地緣政治條件和政治地理環境。

（三）大一統的國內政治地理的雙重性

中國本土的地理環境是比較有利於政治統一的（青藏高原除外）。從秦統一起，政治統一中央集權便成了中國歷史的主旋律，分裂割據雖有但始終只是插曲。以歷史發展的辯證眼光看政治大一統，它在許多方面起積極作用，但在一些方面也有消極因素，包括不利於中國人參與地理大發現。譬如鄭和下西洋，說下就下且規模驚人；說停就停，戛然而止。還不是一個王朝一個君主一個統治核心說了算。倘中國當時（明時）像歐洲那樣（雙方本土均約1000 萬平方公里）分成幾十個國家，這個不支持那個支持，這個叫停那個讓繼續，鄭和下西洋的規模便會小得多，但很可能便會持續下去。那樣 中國人也就會參與和完成一部分地理大發現。要知道哥倫布曾奔走遊說於幾個國家、好幾個大貴族之間，宣傳他的西航計劃，最後好不容易爭取到西班牙君主的一定支持。倘先前拒絕了他的幾個君主中的一個統一了歐洲，西航不就泡了湯，地理大發現不就要挪後許多年代。在歐洲，正是一國先開始遠航探險發現，嘗到了甜頭。其他國家才跟進，逐漸形成了熱潮，最後才主要由六個國家完成了地理大發現。

四、優越的經濟地理狀況的負面作用

從古至明，中國都是一個幅員遼闊，物產豐富，氣候複雜，動植物群落多樣，經濟發達的大國。在中國，在中國地理圈內，經濟的自給力、調劑力、自足力、互補力都大於強於同時代的任何一個國家，一個地理圈。毛澤東主席曾講，「農業是國民經濟的基礎。」傳統中國也自來「以農爲本」。恩格斯也說，「封建主義的基礎是農業。」中國面積廣大，所處緯度較低。濱海的位置及強烈的季風， 複雜多樣的地形和肥沃的土壤，使中國農業一向發達。今天，作爲「世界糧倉」的前蘇聯、加拿大多冷害，巴西、澳大利亞有酷熱，美國緯度比中國更北，都比不上我國優越。因此，至今中國能以占世界 9%的耕地，生產占世界 21%的穀物，解決占世界 23%的人口的衣食問題。〔註 44〕我國的糧食產量古代中世紀近代都居世界第一，今日僅次於美國。我國的經濟作物種類齊全，分佈廣泛，產量很大。不管是經濟作物棉、麻等，油料作

〔註 44〕孫敬之，《中國經濟地理概論》〔M〕，北京：商務印書館，1994，頁 410。

物菜籽、大豆等，糖料作物甘蔗、甜菜等，亞熱帶和熱帶經濟作物茶、桑、劍麻、香料等都很豐富。我國的森林到清初仍面積大、覆蓋率高，木材蓄積量多。我國歷來草場資源豐富，畜牧業興旺。雖然牧區多在少數民族地區，但中原漢族與它們自來有廣泛的頻繁的互市。另外我國東部廣大農耕區自來也有以舍飼爲主的畜牧業，飼養役畜（牛、驢、騾、馬）和肉畜（豬、山羊）。中國水產業生產的自然條件也比較優越，有 1.8 萬公里的大陸海岸線和 1.4 萬公里的島嶼海岸線。〔註 45〕我國的淺海漁場約占世界的 1/4，居世界第一位。〔註 46〕我國內陸的水域面積也很大，很有利於發展水產業。毛澤東主席曾在《中國革命和中國共產黨》一書中對中國優越的經濟地理狀況做過精闢的論述：「我們中國是世界上最大的國家之一，它的領土和整個歐洲的面積差不多相等。在這個廣大的領土之上，有廣大的肥田沃地，給我們以衣食之源；有縱橫全國的大小山脈，給我們生產了廣大的森林，貯藏了豐富的礦產；有很多的江河湖澤，給我們以舟楫和灌溉之利：有很長的海岸線，給我們以交通海外各民族的方便。從很早的古代起，我們中華民族的祖先就勞動、生息、繁殖在這塊廣大的土地之上。」〔註 47〕

而到 15 世紀末的葡、西、荷、英、法、俄諸國均是小國寡民（俄羅斯 15 世紀末時疆域還只限於東歐一部和北歐一部）。〔註 48〕它們均幅員狹小，物產不豐，氣候簡單，動植物群落少寡。它們均缺乏中國這樣的優越完備的經濟地理條件。它們因而都依賴並重視（海）外貿（易）。所以歐洲從中世紀中期以來就形成了以意大利城市爲中心的地中海貿易區，輻射西歐；以德國漢撒城市爲中心的北海波羅的海貿易區，輻射西歐、北歐和東歐。兩大貿易區並經過海（繞過直布羅陀海峽）和陸（經中歐）相聯。〔註 49〕而海外貿易的持續發展，就可能並容易引發地理大發現。歷史哲學家湯因比認爲，文明的起源發展是由於兩個條件的特定結合所造成的。一個條件是那個社會裏要有一些具有創造能力的人，另一個條件是那裏的（地理）環境既不太有利又不太

〔註 45〕林先盛等四人，《簡明地理手冊》〔M〕，南寧：廣西人民出版社 1984，頁 259。

〔註 46〕林先盛等四人，《簡明地理手冊》〔M〕，頁 260。

〔註 47〕毛澤東，《毛澤東選集》，一卷本〔M〕，北京：人民出版社，1970，頁 584。

〔註 48〕Академия Наук СССР. Всемирная История（世界通史）〔M〕（Том IV, c.9, карта）

〔註 49〕巴勒克拉夫，《泰晤士世界歷史地圖集》〔S〕，北京：三聯書店，1982，頁 144 圖和文。

不利。在這種情況下文明的發生與發展可以被列成一個互相交替的「挑戰與應戰」的公式。上述類型的（地理）環境向這個社會不斷地挑戰，而這個社會則通過它的有創造性的一些人對挑戰成功地應戰，解決問題。接著又出現新的挑戰，新的勝利的應戰。這個過程永遠不停地進行，社會便永遠不停地變動，文明也就產生和發展了。〔註 50〕在創造地理大發現文明和發展大航海文明方面中國的掉隊與落伍，竊以爲與優越完備的經濟地理狀況也有關，它反而起了負面作用。

具體說來，西方發起和進行前半期的地理大發現的一個直接的重要的經濟動因，是想獲得香料特別是作爲調料的香料。葡萄牙人在西非沿海探航發現拓殖時，所命名的第一個海岸也是最靠北的海岸便是「胡椒顆粒海岸。」〔註 51〕迪亞士、達・伽馬開闢到印度的新航路，首要的目的便是獲得價廉物美的南亞香料。達・伽馬首航出動了四船 160 多人。雖損失慘重（人員損失 2/3，船隻損失一半兒），但運回的香料出售後仍獲利六倍。〔註 52〕哥倫布西渡大西洋是爲了到中國、日本、印度來，獲取東方的金銀、香料、珍寶、藥材等。麥哲倫環球航行的直接目的是想搶在葡萄牙之前到達印尼的香料群島－摩鹿加群島，控制這一帶的香料貿易。環球航行損失更加慘重，出航的五艘船約 270 人，只返航歸來一艘船 18 人。〔註 53〕麥哲倫本人也因在菲律賓干涉當地內政插手內戰而被打死。但維多利亞號運回的香料仍使環航沒有虧本，還贏利 200 英鎊銀。〔註 54〕直到 17 世紀初，荷蘭人勒美爾和斯考頓發現勒美爾海峽（今阿根廷）、合恩角、斯考頓群島（今印尼）等地的那次遠航探險（1616 年），其直接目的仍是探索去香料群島的另外的新航線。〔註 55〕

〔註 50〕湯因比，《歷史研究》，上中下册〔M〕，下册，頁 453～454。

〔註 51〕Boies Penrose：Travel and Discovery in the Renaissance l420～1620〔M〕, New York：1975. p.51 map, p.56。

〔註 52〕中外都說此次獲得的純利潤是遠航探險成本的 60 倍，我考出爲 6 倍。這仍然屬「高額壟斷利潤」了。說詳拙文：《開闢歐印新航路的意義、利潤、時間和人選》，載《南亞研究季刊》2001 年第 4 期。

〔註 53〕另有被葡萄牙俘虜後陸續放回的十幾人和在麥哲倫海峽當逃兵回去的一船 60 餘人。

〔註 54〕F. H. H. Guillemard：The Life of Ferdinand Magellan and the First Circumnavigation of the Globe, 1480～1521〔M〕, New York：1890, pp.307, 327.

〔註 55〕И. П. Магидович, В. И. Магидович：Очерки по Истории Географических Открытий（地理發現史綱）Том II〔M〕，c.359.

而中國本身便是香料產地，中國與盛產香料的東南亞和南亞也鄰近並一直有廣泛密切的貿易往來。中國人勿需爲了獲得香料而遠渡重洋去開闢新航路。

其他如英、法等之所以堅持和發展對北美加拿大紐芬蘭一帶的發現和拓殖，首先是因要在那裏捕鱈魚、鯡魚；〔註 56〕葡萄牙之所以堅持和發展對南美巴西的發現和拓殖，首先是因要在那裏採伐巴西紅木；〔註 57〕後來的俄羅斯之所以要堅持和發展對北亞的發現和拓殖，首先是因要取得北亞的各種野生毛皮。〔註 58〕……但中國沿海就有產量大品種多的優良漁場，明代和清初中國有豐富多樣的森林資源，中國地理圈內就有產量很大的各種優質綿羊和豐富的各種野生毛皮資源……總之，由於中國的經濟地理條件、環境、狀況的優越性完備性，中國是個對外國異域遠方在經濟上無所需求的大帝國。朱元璋的使節沈秩就曾對勃泥國國王馬合謨沙說，大明「皇帝富有四海，豈有所求於（夷）王。但欲王之稱藩，一示無外爾。」〔註 59〕鄭和等也對海外諸夷誇耀說，世界各地除了對中國表示敬畏友好、與華結盟外，沒有什麼產品可以給予中國。〔註 60〕利瑪竇也承認，明代中國是「一個幾乎具有無數人口和無限幅員的國家，而各種物產又極爲豐富。……他們很滿足於自己已有的東西。」〔註 61〕鄭和下西洋朝貢貿易的主要內容便是用中國的各種產品換回供王室貴族大官僚賞玩揮霍享受的各種奇珍異寶，珍禽異獸和奢侈品，而不是什麼具有經濟互補性的大宗產品。所以鄭和船隊的大船叫「寶船」。史稱鄭「和經事三朝先後七奉使，所歷……凡三十餘國，所取無名寶物，不可勝計。」〔註62〕反對下西洋，指責其爲弊政的大臣也說：「三保下西洋，費錢糧數十萬，軍民死且萬計，縱得奪寶而回，於國家何益？」〔註 63〕乾隆皇帝則自豪地曉

〔註 56〕И. П. Магидович, В. И. Магидович：Очерки по Истории Географических Открытий（地理發現史綱）Том II〔M〕，cc.196, 64～65.

〔註 57〕Boies Penrose：Travel and Discovery in the Renaissance 1420～1620〔M〕, p.150.

〔註 58〕蘇聯科學院，《世界通史》〔M〕，北京：三聯書店，1962，第 5 卷，頁 198～201。

〔註 59〕〔元明〕宋濂，《勃泥國入貢記》〔A〕，《宋學士文集》卷 55〔M〕，上海：商務印書館，四部叢刊初編本，1926，頁 420。

〔註 60〕布林斯廷，《發現者——人類探索世界和自我的歷史》〔M〕，上海：上海譯文出版社，1995，頁 289。

〔註 61〕利瑪竇，《利瑪竇中國劄記》〔M〕，北京：中華書局，1983，頁 58～59。

〔註 62〕〔清〕張廷玉等，《明史》〔M〕，(《宦官・鄭和傳》)

〔註 63〕〔明〕嚴從簡，(余思黎點校)，《殊域周咨錄》〔M〕，北京：中華書局，1983。

諭首次訪華來北京的英國馬噶爾尼使團：「天朝撫有四海，……奇珍異寶，並無貴重。……其實天朝……種種貴重之物，梯航畢集，無所不有，爾等之正使等所親見。然從不貴奇巧，並更無需爾國製辦對象。」〔註 64〕乾隆在由馬噶爾尼帶回的致英王喬治三世的信中又稱：「天朝物產豐盈，無所不有，原不藉外夷貨物以通有無。」〔註 65〕中國不僅歷來地大物博，資源豐富，而且歷史上的人口相對於疆域來說也一直不多，從未超過一億。只是到了清中葉才人口爆炸。康熙年間全國人口才兩千幾百萬（估計最多時實有五千多萬），乾隆年間猛增到兩億幾千萬，嘉慶年間突破三億，道光年間突破四億。〔註 66〕所以到清嘉慶年間，中國人均佔有的各種資源才減少和匱乏，中國經濟地理條件的優越性才被抵消掉，中國才有人口壓力，才可能有（並不一定必有）大規模向外移民殖民的要求。而人口資源壓力和向海外移民殖民的要求是地理大發現後半期（16 世紀中至 17 世紀末）西方（歐）堅持發展並最終完成它的一個經濟地理原因和社會原因。例如，在 1600 年時，英格蘭（含威爾士，不含蘇格蘭和北愛爾蘭）的面積爲 15 萬平方公里（均以今日面積爲準，下面簡稱方里），人口有 425 萬；法國爲 55 萬方里，1050 萬人：荷蘭爲 3 萬方里，150 萬人；西班牙爲 50 萬方里，850 萬人；葡萄牙爲 9 萬方里，200 萬人（均不含殖民地）。〔註 67〕這樣它們當時的人口密度便分別爲：英格蘭——（每平方公里）28.3 人，法國——9.1 人，荷蘭——50 人，西班牙——15 人，葡萄牙——22.2 人。而中國在 1600 年時每平方公里僅有幾人（按 1000 萬方里幾千萬人口計），其人口密度大大低於當時的西歐國家。這又從一個側面顯示了中國經濟地理情況的優越性。所以，中國經濟地理環境、條件、狀況的優越性和完備性在地理大發現和大航海方面反而起了負面作用，它影響了中國人沒有堅持大航海（指鄭和遠航沒有堅持下去），妨礙了中國人參與和完成（一

（卷 8《瑣里・古里》）

〔註 64〕〔清〕張壽鏞等，《掌故叢編・外編》〔M〕，近代中國史料叢刊三編第 14 輯〔Z〕，臺北：文海出版社，1970 年代。（卷 8《英吉利國一》）

〔註 65〕〔清〕梁廷枏等，《粵海關志》卷 23〔M〕，近代中國史料叢刊續編第 19 輯〔Z〕，臺北：文海出版社，1970 年代，（《貢舶》3）。《清高宗實錄》卷 1435〔M〕，北京：中華書局影印本，1986，（乾隆 58 年 8 月己卯條）。

〔註 66〕據《清史稿》卷 120《食貨志一》。康熙年間的人口，一說只指男子，這樣便有五千多萬；還有說是指 16～60 歲的男丁，這樣便有六千多萬。

〔註 67〕麥克伊韋迪、瓊斯，《世界人口歷史圖集》〔M〕，北京：東方出版社，1992，頁 36，50，59，107，110。

部分）地理大發現，是中國人沒能創造大發現文明、發展大航海文明的重要原因之一。

總上所論，中國人未能參與地理大發現的原因是多方面的，既有主觀因素又有客觀條件，是天時地利人爲各種因素造成的。其中包括受到自然地理條件的局限，政治地理環境的制約，經濟地理狀況優越的負面影響。研究中國人沒有參與地理大發現的地理原因涉及到地理環境對社會歷史的影響及相互關係的理論問題。我們不可忽視地理環境對人類活動的影響，也不應回到「地理環境決定論」的錯誤圈子中去。

（原載《南開學報》2005 年第 1 期）

On the Geographic Causes Why Didn't the Chinese Take Part in the Great Geographic Discoveries

Abstract

This paper is devided into four parts to discuss this important problem. 1. It introduces the various causes why didn't the Chinese take part in the Great Geographic Discoveries , which have been studied and affirmed by the Chinese scholars. And it discusses briefly the conception about the（Great）Geographic Discoveries in order to unify people's knowledge. 2. It expounds that China lacked the ideal natural geographic conditions and geographic location for participating the Great Geographic Discoveries. It is because that the distance from China across the Pacific to America is nearly triple of the one from West Europe or West Africa across the Atlantic to America. 3. It elaberates that China was short of the suitable political geographic circumstances for engaging in the Great Geographic Discoveries. It was difficult for the Chinese to navigate southward to discover Australia because the civilized South—East Asia partitioned China off from Australia ; If the Chinese（the Ming's subjects）would explore northward to North Asia—Siberia , they were obstructed by the nomadic nationalities such as the Mongolian, Nuchen—Manchu ,Uighur , Kazakh and so on. 4. This paper points out that the superior economic geographic surroundings of China played a negative role in the Great Geographic Discoveries. China had been constantly a great—nation which was of vast territory and abundant resources and whose economy had been always developed , its population was not much till the end of Ming and early time of Qing as well. China did not need trade abroad and foreign nations in economy, so in China the explorations and discoveries were wanting in economic stimulus and population pressure.

Key words: Great geographical discoveries , China , Natural geography , Political geography ,Economical geography

爲什麼說鄭和遠航基本上不屬於地理發現的範疇

鄭和下西洋的活動範圍是在西太平洋邊緣海和北印度洋上諸島及沿岸國家。這些地方，自古以來便是人類航海文明的發源地和繁榮區。幾千年來，南阿拉伯人、印度人、波斯人和埃及人就已經在印度洋上穿梭往來。西太平洋沿岸國家及邊緣海島各國，也早就有著頻繁的海上交通。戰爭、貿易、傳教、遷移等等使這些地區的人們通過海上活動聯繫起來。到鄭和下西洋前，有關西太平洋邊緣海和北印度洋水域的主要航路和絕大部分水域早已爲包括中國在內的許多國家所熟悉。例如我國的東晉高僧法顯就曾從印度、斯里蘭卡乘外國船回到中國青島（見法顯：《法顯傳》，又稱《佛國記》）。宋代中國和東非之間的航路就已開通。南宋趙汝適就曾記述層拔（桑給巴爾）「產象牙、生金、龍涎、黃檀香」（《諸蕃志》卷上《層拔國》）。而趙書中的資料，是他在福建泉州任職時，向來華的外商採訪所得。這說明來華的胡賈乘船去過桑給巴爾島又航海來到中國。元初意大利人馬可·波羅曾從泉州出發乘船漂洋過海到了波斯灣才登岸（見《馬可·波羅行紀》第一卷第一八章）。元末汪大淵曾乘坐外國船周遊北印度洋和航達東北非。他還撰有《島夷志略》。《四庫全書》說他「至正中嘗附賈舶浮海越數十國，紀所聞見成此書」（《四庫全書總目·史部·地理類》）。汪大淵在實地遊歷的基礎上眞切地記述介紹了東非地區的情況。各國史書和考古資料都證明，西太平洋邊緣海和北印度洋地區的文明民族早已瞭解並在利用這一帶的水域和主要航線。所以，到15世紀，從中國東南海岸到西印度洋和東（北）非的航行是不足爲奇的。

就航海家而言，鄭和不比西方航海家遜色。但從地理發現和探險的角度比較，鄭和則不能與他們相提並論。這就需要回到我們所論的地理發現的定義和概念（茲從略）和簡單論證探險。我認爲，探險是地理發現的方式和手段（自然，探險也用於其他目的），通過探險（包括海上航行和陸上跋涉）實現和完成地理發現。鄭和船隊（包括其分䑸）到達的地區、駛過的航路、航行的海洋，均是文明人類已生活居住，已認識瞭解，已航行利用的地區和水域，並且它們彼此之間和北印度洋與西太平洋邊緣海之間的聯繫也早已確立。鄭和航海的水域和途經的地區大致可分爲中國地區（從南京到南沙群島）、東南亞地區、南亞地區、西亞地區和東北非地區五大部分。南亞和西亞是文明古國集中的地區自不待言。東南亞地區在鄭和航海前也早已是文明地區了。需要論證的只有東北非地區。東北非的埃塞俄比亞是個文明古國，而且是個被伊斯蘭勢力包圍並與歐洲基督教世界隔開的一個重要的基督教國家。葡萄牙人探航非洲時要尋找的基督教的長老約翰王國，實際上就是埃塞俄比亞。在整個東非，11 世紀以來，阿拉伯和波斯的穆斯林移民便自北向南，佔據了沿海港口城市，建立了許多城邦。在莫桑比克南部薩韋河以北的非洲東海岸，在鄭和航海前早已爲阿拉伯和波斯的穆斯林所佔居和統治，早已是文明地區，最南只到了肯尼亞蒙巴薩的鄭和船隊已沒有什麼地區可發現了。即使鄭和分䑸再向南行駛一段，進入坦桑尼亞北部，情況也是如此。所以，鄭和分䑸並沒有發現什麼文明人類前所未知、未達的陸地、海域、島嶼、海岸線、海峽等。而且，薩韋河以北的整個非洲東海岸，都有阿拉伯人、波斯人在航行。他們並與印度人、馬來人等一起，使東非和西亞、南亞、東南亞和東亞保持著比較經常的聯繫。這些情況也被達·伽馬首航印度時的見聞所佐證（容在以後的續篇中論述）。可見，鄭和船隊也沒有開闢什麼有重要意義和價值的新航路，沒有確立什麼已知地區的新的空間聯繫。

當然，在鄭和以前，似乎還沒有什麼船、船隊直接往返於東非肯尼亞和中國之間。以往的海上聯繫和交通基本上是接力式的，鏈條式的。鄭和的航行在這一範圍內開闢了更多一些相距較近的新航線，多一些登陸點；同時把中國與東（北）非之間以前有些間接的、輾轉傳遞式的、偶爾一些的聯繫變得直接、連貫和頻繁了。與過去相比，鄭和航海所到範圍廣、地點多，對海洋勘察、島嶼測繪和航路的探察更爲詳細。下西洋也首次一氣貫通了從中國到東北非的航行，全程駛完並雙向往返於中國和東北非。所以鄭和遠航對發展和鞏固這條航路，發展和鞏固中國與東北非的聯繫是有貢獻的。

（原載《海洋世界》2007 年第 1 期第 63 頁）

中西比較篇

關於中世紀中西航海史的若干問題
——《中國與葡萄牙的航海和造船技術交流》讀後

讀了陳延杭先生在《海交史研究 1999 年第 1 期發表的論文《中國與葡萄牙的航海和造船技術交流》，有些感想忍不住要說說。我覺得陳文第四部分《16 世紀中葡造船技術的交流》和第三部分的最後 1/3 寫得較好。好在選題新、資料新、觀點新、填補了一個小空白。序和前三個部分的大部分所論述的，則是治這方面歷史的學者共知的事情。當然，爲了烘托與鋪墊重要的第四部分和第三部分的後 1/3，前面敘述介紹一下那些歷史也無不可。但遺憾的是前面敘述的歷史存在一些問題和錯誤，這就需要提出來與作者、讀者討論，或予以糾正。

一

陳文序言和第一部分《中國三大發明傳入歐洲及其影響》兩次說：「而中世紀的歐洲，正是教宗、封建王朝統治的黑暗時期」，「中世紀的歐洲是個由教宗和封建王朝統的黑暗時代」（第 52 頁）。我們知道，歐洲中世紀史上並無「教宗」這個說法，這裏應是教皇（Pope）或（羅馬）教廷（the Holy see）。下面作者又多次說：「從而使騎士、教皇讓位於君主王朝」，「葡萄牙人卻取得了教皇的訓諭」，「雖經三換教皇，卻都批准了這一獨特的『贈與財產證書』」（第 53 頁）。僅從後面來看，前面也應該是教皇（或教廷）。

陳文第一部分講：「從西元 1096～1270 年，發動了七次的十字軍東征，在這近 200 年的侵略性遠征中，歐洲人都失敗了」（第 52 頁）。首先，1270

－1096＝174，174 年不宜說成近 200 年。一般要 190 多年或至少要 180 多年才能說成近 200 年。其次，十字軍東侵確實持續了近 200 年，但它的起止年代不是 1096～1270 年，而是 1096～1291 年。第三，十字軍東侵一共不是七次，而是八次，這還不包括最初的一次農民十字軍（1096 年）和中間的一次兒童十字軍（1212 年）〔註 1〕。第四，即使只談第七次十字軍東侵，那也不是發生在 1270 年，而是 1248～1254 年。第五，作者在同頁又講，「十字軍東征結束不久，於 1271～1295 年在中國任職的馬可·波羅，回國後發表了《馬可·波羅遊記》。這裏說十字軍東征結束後不久，馬可·波羅回國，是對的。但馬可·波羅也不是於 1271～1295 年都在中國，或在中國任職。而是 1271 年出發，1275 年到達中國元朝的上都，1291 年從泉州乘船離華，1295 年回到意大利〔註 2〕。

陳文指出：「毗鄰非洲，受伊期蘭教影響最大、最早的國家葡萄牙，首先引進和推廣了中國的三大發明及東方的航海技術和阿拉伯數學」（第 53 頁）。第一，在歐洲國家中，葡萄牙並不算受伊斯蘭教影響最大、最早的國家。受伊斯蘭教影響更大更早的國家至少有西班牙。西元 711 年，信伊斯蘭教的阿拉伯－柏柏爾人渡過直布羅陀海峽，開始征服伊比利亞半島（又稱比利牛斯牛島）。穆斯林們是先征服了半島上的今西班牙的主要地區，後才征服今葡萄牙的主要地區。如果以被穆斯林們征服作爲直接接受伊斯蘭教影響的開始的話，那麼今西班牙地區更早。今葡萄牙地區早在 13 世紀便驅逐了穆斯林－摩爾人（阿拉伯人、柏柏爾人、其他信伊斯蘭教的非拉丁人），完成了收復失地運動，建立了拉丁人－基督徒的獨立統一的葡萄牙國家〔註 3〕。而西班牙地區遲於 15 世紀才最後趕走了穆斯林，建成了獨立統一的西班牙國家〔註 4〕。如果承認穆斯林統治的時間越長，其伊斯蘭教的影響就越大的話，那麼西班牙接受的伊斯蘭教的影

〔註 1〕陳兆璋：《十字軍遠征》，載《外國歷史大事集》古代部分第二分冊，重慶出版社，1984 年版。

〔註 2〕梁生智譯：《馬可·波羅遊記》，中國文史出版社，1998 年版；又參余士雄：《中世紀大旅行家馬可·波羅》，中國旅遊出版社，1988 年版。

〔註 3〕1249 年，拉丁人－基督徒收復了穆斯林－摩爾人在葡萄牙南部的最後一塊領地阿爾加維。見薩拉依瓦：《葡萄牙簡史》，中國展望出版社，1988 年版，第 116 頁。

〔註 4〕遲至 1492 年，西班牙人才收復穆斯林－摩爾人在西班牙南部的最後領地格納那達，才最後完成收復失地運動。見 R.T.Davis：The Golden Century of Spain, 1501～1621, London 1954 , p.9.

響顯然更大。而且，穆斯林王朝的統治中心，首都科爾多瓦（Cordoba）在今西班牙南部。伊比利亞半島上最大最長久的統一的穆斯林王朝叫後倭馬亞王朝，又稱科爾多瓦哈里發帝國。其統治區域也主要在西班牙。從這一點看，也是西班牙接受的影響更大。

第二，葡萄牙並非是首先引進和推廣了中國的三大發明及東方的航海技術的歐洲國家。陳文說的三大發明是指印刷術、火藥和指南針。爲了節省篇幅集中問題，我們在此只討論與航海造船術關係最直接密切的指南針一事。指南針在歐洲最早於 12 世紀末出現在意大利，因爲意大利南部西海岸港口城市阿馬爾菲（Amalfi）1187 年的一份文獻首次提到了羅盤〔註 5〕。由此可推論，中國的指南針術經印度人、阿拉伯人、西歐人首先傳入歐洲的意大利，再傳入歐洲各國。其後，12 世紀末期的幾種歐洲文獻也多次談到了航海羅盤（mariner's Compass）的使用〔註 6〕。陳文這部分前面還指出：「中國的三大發明，……是在 13 世紀傳到歐洲的」（第 53 頁）。由這裏所考可知，陳文至少把指南針傳入歐洲的時間挪後了。

二

陳文第二部分《中國航海家開通的西向航路和葡萄牙人的探險活動》強調，鄭和下西洋的最大的寶船「長 44.4 丈（126M），寬 18 丈（51M），可謂極豪華的萬噸級使船」（第 53 頁）。這是一個有爭議問題。許多學者從技術（史）和是否需要、是否可能的角度出發，認爲文獻記載的那些長、寬尺寸有問題。有的認爲最大的寶船應是長 18 丈，寬 4.4 丈，這樣比較合乎力學原理、當時的生產力水準和航道港口條件。至於最大的寶船換算爲今天的多少噸級，多數學者認爲大概是 1,500 噸級的船隻〔註 7〕。正在舉辦的昆明世界博覽會（園）也展出了鄭和寶船的模型。一艘是由鄭和的家鄉雲南省製作的，按長 44 丈、寬 18 丈的比例縮小。全船爲約 5 米長、2 米寬、4 米高，9 桅 12 帆。放在中國館內。另一艘是由香港製作的，長 50 米、寬 8 米、高 30 多米，3 面大帆，

〔註 5〕見 Christopher Lloyd：Atlas of Maritime History, New York 1975, p.20.
〔註 6〕參 Julian A. Smith：Precursors to Peregrinus, the Early History of Magnetism and Maritime Compass in Europe, 載 Journal of Medieval History, 1992, No.1.
〔註 7〕李約瑟博士認爲大寶船大多在 1 500 噸左右，楊槱教授等則認爲連這麼大也不可能。參羅榮渠：《15 世紀中西航海發展取向的對比與思索》，《歷史研究》，1992 年第 1 期，第 8 頁。

放在世博園大門內廣場。〔註8〕由此可見，香港學術界也覺得文獻上記載的鄭和大寶船的長寬比例和整個尺寸都不合理，都太大了。當然，在未發現更確鑿的文獻和文物之前，鄭和大寶船的大小和比例問題將長期爭論下去，難有定論。

第二部分說：「鄭和船隊已到達非洲東海岸的南部，再往南端航行就是好望角，又稱爲風暴角，不過據說鄭和船隊有個別船隻已繞過了好望角」（第 54 頁）。一般公認，鄭和船隊的分𦨴向南最遠到了非洲東海岸的麻林地、慢八撒〔註 9〕。這兩個地方即今肯尼亞的馬林迪（Malindi）、蒙巴薩（Mobasa）。馬林迪位於南緯 3 度，最南的蒙巴薩才位於南緯 4 度。如果以赤道劃分非洲東海岸的南部北部，那麼這裏才剛過赤道，剛進入南部。要是把非洲東海岸劃分爲北部、中部和南部，則蒙巴薩等僅位於中部。蒙巴薩離位於南緯 34 度半的非洲南端還有 30.5 個緯度，還遠得很，還有約 6000 公里之遙。而非從那裏「再往南（端）航行（一小段）就是好望角（了）」。關於有無個別中國船、鄭和船隊之船接近了到達了甚至繞過了好望角，我認爲要這麼說就得拿出確鑿的證據，注出可靠的資料出處。但陳文沒有做到這些。至於陳文下一段所說的中世紀的中國船隊「而且也在探索繞過非洲南端的航行」，鄭和「他也試探過繞行好望角的考察」（第 54 頁），則只能是在「據說」基礎上的進一步「據說」了。

第二部分寫道，西方的神話傳說「認爲那是個沒有人居住的火爐地帶，烈日似火，曬得海水滾滾沸騰，……這些迷信傳說，也同樣使亨利王子未能開闢通到印度的航路」（第 54 頁）。事實是，那些個迷信傳說，在葡人埃阿尼什等於 1434 年向南越過博哈多爾角時（Bojador，即陳文第 53 頁所說的波亞多爾角。但陳文 55 頁又說，「過了諾恩角就是『黑暗的綠海』」。「1434 年，埃阿尼什繞過了……諾恩角），就被初步破除了；在葡人貢卡爾夫什等於 1473 年向南越過赤道時〔註 10〕，就被徹底破除了。試想，赤道地區是地球上最熱的地帶。如果在赤道地區人都能生存，沒被曬死，海水沒有沸騰；而在赤道以外的地區，海水還能開鍋，人還不能生存嗎？所以，亨利王子（1394～1460

〔註 8〕徐克明：《世博園陳列鄭和船模》，《鄭和研究》1999 年第 3 期。

〔註 9〕南充師範學院歷史系編：《中國古代歷史地圖集・鄭和下西洋圖》，四川人民出版社，1981 年版。

〔註 10〕見 Boies Penrose：Travel and Discovery in the Renaissance, 1420～1620, New York 1975. P.48. P.55.

年）生前未能開闢歐印新航路的原因很複雜，不是幾句話講得清楚的。甚至亨利王子生前有無開闢歐印新航路的設想也還很難說。但至少可以肯定，極其漫長遙遠的航程是當時還不能開通歐印新航線的主要障礙，而非迷信傳說。須知葡印航線全程總長達 2.5 萬公里，而僅從葡萄牙到非洲南端便占全程的約 40%。

陳文又寫道，鄭和與亨利王子「都受到好望角這一惡劣自然條件的阻隔和其他種種原因而未能會面」（第 54 頁）。陳先生在其他地方也表述了這樣的觀點〔註 11〕。這句話內含的意思是，鄭和－亨利時期葡人船隊與鄭和船隊均已到達了好望角附近，只不過一個在非洲西南海岸，一個在非洲東南海岸。前面我已指出，迄今沒有確鑿的證據能證明鄭和船隊的船隻已接近了好望角。在西邊，亨利王子生前葡人只挺進到位於北緯 9 度半的幾內亞的科納克里（Conakry）〔註 12〕，離好望角還隔著 44 個緯度，還有 6.000 多公里，還遠得很。陳文接著推論：「當亨利王子親自看到鄭和船隊……如此『體勢巍然，巨無與敵』的豪華寶船時，一定驚得目瞪口呆」（第 54 頁）。陳先生在我們前面已提到的那篇文章中也做了同樣的推論。陳文 56 頁也重申，「中國萬噸級豪華型輪船『鄭和寶船』在印度洋穿梭遊弋」。這個推論是建立在鄭和大寶船有上萬噸的基礎上的。倘若大寶船的大小只有科技派學者所認爲的約 1,500 噸，亨利王子和西歐人便不會驚得目瞪口呆。因爲西歐當時也能製造兩千噸級的海船。1474 年，漢撒同盟便有一艘載重 2,250 噸的海船彼得．馮．但澤號下水〔註 13〕。

三

第三部分《葡萄牙航海家成功接通東西航路》敘述道：

> 1486 年葡國航海者巴．季阿什到達非洲南端好望角，遇到暴風雨，所以稱之爲「風暴角」，雖桅折帆碎，他仍奮勇前進，到達非洲東岸，遺憾由於水手嘩變而終止；1487 年 12 月，迪亞士繞過非洲南端，於 1488 年 2 月到達莫塞爾港，同年返航時發現好望角（第

〔註 11〕參陳延杭：《鄭和寶船（隊）兩次赴歐洲參展及葡萄牙參觀感想》，《鄭和研究》1999 年第 3 期。

〔註 12〕前揭 Boies Penrose：Travel and Discovery in the Renaissance, p.52.

〔註 13〕見湯普遜：《中世紀晚期歐洲經濟社會史》，商務印書館 1992 年版，第 235 頁。

55 頁）。

關於這段歷史的實際情況是，1486 年葡王決定派巴托羅繆・迪亞士（Bartholomew Dias）率船隊進行新的探航。在迪亞士出航前，葡人向南探航的最遠處爲南緯 22 度的今納米比亞的克里斯角。1487 年 8 月，迪亞士率 3 隻船從里斯本出航。1488 年 1 月，他們前進到南緯 33 度時遇到了大風暴。船隊爲避免觸礁，被迫向西南駛入大西洋，遠離了海岸。幾天后，風暴平息了。迪亞士調轉船頭向東行駛了幾天，但已經消失的非洲海岸卻未出現。迪亞士估計已繞過了非洲最南端，便向北航行。2 月 3 日，他們發現了已變成東西走向的海岸。迪亞士繼續向東，到了阿爾戈阿灣。從這裏起海岸線已緩緩轉向東北，朝印度方向延伸。迪亞士意識到，非洲的南端已繞過，船隊已航入印度洋，通往印度的新航路終於被發現了。但這時海員們已疲憊不堪，加上儲糧船在風暴中失散，便強烈要求返航，甚至以要嘩變相威脅。迪亞士被迫妥協，但堅持再向前航行一段。他們繼續前進到大魚河河口（今阿爾弗雷德港），之後轉舵返航。……他們沿海岸向西返航，5 月在以前經歷了風暴的海域發現了一個很凸出的大海角。迪亞士把它稱爲風暴角，以紀念他們在這一帶的遭遇。他們繞過風暴角向北駛去，不久意外地碰到了原以爲已沉沒的儲糧船。1488 年 12 月，船隊回到了里斯本。國王若奧二世聽取了迪亞士的報告，當即決定把風暴角改名爲好望角（the Cape of Good Hope），因爲它預示著開闢歐印新航路的美好希望已可以變成現實〔註 14〕。

這部分對這段歷史敘述的失誤在於，那本是一次遠航探險，這裏誤爲兩次。時間是 1487 年 8 月至 1488 年 12 月，這裏誤爲 1486 年～？。領導指揮者本是一個人巴・迪亞士，這裏誤爲是兩個人，即巴・季阿什和迪亞士〔註 15〕。本是回來的時候才發現風暴角（好望角），這裏誤爲去的時候便首次發現了風暴角（好望角）（「到達」可理解爲「發現」，且比發現更肯定，更具體）。葡人首次到達好望角地區的時間是 1488 年初，這裏誤爲是在 1486 年。

第三部分接著總結到，達・伽馬船隊「從而開闢了至今還在使用的從歐洲西部到非洲南端的海上捷徑」（第 55 頁）。這個問題與前面的問題緊密相聯。前面既已講明迪亞士船隊到達了非洲南端，並繞過了南端進入了印度洋，自

〔註 14〕迪亞士遠航可參 H.V.Livermore：Bartholomew Dias, 載 Encyclopedia Britannica, 1974, the 15th edition, macropedia, Vol.5, PP.701～702.

〔註 15〕季阿什實際上是迪亞士的另一種譯音，可能源自迪亞士的俄語書寫形式 Бартоломеу Диас，按俄語發音譯過來，便是季阿什。

然便已經開闢成功了從歐洲西部到非洲南端的海上航路。所以這項工作是由迪亞士等而非達·伽馬等完成的。此外，這裏應說航路，不宜說捷徑。「捷徑」的意思是「近路」。前面已提過，這條新航路一點也不近。全程 2.5 萬公里，從里斯本到非洲南端也有約 1 萬公里。關於歐印新航路的長度問題，陳文下面算出，從葡萄牙的里斯本到印度西海岸的卡里卡特，「全程總長達 27,000 海里」(第 55 頁)。這個數字有嚴重失誤。葡印新航路的全程總長（單邊）約 1.35 萬海里，往返總長才 2.7 萬海里〔註 16〕，約合 2.5 萬公里（單邊）和 5 萬公里（往返）〔註 17〕。

我知道陳先生是一位有成就的研究中國航海史的專家，我對陳先生抱著敬意。但孔子說，「余非好辯也，余不得已哉」。我寫以上這些文字只是想澄清陳文已涉及的一些不小的問題，在中世紀航海史和中西交通交流史方面盡點微力。曹植說過，「世人之著述不能無病」。我自己已發表的論文也可能有這樣那樣的問題錯誤，也歡迎批評指正。而善意的誠懇的批評指正是有利於提高水準促進研究的。

（原載《海交史研究》2000 年第 2 期）

〔註 16〕參《最新世界地圖集·世界交通圖》，中國地圖出版社，1990 年版。

〔註 17〕1 海里＝1.853（或 1.852）公里；1853 公里×13500＝25015 公里

鄭和下西洋與西葡大航海的比較研究

摘　要

鄭和七下西洋比葡、西大航海稍早；鄭和寶船比葡、西的遠洋船舶大得多；鄭和船隊的規模比葡西遠航船隊大得無比。這些表明中國當時的造船航海能力綜合國力都比西方強一些大一些。但雙方船隊規模的大小懸殊也顯露了當時的中國當權者不惜工本不講效益的缺點短處，當時的西歐人已計成本已講效益的優點長處。七下西洋在航海史上的地位略高於至少是不亞於葡西的大航海。但下西洋在探險史地理發現史上的作用和意義則大大遜於西葡大航海。因爲航海家、探險家、地理發現者這三種角色是既有聯繫又大有區別的。

關鍵詞：下西洋與大航海，船隊規模，航海史，探險與地理發現。

2005年是鄭和率中國船隊首下西洋600週年。在隆重紀念這一明初「盛事」之際，進行中國下西洋與同時代的西、葡大航海的比較研究很有必要。限於篇幅，本文擬研究比較中西遠航的船隊規模大小，在航海史上的地位，在探險史發現史上的貢獻。在此基礎上指點其長短優劣，評判其價值意義。

一、船隊規模大小

明初鄭和七下西洋，每次都率兩三萬人，兩百餘艘船，組成龐大的混成艦船隊。以第一次（1405年）下西洋爲例，共乘海船208艘〔註1〕。其中據文獻記載有「寶舡六十三號，大者長四十四丈四尺，闊一十八丈；中者長三十七丈，闊一十五丈」〔註2〕；隨行人員分「官校、旗軍、火長（舟師〔註3〕）、舵工、班碇手、通事（翻譯）、辦事、書算手、醫士、鐵貓（錨）、木艌（捻）、搭材等匠，水手、民稍（艄）人等」〔註4〕，共「二萬七千八百餘人」〔註5〕。1492年哥倫布首航美洲時，共有三隻船，88人，其中最大的「聖瑪利亞」號120噸〔註6〕。1498年達·伽馬首航印度時，共有四隻船，沒有一條船超過200噸，船員140～170人〔註7〕。1519～1522年麥哲倫環航地球時，共有五艘船，其中「130噸的兩隻，90噸的兩隻和60噸的一隻，……船員234人」〔註8〕。1487年迪亞士發現好望角、繞過非洲最南端時，共有三隻船，每船約50多噸〔註9〕，

〔註1〕見《嘉靖太倉州志》卷10《雜誌》篇，天一閣明代方志選續篇第20冊，上海書店影印本。

〔註2〕〔明〕馬歡：《瀛涯勝覽》明鈔説集本卷首。見馮承鈞校注隨行費信之《〈星槎勝覽〉校注》占城國條，商務印書館1938年版。

〔註3〕北宋朱彧《萍州可談》卷二：「舟師識地理，夜則觀星，晝則觀日，陰晦觀指南針」。明張燮《東西洋考》卷九《舟師考》：「其司（指南）針者名火長，波路壯闊，悉聽指揮」。由上可知，火長是類似於舵手、駕駛長、領航員一類的重要海員。這裡依《萍洲可談》將其詮釋爲「舟師」。

〔註4〕〔明〕祝允明：《前聞記·下西洋》，叢書集成初編本。

〔註5〕《明史·宦官·鄭和傳》。

〔註6〕見伯特蘭德，皮特里克：《西班牙史》，紐約1956年版，第177頁（L. Bertrand and C. Petric：The History of Spain）。

〔註7〕見吉萊斯皮：《地理發現史》，紐約1933年版，第20～21頁（J. E. Gillespie：A History of Geographical Discovery 1400～1800）。

〔註8〕《西班牙國王和麥哲倫以及騎士法里羅訂立的關於發現香料群島的協定》，載郭守田主編：《世界通史·資料選輯·中古部分》，商務印書館1981年版，第313頁。

〔註9〕見馬吉多維奇父子：《地理發現史綱》第一卷，莫斯科1982年版，第25頁（И. П.

船員按哥倫布、達·伽瑪、麥哲倫首航時的人船數量比推算，當只有百把人。可見，鄭和船隊的規模、船舶的噸位都比西方大得多。由此還可推論，明代中國的造船航海水運能力比西歐強。

當然，哥倫布、達·伽瑪、麥哲倫、迪亞士的首航是在陌生的水域航行，屬探險試航性質。其主要目的是開闢新航路，尋找黃金、香料等，而非在前人已涉足的既知海域裏搞運輸。他們需要堅固靈活，便於操作、適航性強，成本費用適當的船。但他們的第二次遠航，已屬殖民擴張、征伐、經商、運輸性質，包含的探險、試航性質已不重要或微不足道。哥倫布 1493 年的第二次遠航，是他四次遠航中規模最大的一次，船隊共有 17 艘船，各類人員共 1500 人〔註 10〕。1500 年葡萄牙派出了沿新航路到印度去的第二支船隊。船隊由卡伯拉爾指揮，共有 13 艘船，1200 人〔註 11〕。1502 年葡萄牙派出了沿新航路到印度去的第三支船隊。船隊仍由達·伽馬指揮，共有 20 艘船〔註 12〕，人員按哥倫布第二次航行、卡伯拉爾二航印度的人船數量比推算，當約有兩千人。而麥哲倫已死於接近完成環航時，迪亞士已死於二航印度時。所以，在造船航海海運能力方面，中國比當時的西歐是要強一些。

但也不能由此認爲中國明代的造船航海海運能力比西方強得無比，大得無邊，而要正確把握強弱的「度」。這是因爲：第一，明初組建這麼大的混成艦船隊，可以說傾注了全國的物力、財力和人力，「須支動天下一十三省之錢糧，方才夠用」〔註 13〕。僅造船一項，當時造一艘「廣可三丈五六尺，長十餘丈」的船隻，「造舶費可千餘金，每還往歲復一修葺，亦不下五六百金」〔註 14〕。造大寶船的費用有人估計每艘約需五六千兩銀子，有人估計每艘約需 1984 年的兩千萬元人民幣〔註 15〕。而同時代的西歐國家，在涉及到國家的根本利益時，傾注全國的物力、財力和人力，也能夠組建那麼大甚至更大的艦船隊。例如，地理大發現時代（15 世紀中～17 世紀末），基本上相

Магидович, В. И. Магидович：“Очерки по Истории Географических Открытий”）。

〔註 10〕見吉萊斯皮：《地理發現史》，第 33 頁。

〔註 11〕見彭羅斯：《文藝復興時期的遠行和地理發現》，紐約 1975 年版，第 72 頁；第 75 頁（Boies Penrose：Travel and Discovery in the Renaissance 1420～1620）。

〔註 12〕見彭羅斯：《文藝復興時期的遠行和地理發現》，第 72 頁、第 75 頁。

〔註 13〕〔明〕羅懋登：《三寶太監西洋記》卷之三第十五回。

〔註 14〕〔明〕張燮：《東西洋考》卷九《舟師考》。

〔註 15〕見中國航海史研究會：《鄭和下西洋》，人民交通出版社 1985 年版，第 65 頁；鄭一均：《論鄭和下西洋》，海洋出版社 1985 年版，第 114 頁。

當於明代。1571年的勒頒多大海戰，西班牙、威尼斯、羅馬教廷組成的聯合艦隊出動了各型戰船約210艘，水兵2.8萬人；奧斯曼土耳其出動了各型戰船約270艘，水兵2.5萬人〔註16〕。結果西方大獲全勝。又如1588年西班牙（已合併了葡萄牙）組建無敵艦隊遠征英國，出動了各型戰船130多艘，水兵和陸戰隊三萬餘人，火炮2400多門〔註17〕。另外還有三萬多陸戰隊和大批船隻在比利時海岸集結待命〔註18〕，準備由無敵艦隊護送過英吉利海峽展開登陸作戰。英方也動員了相應的海軍力量（由官私戰船和水兵、海員組成，還有荷蘭戰船、水兵參加），結果英方大獲全勝。況且，西、葡、意、英、荷等國其本土的面積和人口均只相當於中國的一個大省或小省。這些情況說明，地理大發現時代西方的探險船隊小是出於需要、適宜、合理和經濟效益的考慮，而並非西方只能造那麼大的船，組建那麼大的船隊。

第二，哥倫布、達・伽馬、麥哲倫、迪亞士等所用的船並不代表當時西方造船的最高水準。例如，早在11～13世紀時，威尼斯政府的船隻就能平均載運500噸「艙內的貨物；另有甲板上的大量船貨」〔註19〕。14世紀時，地中海上的船隻載重量在600噸以上者並不少見〔註20〕。這樣，滿載排水量便有八九百噸了。1474年，漢薩同盟的一艘載重2250噸的商船彼得・馮・但澤號便下海營運〔註21〕。

第三，鄭和大寶船的尺寸和噸位是否屬實是學術界一直在爭論的問題。這個問題比較複雜，本應多著些筆墨。但這裡限於篇幅，只好遵囑把已寫就的也刪去了。好在筆者已另寫有《鄭和寶船實際噸位探析》等文〔註22〕，指出：若按大寶船長44丈寬18丈，則滿載排水量達4萬多噸，這在技術上和經濟上都決不可能；大寶船的排水量充其量就4千多噸而已。

所以，在比較15、16世紀中、西遠航的船隻大小和船隊規模時，既要看

〔註16〕見戴維斯：《西班牙的黃金時代》，倫敦1954年版，第173頁；第214頁（R. Trevor Davies：The Golden Century of Spain 1501～1621）。

〔註17〕見戴維斯：《西班牙的黃金時代》，第173頁；第214頁。

〔註18〕見馬吉多維奇：《世界探險史》，世界知識出版社1988年版，第469頁。

〔註19〕湯普遜：《中世紀經濟社會史》下冊，商務印書館1984年版，第1175頁。

〔註20〕見皮朗：《中世紀歐洲經濟社會史》，上海人民出版社1987年版，第82頁。

〔註21〕見湯普遜：《中世紀晚期歐洲經濟社會史》，第235頁。

〔註22〕見張箭：《鄭和寶船實際噸位探析》，載《上海交通大學學報》2004年第3期；又見《從考古文物實驗辨析鄭和寶船的噸位》，將由《華夏考古》2005年第4期刊出。

到中國船多、船大、人眾，造船航海水運能力比當時的西方強，又要看到中國也強不到哪裏去，而不是一致認爲的那樣，比西方強得多。因爲以我們之「最」去比別人的「一般」，便不具備什麼說服力。

我們還應該想到，又有沒有必要造那麼大的船（即使寶船眞有那麼大），出動那麼多的船和人員，組成那麼大的船隊，達到那麼大的規模。其實，即使要完成諸如耀兵異域、示中國富強、蹤跡建文、聯印抗蒙、懷柔遠人、撫慰四夷、使八方來朝、君主天下、貿採琛異等使命，根據當時的國際形勢，船隊規模小九倍，每次出動 2700 多人，二十多艘船，也足夠了。張騫、班超、甘英等使西域，花費很少、人數不多、規模不大，效果不是很好嗎。更爲重要的是，我們還應該看到實用價値和經濟效益。西方遠航很講究效費比，它們不是爲了像鄭和下西洋那樣顯國威誇富強，自然也不會耗費鉅資去建造那麼多那麼大的艨艟大船，它們的造船航海水運能力卻因在地理探險、發現和隨之而來的掠奪、擴張和通商中積蓄了力量，受到刺激和哺育。到 16 世紀七八十年代，僅西班牙一國在勒頒多海戰和遠征英吉利之役中，已能集結調動不亞於鄭和大船隊的大艦隊了。長 80 米、寬 9～10 米，乘員上千人，裝有 70 門火炮和一個水上沖角的大槳帆戰船，也在勒頒多海戰和英吉利海戰中出現並大顯威力了〔註 23〕。西方甚至發動侵略戰爭也很講究效費比。1509 年在印度西海岸第烏島附近的海戰中，葡萄牙艦隊共有戰船 9 艘，水兵 1600 人〔註 24〕，卻擊敗了有上百艘戰船、近萬名水兵的印度埃及聯合艦隊〔註 25〕。從此牢牢掌握了印度洋上的制海權。1840 年挑起鴉片戰爭的英國「東方遠征軍」也才四十多艘艦船，四千多人（後增兵至七十多艘艦船，一萬二千多人）〔註 26〕，卻擊敗了百萬清軍。而鄭和船隊舟大舶多人眾，也從一個側面反映了中國封建王朝不講實際，不計效益和盲目自大的心理。結果耗資億錙、所費不貲、府庫爲虛。加上其他原因，使下西洋或遠航難以爲繼，造船航海水運能力受到很大的挫傷和損害。鄭和去世後，直到清末的北洋水師和輪船招商局，三個半世紀以來中國再沒有出現這樣大的遠洋艦船隊了。鄭

〔註 23〕見白克敏、金禹門、許鳳林等：《航海辭典》，知識出版社 1989 年版，第 678 頁。

〔註 24〕見利弗莫爾：《葡萄牙史》，劍橋 1947 年版，第 223 頁（H. V. Livermore：A History of Portugal）。

〔註 25〕見彭羅斯：《文藝復興時期的遠行和地理發現》，第 78 頁。

〔註 26〕見茅海建《鴉片戰爭》，載《中國軍事百科全書・軍事歷史》第三卷，軍事科學出版社 1997 年版，第 1328 頁。

和遠航船大舶多人眾，固然顯示了明代經濟繁榮、手工業和技術發達，然而這種顯示並沒有給中國帶來多少益處，更沒有給老百姓帶來什麼好處。中國歷史上許多朝代都存在著對人民群眾聰明才智辛勞汗水的巨大浪費和揮霍。炎黃子孫們許多也慣於僅僅從這些浪費的體現物中讚美祖先之偉大、古代科技之先進、藝術之精巧、工程之宏偉，而很少想到其中的浪費和揮霍。這是很值得深思的。

二、在航海史上的地位

鄭和下西洋在時間上比哥倫布發現新大陸早 74 年，比迪亞士發現好望角早 83 年，比達．伽馬開闢新航路早 93 年，比麥哲倫環航大半個地球到菲律賓早 116 年。據此時間差，我國已故著名學者和政治家吳晗曾這樣說過：「鄭和下西洋比世界上所有的航海家的活動都要早」，「可以說，鄭和是歷史上最早的、最偉大的、最有成就的航海家」〔註 27〕。這段話在國內被後人相繼引用。此外，還有許多讚美之詞，如鄭和是「地理大發現的先驅」，「開闢了橫貫印度洋的新航線」，「洲際航海的傑出先行者」，「開創了航海史上的新紀元」，等等。然而我們只要認眞研究一下世界航海史和探險史，客觀全面地進行一下對比，就會有所狐疑。

眾所周知，哥倫布、達．伽馬、麥哲倫、迪亞士等之所以被稱作地理大發現的先行者、大航海家和探險家，主要因爲他們的活動在世界航海史、探險史、人類文明史上都佔有比較突出的地位。他們向未知海洋進軍，向神秘蒙昧挑戰，邁出探險未知海域和地域的第一步，首先以航海爲手段，將以前處於孤立或相互隔絕的美洲、部分亞洲和部分非洲與歐洲聯繫起來；首先把新大陸、非洲南部和地球本身介紹、告知給舊大陸的各文明民族。其中達．伽馬到達印度，是在葡萄牙人半個多世紀以來對非洲西海岸探索的基礎上，繞過好望角，沿東非海岸北上，從肯尼亞東渡印度洋，到達印度的卡利庫特，從而開闢了從北大西洋繞過非洲南端進入印度洋駛抵印度的亞非歐國際航路。哥倫布是爲了另闢通路到東方去，在相信地圓說的基礎上由北大西洋向西南航行，意外地發現了美洲新大陸。他面對的浩瀚的大西洋，是一個對歐洲人、對當時整個文明世界都全然未知的領域。他靠大膽設想和冒險精神，獲得了石破天驚的發現。而麥哲倫首次環航地球，證實了地球學說和海洋優

〔註 27〕吳晗：《明史簡述》，中華書局 1980 年版，第 74 頁、79 頁。

勢論，把全世界各大洲（澳洲除外）、各大洋聯繫起來。其航行之艱難，意義之深遠、行程之遠袤，世所罕比。迪亞士則在葡萄牙人既有基礎上把對西非海岸的探索從南緯 22 度左右推進到 35 度左右〔註 28〕，發現了好望角和 2500 公里前人未知的海岸線，繞過了非洲最南端到達了東南非的大魚河河口〔註 29〕，第一個從大西洋駛入印度洋，爲開闢從歐洲到東方的新航路奠下了最後的和最重要的一塊鋪路石。

鄭和下西洋的活動範圍是在西太平洋邊緣海和北印度洋上諸島及沿岸國家。這些地方，自古以來便是人類航海文明的發源地。幾千年前，南阿拉伯人、印度人和埃及人就已經印度洋上穿梭往來。西太平洋沿岸國家及邊緣海島各國，也早就有著頻繁的海上交通。戰爭、貿易、傳教、遷移等等使這些地區的人們通過海上活動聯繫起來。航海文明在這些地區經歷幾千年的變遷和各種勢力的彼此消長，一直在發展著。到鄭和下西洋前，有關西太平洋邊緣海和北印度洋水域的主要航路和絕大部分水域早已爲包括中國在內的許多國家所熟悉。例如我國的東晉高僧法顯就曾從印度、斯里蘭卡乘外國船回到中國青島〔註 30〕，元代意大利人馬可．波羅也曾從泉州出發乘船漂洋過海到了波斯灣才登岸〔註 31〕。各國史書和考古資料都證明，西太平洋邊緣海和北印度洋地區的文明民族早已瞭解並在利用這一帶的水域和主要航線。應當承認，與以往的航海活動相比，鄭和航海所到範圍廣、地點多，對海洋勘察、島嶼測繪和航路的探察更爲詳細。《鄭和航海圖》（全稱爲《自寶船廠開船從龍江關出水直抵外國諸蕃圖》）更是集以往中國人航海認識之大成，把這一帶的許多地區、海域、航道、海岸線、島嶼等都粗略地畫在了海圖上。下西洋也首次一氣貫通了從中國到東北非的航行。但是鄭和下西洋在新海域的探險上貢獻不明顯。

鄭和分䑸去東非的航海線路有多條，其中最南端、最直接的一條是從斯里蘭卡的別羅里（相當於今斯國最南端的馬特勒一帶）經過馬爾代夫群島去東北非索馬里的摩加迪沙和布臘瓦（相當於今巴拉韋 Baraawe）一帶。國內有的書和文章認爲這條航路是鄭和下西洋時所開闢，實際上並非如此。早在宋

〔註 28〕見彭羅斯：《文藝復興時期的遠行和地理發現》，第 58 頁；第 60 頁。
〔註 29〕見彭羅斯：《文藝復興時期的遠行和地理發現》，第 58 頁；第 60 頁。
〔註 30〕見〔東晉〕法顯：《法顯傳》（又稱《佛國記》），文學古籍刊行社 1955 年影印本。
〔註 31〕見《馬可．波羅行紀》第一卷第一八章，馮承鈞譯，〔法〕沙海昂校，商務印書館 1936 年版。

代，中國和東非之間的航路就已開通了。南宋趙汝適就曾記述層拔（桑給巴爾）「產象牙、生金、龍涎、黃檀香」〔註32〕。而趙書中的資料，是他在福建泉州任職時，向來華的外商採訪所得。即「乃詢諸賈胡」〔註33〕。這說明來華的胡賈乘船去過桑給巴爾島又航海來到中國。元代汪大淵曾周遊北印度洋和航達東北非，不管他乘坐的是哪國的船。汪也證明有這條從斯里蘭卡別羅里到索馬里的摩加迪沙和布臘瓦的航路。他還撰有《島夷志略》。《四庫全書》說他「至正中嘗附賈舶浮海越數十國，紀所聞見成此書。……大淵此書皆親歷而手記之，究非空談無徵者比」〔註34〕。汪大淵在實地遊歷的基礎上眞切地記述介紹了東非地區的情況。例如對桑給巴爾（島，今屬坦桑尼亞）的記載云：「層搖羅國，居大食之西南，崖無林，地多淳。田瘠穀少，故多種薯以代糧食，每一貨販於其地者，若有穀米與之交易，其利甚溥。……地產紅檀、紫蔗、象齒、龍涎、生金、鴨嘴、膽礬，貿易之貨用牙箱、花銀、五色緞之屬」〔註35〕。所以，到15世紀，從中國東南海岸到西印度洋和東（北）非的航行是不足爲奇的。鄭和的航行，只是在前人的基礎上，在這一範圍內開闢了更多一些相距較近的新航線，多一些登陸點；同時把中國與東（北）非之間以前有些間接的、輾轉傳遞式的、偶爾一些的聯繫變得直接、連貫和頻繁了。

由於鄭和下西洋在時間上要比西方航海家開闢新航路早好幾十年，鄭和船隊在東北非的航線又大致與達・伽馬在東北非的航線相符，與他從東北非去印度的航線相近，因而有人便認爲鄭和航海爲西方航海家的航行奠定了基礎。甚至有人斷言：「到十五世紀末，鄭和橫渡印度洋的大事，早已傳到歐洲」。「哥倫布顯然受到中國人民航海業績的影響，達・伽馬和麥哲倫是沿著鄭和開闢的航路才完成其歷史使命的」。「鄭和是哥倫布、達・伽馬、麥哲倫等的先驅和引航人」〔註36〕。我們認爲，這些說法顯得含混和牽強。誠然，從時間上看，鄭和是西方航海家的先驅，但很難說前者對後者產生了什麼影響，更難說在後者遠航前前者的事跡已傳到歐洲。我們還未見到國內外任何書刊任何語種（英、俄、日等）的文獻中有關於這個問題的任何具體內容〔註37〕。

〔註32〕〔宋〕趙汝適：《諸蕃志》卷上《層拔國》。
〔註33〕《諸蕃志・自序》。
〔註34〕《四庫全書總目・史部・地理類》。
〔註35〕〔元〕汪大淵：《島夷志略・層搖羅》，蘇繼廎校釋本。
〔註36〕邱克輝：《洲際航海的傑出先行者鄭和》，載《鄭和下西洋論文集》第一集。
〔註37〕就在一貫崇尚中國文化的日本人的著述中，也沒有這方面的點滴記述。例如

我們知道，哥倫布和麥哲倫都是由北大西洋向西南航行，他們的航行方向與鄭和到東北非的航行方向毫不對應，彼此的活動範圍也還相去十萬八千里。鄭和的航行區域和路線在他們兩人設想的航線和整個航程中也只占很次要的地位。實際上哥倫布一直在大西洋上航海，麥哲倫環航地球時，其船隊到了亞洲後也沒有走鄭和走過的航線去東北非，而是從菲律賓往東南航行經印度尼西亞橫渡印度洋直接到了好望角。如果說受到什麼影響，哥倫布的航行倒是受到迪亞士發現好望角的影響〔註 38〕，達・伽馬的航行也是受到哥倫布發現西印度的刺激，麥哲倫環航則受到哥倫布和達・伽馬航行的啓示。

至於達・伽馬從東北非肯尼亞的馬林迪跨海直接去印度的航程，雖是鄭和分䑸走過的，但達・伽馬是在一個阿拉伯領航員馬治德的協助下，用 23 天時間才完成的。在此以前，達・伽馬的航線也只有從肯尼亞的蒙巴薩到馬林迪這一小段約 100 公里與鄭和分䑸走過的航線逆向重合。而從蒙巴薩到非洲最南端的數千公里航線鄭和船隊並未涉足。所以，如果說中國人的航海文明對開闢新航路有什麼影響，那也是通過多種方式和渠道間接的、滲透的、「潤物細無聲」的。

我想，要全面地立體地比較鄭、哥、達、麥、迪，要準確地客觀地評價他們在航海史、探險史、地理學史上的地位、影響和貢獻，就需要把航海家、探險家和地理發現者這三個概念分開和明確。

《現代漢語詞典》未收「航海家」一詞。《現漢》對「航海」的解釋是：「駕駛船隻在海洋上航行」〔註 39〕。《牛津高級現代英語學習者詞典》對 Navigator 的解釋是：「1. 航海的人。2. 有技術和經驗參加過多次航行的海員；（特指）早期的探險家」〔註 40〕。這裡的第一義可譯成「航海者」，第二義可

生田滋、高橋均、増田義郎合著的《大航海時代》一書（福武書店昭和 58 年版）。該書第一章爲《馬可・波羅去東方之旅》(マルコ・ポーロ東方への旅)，第二章便爲《瓦斯科・達・伽馬去印度之路》(ヴアスコ・ダ・ガマインドへの道)，第三章爲《哥倫布去新世界之航海》(コロンブス新世界への航海)……。而説鄭和事跡在地理大發現開始前早已傳到歐洲的學者又不舉出任何具體内容和資料出處。

〔註 38〕葡萄牙人對於西非海岸探索的進展包括迪亞士的發現一直保密，以便壟斷防止他人染指。但世上沒有不透風的牆，而且哥倫布是先在葡萄牙活動，尋求葡王資助不果後才去西班牙的。

〔註 39〕中國社會科學院語言研究所：《現代漢語詞典》，商務印書館 1997 年版，第 500 頁。

〔註 40〕霍恩比：《牛津高級現代英語學習者詞典》，倫敦 1974 年版，第 571 頁（A. S.

譯爲「航海家」。《現代漢語詞典》未收「探險家」一詞。《現漢》對「探險」的解釋是：「到從來沒有人去過或很少有人去過的地方去考察（自然界情況）」〔註41〕。《牛津高級現代英語學習者詞典》對explore的解釋是：「抱著瞭解它的目的而進入或深入（某個地區）旅行」〔註42〕。它對explorer的解釋很簡單：「探險的人」。可以酌情譯成「探險者」或「探險家」。

下面，我們把那五位航海家的主要航行情況列表對照比較，他們都是一流大航海家的地位便一清二楚了。

15至16世紀初中西航海家比較表

項目／內容／航海家	有意義的首航年	有意義的終航年	有意義的航次	航海持續期	單向最遠航程	有意義的總航程	航行最大規模	航行總規模
鄭和（中）	1405年	1433年回國	七次	28年	約0.8萬海里	約4萬海里	200餘艘船 2.7萬多人	1000多船次 十多萬人次
迪亞士（葡）	1487年	1500年遇難	兩次	13年	約7500海里	約1.4萬海里	13隻船 1500餘人	16船次 1600多人次
哥倫布（意、西）	1492年	1504年回國	四次	22年	約4500海里	約1.8萬海里	17隻船 1200餘人	30船次 約2150人次
達·伽馬（葡）	1497年	1503年回國	兩次	6年	約1.1萬海里	約2.2萬海里	20隻船 約兩千人	24船次 約2150人次
麥哲倫（葡、西）	1519年	1521年喪命	一次	2年	約2.1萬海里	約2.1萬海里	5隻船 234人	5船次 兩百多人
點評	鄭和早數十年	鄭和早數十年	鄭和多幾次	鄭和多幾到二十幾年	鄭和居中	鄭和約多一倍	鄭和大得多	鄭和大得多
備注	開始遠航前的航海均不計	遠航結束後的航海均不計	遠航前後的航海均不計	中間休整期均不扣	按實際行駛的航程算，麥哲倫按到達菲律賓算	鄭和有幾次衹到達南亞，迪亞士二航時先到巴西、再到好望角	迪亞士就算他參與，因第二次遠航由卡伯拉爾領導	把迪亞士參與由卡伯拉爾領導的二航印度也算上；迪以前參加的西非探航就不算

從上表可以看得明白，就航海家而言，鄭和比西方航海家的航海早幾十

Hornby：Oxford Advanced Learner's Dictionary of Current English）。

〔註41〕社科院語言所：《現代漢語詞典》，第1226頁。

〔註42〕霍恩比：《牛津高級現代英語學習者詞典》，第304頁。

年，持續時期比他們長一些，指揮的船隊和航行的規模比他們大得多，航行所到達的最遠距離大於哥、迪，小於麥、達，居中，遠航次數也比他們多得多，遠航的總航程也長得多，駕船航海的技術和經驗與組織指揮船隊的才能和水準也不遜於他們，甚至高於他們。因爲指揮組織特大艦船隊更困難。所以，鄭和是堪與哥、達、麥、迪比肩、齊名、相伯仲甚至更偉大的大航海家（當然也不能說哥、達、麥、迪比鄭和遜色多少）。

三、在探險史和地理發現史上的貢獻

但是，從探險和地理發現的角度比較，鄭和則不能與他們相提並論。這就需要簡單論證探險和地理發現的概念：地理發現是指文明人類的代表第一次到達了或最先瞭解了文明世界前所未達或未知的地區和水域，或確立了已知文明地區之間的空間聯繫。探險是地理發現的方式和手段（自然，探險也用於其他目的），通過探險（包括海上航行和陸上跋涉）實現和完成地理發現。我們前面例舉的中外詞典對探險的解釋也基本上是這樣的內涵。

鄭和船隊（包括其分綜）到達的地區、駛過的航路、航行的海洋，均是文明人類已生活居住，已認識瞭解，已航行利用的地區和水域，並且它們彼此之間和北印度洋與西太平洋邊緣海之間的聯繫也早已確立。鄭和航海的水域和途經的地區大致可分爲中國地區（從南京到南沙群島）、東南亞地區、南亞地區、西亞地區和東北非地區五大部分。南亞和西亞是文明古國集中的地區自不待言。東南亞地區在鄭和航海前也早已是文明地區了。需要論證的只有東北非地區〔註 43〕。

東北非的埃塞俄比亞是個文明古國，而且是個基督教國家，葡萄牙人探航非洲時要尋找的基督教的長老約翰王國，實際上就是埃塞俄比亞。它是被伊斯蘭勢力包圍並與歐洲基督教世界隔開的一個重要的基督教國家。吉布提

〔註 43〕世人常說鄭和船隊多次到達東非海岸。這種說法太籠統，太模糊。東非海岸南到非洲最南端的厄加勒斯角，北到最東端的阿塞爾角，長達七千多公里。如果把紅海西南岸也理解爲東非海岸，則長達一萬多公里。整個東非沿海有埃塞俄比亞、吉布提、索馬里、肯尼亞、坦桑尼亞、莫桑比克、南非、斯威士蘭和萊索托九個國家（斯威士蘭和萊索托不瀕海，但離海岸很近，分別只有幾十公里和一百多公里）。鄭和船隊的活動範圍只囊括了埃、吉、索、肯四國，只覆蓋了從阿塞爾角算起最南到蒙巴薩的約 2300 公里海岸線。爲了準確精細，我把埃、吉、索、肯四國視作東北非，把坦和莫北部視作中部東非，把莫南部和南、斯、萊的海岸視作東南非海岸。

是個彈丸小國，面積 2.3 萬平方公里，1977 年獨立以前為法屬索馬里。它的 30 幾萬居民也主要操索馬里語。14 世紀時，東北非的索馬里地區已建立了幾個伊斯蘭教小王國〔註 44〕。在整個東非，11 世紀以來，阿拉伯和波斯的穆斯林移民便自北向南，佔據了沿海港口城市摩加迪沙（索馬里）、布臘瓦（Брава，索馬里巴拉韋）、基斯馬尤（索馬里南部）、帕泰（群島，肯尼亞北端）、拉穆（肯尼亞北部）、馬林迪（肯南部）、基利菲（肯南部）、蒙巴薩（肯南部）、奔巴（島、坦桑尼亞北部）、桑給巴爾（島、坦桑）、馬菲亞（島、坦桑）、基爾瓦（坦桑、南部）、莫桑比克（莫桑比克北部）、索法拉（莫桑南部），成了控制黑人的統治階級〔註 45〕。12 世紀的基爾瓦在達伍德·本·蘇萊曼(約 1150 年即位）統治時期，勢力從索法拉延伸到奔巴海峽兩岸，掌握著遠東、美索不達米亞、波斯和地中海沿岸諸國（經紅海）之間的海運貿易〔註 46〕。蒙巴薩自 13 世紀後半葉以來便由來自設拉子（今伊朗南部）的阿拉伯人統治。這裡的船隻分別駛往索法拉、桑給巴爾、馬菲亞和奔巴〔註 47〕。東非沿海各城市都有自己的統治長官，一般由阿拉伯人或波斯人擔任。至 16 世紀西方殖民者入侵以前，沿海各商業城鎮和城邦一直呈獨立自治自主的政治局面〔註 48〕。這就是說，在莫桑比克南部薩韋河以北的非洲東海岸，在鄭和航海前早已為阿拉伯和波斯的穆斯林所佔居和統治，早已是文明地區，最南只到了肯尼亞蒙巴薩的鄭和船隊已沒有什麼地區可發現了。即使鄭和分䑸再向南行駛一段，進入坦桑尼亞北部，情況也是如此。所以，鄭和分䑸並沒有發現什麼文明人類前所未知、未達的陸地、海域、島嶼、海岸線、海峽等。

而且，薩韋河以北的整個非洲東海岸，都有阿拉伯人、波斯人在航行。他們並與印度人、馬來人等一起，使東非和西亞、南亞、東南亞和東亞保持著比較經常的聯繫。這些情況也被達·伽馬首航印度時的見聞所佐證。1498 年 1 月 25 日，達·伽馬船隊來到南緯 18 度的一個河口海灣（莫桑比克中部贊比西河河口），當地居民友好地接待了這些外國人。兩個頭戴絲織帽子的首領來到岸邊，把一些印花布硬塞給水手們。首領的一個非洲人隨從告訴水手

〔註 44〕 見金宜久主編：《伊斯蘭教史》，中國社會科學出版社 1990 年版，第 415 頁。

〔註 45〕 見金宜久主編：《伊斯蘭教史》，第 416～417 頁；巴勒克拉夫主編：《泰晤士世界歷史地圖集》，三聯書店 1982 年版，第 137 頁大地圖《非洲國家的出現，900～1500》。

〔註 46〕 見金宜久主編：《伊斯蘭教史》，第 417 頁。

〔註 47〕 見金宜久主編：《伊斯蘭教史》，第 417 頁。

〔註 48〕 見金宜久主編：《伊斯蘭教史》，第 417 頁。

們，他是個外地人，他見過與葡萄牙海船類似的船隻（中國船與西歐船差別很大， 故肯定是非中國、東亞船隻）。那個人的講述和那些確鑿無疑的亞洲產品使達·伽馬相信，他已接近印度了〔註 49〕。2 月 24 日，達·伽馬船隊離開了贊比西河河口海灣，五天後到達南緯 15 度的莫桑比克港。這裡的中上層已通用阿拉伯語。阿拉伯人的單桅船多依（Дой）每年都來到該港，從這裡主要運走奴隸、黃金、象牙和龍涎香。通過當地的謝赫（Шейх，伊斯蘭教神學家或首領），達·伽馬還在莫桑比克港僱請了兩名阿拉伯引水員〔註 50〕。可見，鄭和船隊也沒有開闢什麼有重要意義和價值的新航路，沒有確立什麼已知文明地區的新的空間聯繫。

當然，在鄭和以前，似乎還沒有什麼船、什麼船隊從東非肯尼亞直接駛到中國，或從中國直接駛到東非肯尼亞。以往的海上聯繫和交通基本上是接力式的，鏈條式的。而鄭和船隊則全程駛完並雙向往返於中國和東北非。所以鄭和對發展和鞏固這條航路，發展和鞏固中國與東北非的聯繫還是有貢獻的。如果把這也理解爲探險和地理發現的話，恐怕這是鄭和下西洋在這方面的主要成就。

綜上所述，鄭和主要是一位大航海家，而基本上不是探險家和地理發現者。哥倫布、達·伽馬、麥哲倫、迪亞士等人則既是大航海家，又是大探險家和有重大成就的地理發現者。這樣全面地比較，他們各自在航海史、探險史和地理學史上的地位和貢獻就比較清楚、立體和豐富了。

總之，在航海史上，鄭和早於高於優於同時代的西方航海家，但在探險史和地理發現史上則大大遜於西方航海家。造成這種遜色的原因我已做過論述〔註 51〕，這裡就不重復了。

（原載澳門《中西文化研究》2004 年第 2 期）

〔註 49〕見馬吉多維奇父子：《地理發現史綱》第二卷，第 41 頁。
〔註 50〕見馬吉多維奇父子：《地理發現史綱》第二卷，第 41 頁。
〔註 51〕參張箭：《地理大發現研究，15～17 世紀》，商務印書館 2002 年版，第五章《中國人爲什麼沒有參與地理大發現》。

Some Comparisons between Zheng He's Sailing to Western Ocean and Great Navigation of Spain and Portugal

Abstract

Zheng He's seven sailings to the western ocean were little earlier than the great navigation of Portugal and Spain; Zheng He's ships of treasure were much bigger than the Portuguese and Spanish oceangoing ships; The scale of Zheng He's fleet was bigger than the Portuguese and Spanish ones incomparable. These indicate that the Chinese capability of making ship and navigation and synthetic national strength were some greater and stronger than the West at that time. Yet the big and small disparity in the fleets of both sides exposed the shortcomings and fault of sparing no expense and stressing no benefit of the Chinese persons in power then, as well as the strong points and good qualities of accounting cost and stressing benefit of the contemporary Westerners. The status of seven sailing to western ocean in nautical history is little higher or no lower at least than the great navigation of Portugal and Spain. Yet their effect and significance are great much less than that of Spain and Portugal in the history of exploration and of geographical discovery. It is because that the three roles of navigator, explorer and geographical discover are both connective and great distinctive.

Key words: Sailing to western ocean and great navigation, Bigness and smallness of ships, Scale of fleet, Exploration and geographical discovery.

圖 1　　　　圖 2

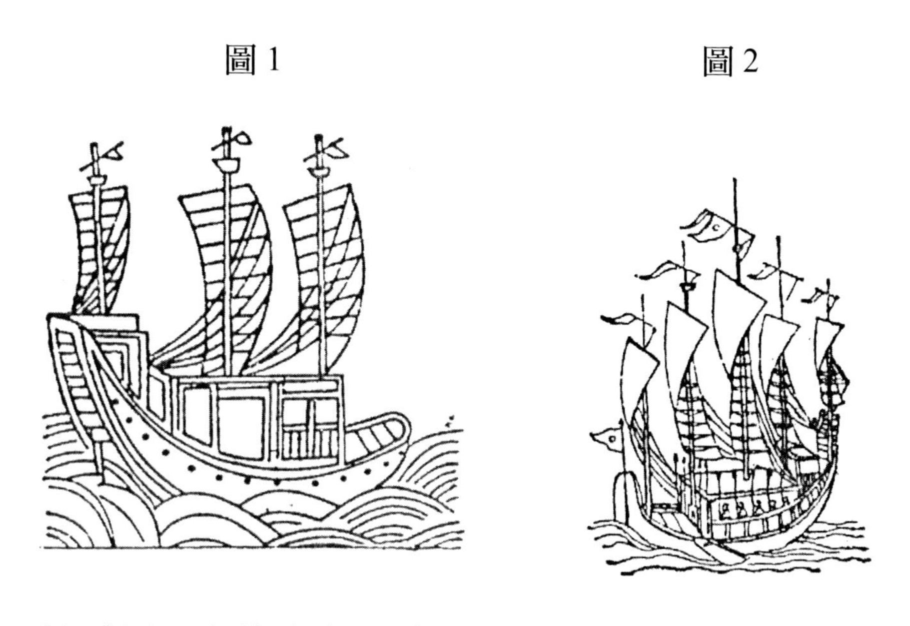

明初《鄭和航海圖》中的下西洋海船　明代沙船，見李盤《金湯十二籌》

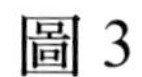

明初道教《天妃經》所繪下西洋之寶船隊圖（局部）

圖 4

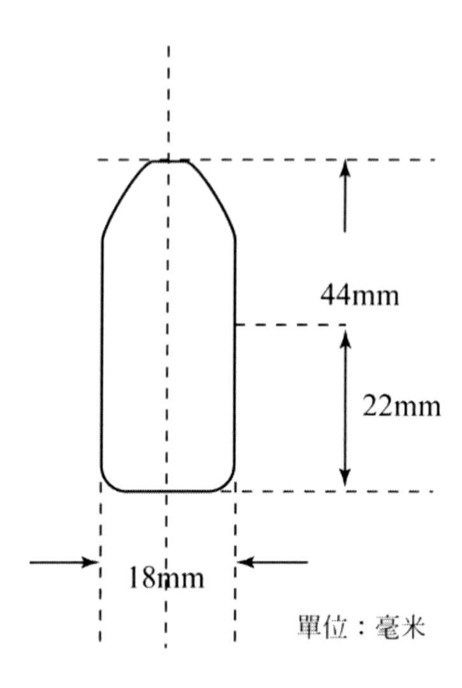

文獻所載長 44 丈，寬 18 丈之鄭和寶船長寬比例示意

下西洋與渡美洲的航海術比較

提　要

鄭和船隊和哥倫布船隊的航海術，包括測定船位術、天體導航術、氣象識風術、操帆駛風術、羅盤羅經術、海圖地圖術、計程測速術、航道探察術等等，都達到了帆船時代迄當時爲止最高的水準。由於哥倫布的遠航比鄭和遠航晚了八十多年，故哥倫布的航海術較之鄭和又前進了一步。但因鄭和船隊的規模大得很多很多，鄭和寶船也比哥倫布航船大得很多很多，故鄭和遠航體現的航海術亦比哥倫布的複雜困難一些。所以，他們的航海術各有千秋，難分軒輊。

關鍵詞：鄭和遠航，哥倫布遠航，航海術，一個更複雜，一個更先進

中圖分類號：U675，K248，K503

文獻標識碼：A

做鄭和下西洋與哥倫布航渡美洲比較研究的文章已有一些了，它們皆爲綜合性比較或某一其他方面的比較。對中西雙方當時航海術的比較研究據我所知似乎還沒有。是故在隆重紀念鄭和首下西洋600週年之際（1405～2005），本人試做七下西洋與四航美洲的航海術比較，以拾遺補闕共襄大慶。

一、鄭和下西洋的主要航海術

鄭和船隊綜合、使用和發展各種新技術，行船萬里，遠渡重洋，把航海技術提高到一個新的水準。

鄭和船隊測定船位的方法有多種。一是測深辨位。據測量繩入水的長度得知水深；據測量錘底部牛油上粘附的泥沙，得知該處底質。兩相對照，一般可推出所處位置。同時也可藉此確定預計航線上的行船轉向點。《鄭和航海圖》中便有定位轉向去達「灘山」的實例：「船見大小七山，打水六七托，用坤申及丁未針，三更，船取灘山」〔註1〕。這裡，打水六七托意爲測水深約三丈至三丈半（一托約合五市尺）。二是對景定位，以海岸上的山嶺或高大的建築，海上的島嶼爲物標，求得船舶與這些景物的相對位置。鄭和船隊已由一向定位發展到三向交叉定位。例如《鄭和航海圖》上從孝順洋到黃山的航線便採用了三向景物交叉定位法，即「船平檀頭山，東邊有江片礁，西方見大佛頭山，平東西崎」〔註2〕。這樣準確性便又提高了一個檔次。三是天文定位。鄭和船隊主要觀測北極星，只是在赤道以南由於看不到它而改爲觀測華蓋星（小熊座，β、γ雙星 kochad）。所用的測天儀器叫牽星板，「一副十二片，烏木爲之，自小漸大，大者長七寸餘。標爲一指、二指以至十二指，俱有細刻，若分寸然」。「又有象牙一塊，長二寸，四角皆缺，上有半指、半形、三角等字，顚倒相向，蓋周髀算尺也」〔註3〕。通過測量星體高度，就可定出船舶所在的緯度。但中國當時至少還沒有把經度概念應用於航海和製圖，所以地理位置主要以星高的指數來標記。即所謂「觀日月升墜，以辨西東；星斗高低，度量遠近」〔註4〕。

鄭和船隊採用和發展了多種導航技術。一是陸標導航。《鄭和航海圖》上描繪的顯著物標有十幾種，其中以利用山峰導航最爲普遍。這種導航方法在

〔註1〕見《鄭和航海圖》，向達整理，中華書局1961年版，第七圖，頁29。
〔註2〕見《鄭和航海圖》，向達整理，第九圖，頁31。
〔註3〕李詡：《戒庵老人漫筆》卷一《周髀算尺》，中華書局1982年版。
〔註4〕〔明〕鞏珍：《西洋番國志·自序》，中華書局1960年向達校注本。

視線範圍內和狹窄的航道中比較簡便實用。二是天文導航。明代《順風相送》寫道：「永樂元年奉差前往西洋等國開詔，累次較（校）正針路、牽星圖樣，海嶼水勢山形圖畫一本，山（刪）爲微簿。務要取選能諳針深淺更籌，能觀牽星山嶼，探打水色深淺之人在船」〔註 5〕。這本書中載有「定日月出入位宮晝夜長短局」，「觀星法」，「定太陽出沒歌」及「定太陰出沒歌」。爲便於記誦，將不同季節和時辰觀測日月星辰在天空運行的位置來判斷方向的方法編成了歌謠。再加上舟師的豐富經驗，觀察和判斷方位就更爲方便了。鄭和船隊在前代「晝則觀日，夜則觀星」的基礎上，把天文導航提高到了更爲具體和精確的水準。比起同時期的西方和稍後的哥倫布等人，都要豐富、縝密和準確一些。

鄭和船隊對季風的認識、掌握和利用已非常熟練。他們一般是冬春出海乘東北季風南下再西出印度洋，夏季又乘西南季風東歸北返。隨行馬歡在《瀛涯勝覽》卷首所寫的紀行詩也詠到：「使節勤勞恐遲暮，時值南風指歸路」。《鄭和航海圖》中某些航線的航向設計和航路指南有不小矛盾，圖上的航向和船舶實際航行軌跡往往不一致，究其原委在於航線設計中已包含了季風、風流壓差的因素。在駛風技術方面。宋人已知「風駛八面，唯當頭不可行」。而其他的七面風宋人都能取風以進。即通過操縱風帆腳索變換帆角，同時調整尾舵與披水板相配合。利用這一技術，即使在正頂風時，宋人也能採取走「之」字形的方法朝預定目標前進。鄭和船隊也繼承了前人的經驗，船駛八面風。當然逆風前進時勞動強度很大，速度很慢。尤其是鄭和船隊，舶大、人多、舟眾，其操縱的難度強度又遠比宋元的帆船和同時代西方的帆船爲大。這也說明了鄭和船隊駛風技術高超。

在航海儀器方面，鄭和船隊用的羅經「斫木爲盤，書刻干支之字，浮針於水，指向行舟」〔註 6〕。水羅經有在巨大震動下不脫針而正常工作的優點，但也有指標隨水蕩漾晃動觀察吃力的缺點。羅經採用天干、地支、八卦（部分）等字，分作二十四方向，每向爲 15 度，這在當時是比較精確的。鄭和船隊用牽星板測量星體距水平線的高度，從而求得船的位置。其原理相當於今天的六分儀。前引《戒庵老人漫筆》中對牽星板有介紹文字，《鄭和航海圖》中的「過洋牽星圖」有其圖樣和使用示意圖。在計時方面，鄭和船隊使

〔註 5〕〔明〕佚名者：《順風相送・序》，見向達校注：《兩種海道針經》，中華書局 1961 年版。

〔註 6〕〔明〕鞏珍：《西洋番國志・自序》。

用壺狀沙漏，與西方類似。簡單的計程測速儀在鄭和船隊也得到經常應用。「更」爲計程測速的度量單位。一更爲 2.4 小時／60 華里。「海行之法，六十里爲一更」〔註 7〕。鞏珍說「轉向而往，要在更數起止，記、算無差，必達其所」〔註 8〕。這是計程測速儀用於鄭和航海的佐證。明代《順風相送》說：「將片柴從船頭丟下，與人齊到船尾，可準更數。每一更二點半約有一站，每站者計六十里」〔註 9〕。清初《臺海使槎錄》記載：「以木片於船首投海中，人從船首速行至尾，木片與人行齊至，則更數方準。若人行至（船）尾而木片未至，則爲不上更；或木片反先人至船尾，則爲過更，皆不合更也」〔註 10〕。計程測速儀的英文名爲 log，本義便是木塊的意思，說明西方最初也是這樣測速計程。但鄭和船隊已發展出復合計量單位「更」，類似經典力學上的牛頓力，可見鄭和船隊使用這項技術比哥倫布等熟練。

鄭和船隊還繪製了《鄭和航海圖》（《自寶船廠開船從龍江關出水直抵外國諸番圖》）。該圖對於正確瞭解鄭和所經地區的基本地理概貌來說只是很粗略的示意圖，但對於舟師來說則是很管用的航海圖，也是當時西太平洋邊緣海和北印度洋的最好海圖，還是我國現存最早的航海圖。航海圖載有中國和亞非地名五百三十餘個。圖上描繪了大陸海岸線、島嶼、礁石、淺灘、海灣、港口、江河口，以及陸地上的可用作航標的人文地物。海圖還詳細地寫出地名、繪出航線，航線上並注記了針位（航向、方位）和更數（航程、時間），有時還標記出航道深度（即「打水幾托」）、航行注意事項等。此外根據海區定位的需要，有的圖幅還注記了天體高度〔註 11〕。不過，有的學者把《鄭和航海圖》說成是世界上現存的最早的航海圖集〔註 12〕，比荷蘭瓦格涅爾（L. J. Waghenaer）編繪的所謂世界第一部航海圖集還早一百多年〔註 13〕，這就言過

〔註 7〕〔明〕黃省曾：《西洋朝貢典錄》卷上《占城國》，中華書局 1982 年謝方校注本。

〔註 8〕〔明〕鞏珍：《西洋番國志・自序》。

〔註 9〕〔明〕佚名：《順風相送・行船更數法》，載向達校注：《兩種海道針經》。

〔註 10〕黃叔璥：《臺海使槎錄》卷一《赤嵌筆談・水程》，臺灣文獻史料叢刊第二輯，臺灣大通書局 1984 年版。

〔註 11〕見《鄭和航海圖》第 34～37 圖，如華蓋五指二角，北辰八指，等等。

〔註 12〕見朱鑒秋：《〈鄭和航海圖〉在我國海圖發展史中的地位和作用》，載《鄭和下西洋論文集》第一集，人民交通出版社，1985 年版。

〔註 13〕瓦格涅爾（L. J. Waghenaer）編繪的航海圖集有兩部。第一部名爲《航海明鏡》（Spieghel der Zeevaert），分兩卷。第一卷 1584 年出版，有西歐沿岸總圖及分圖 22 幅；第二卷 1585 年出版，包括歐洲北海、波羅的海沿岸港灣圖 21 幅。第二部名爲《航海寶庫》（Thresoor der Zeevaert），1592 年出版，其內容也主

其實了。因爲它本是一幅一字展開的長卷式有山水畫特徵的航海圖，收入《武備志》時爲便於刻版、印刷、裝訂、收藏才改成書本式，分爲 20 連頁，裁爲四十幅（不計前一頁說明，後兩頁「過洋牽星」圖），也才成爲圖集。僅以西方而論，現存最早的航海圖，是 1300 年的波托蘭地圖，即現藏巴黎國立圖書館的卡特·皮薩圖（Carte Pisane）〔註 14〕。它展示了地中海、黑海和局部大西洋〔註 15〕。這種圖主要用於航海，圖上地名基本上限於沿岸，即海灣和港口（Port），因此叫波托蘭（Portolan）地圖。圖上布滿了羅經線或方向線，它們從系統定位的各中心點放射而出，中心點通常是精緻繪成的羅經卡或風向標（wind roses）〔註 16〕。從 1393 年的加泰隆波托蘭地圖起，原來各中心點放射出去的東南西北四條方向線已精密到 32 條羅經線〔註 17〕。直到地理大發現時代西方仍流行這種航海圖，即以投影法、比例尺、南北向繪成的普通地圖加上方向線。

由以上所論可知，鄭和船隊繼承和發展了中國悠久的航海術，首先把近海航行推進到遠洋航行。在定位、指向、導航、識風、駛風、計程、製圖、探察航道等方面都有創新，在當時的世界上處於領先水準。

二、哥倫布航渡美洲的主要航海術

在地理大發現時代的西方航海家和探險家中，哥倫布是名聲最大的一個。在初期的航海家探險家中，哥倫布留下的材料也最豐富。我們就看看他和他所代表的當時西方的航海技術和航行方法。

哥倫布因比鄭和晚了八十多年，航海術又有了一些進展。據流傳至今的《哥倫布航海日記》所稱，哥倫布的助航工具已有了地球儀、世界地圖和托斯堪內里信手勾勒的沒有多大用處的大西洋海圖。這一點比鄭和前進了一

要包括歐洲地區。原圖可見於邱爾金編：《地圖集》，蘇聯科學院出版社 1961 年版（В. Г. Чуркин:《Географические Атласы》, Издательство Академии Наук СССР）。另外，到瓦格涅爾時代，歐洲的航海圖已囊括全世界了。

〔註 14〕見彭羅斯:《文藝復興時期的遠行和地理發現》，紐約 1975 年版，第 299 頁（Boies Penrose：Travel and Discovery in the Renaissance, 1420～1620）。

〔註 15〕見柯瑙：《地圖上的世界》，倫敦 1930 年版，第 60 頁（I. J. Curnow：The World Mapped, London）。

〔註 16〕見史蒂文森：《已複製成幻燈片的地圖》，紐約 1913 年版，第 13 頁（E. L. Stevenson：Maps Reproduced as Glass Transparencies）。

〔註 17〕柯瑙：《地圖上的世界》，第 61 頁。

步。哥倫布在計畫航線方面，首先通過簡陋不清甚至嚴重失實的世界地圖與海圖，確定目的地的大致方位，然後採取「等緯度航法」或對準目的地的斜航線實施整體航行。在航路指南方面，哥倫布的航海日記也可以說是第一部橫渡大西洋以及在美洲東海岸航行的「航路指南」書。例如日記 1492 年 10 月 15 日寫道：「聖瑪麗亞島與該島（費爾南迪娜島）相距 9 里格（1 里格相當於 3 海里），該島西北、東南走向，縱向海岸線似有 28 里格。……該島地勢平坦，無山。海灘無石，但近陸地處卻有若干暗礁。海水雖清澈見底，但拋錨時，則應仔細觀察，或切勿緊靠陸地拋錨，以免危險」〔註 18〕。又如同年 12 月 1 日寫道：「在聖港入口處東南有一海角，凡欲駛入海港就得先經過這一海角之西北，然後再經海角之東南。那海角前邊有一無礁石的淺灘，淺灘與海角間水深 12 噚（1 噚＝1.829 米），可通行無阻。進港時淺灘末端與海角之間水深 12～15 噚，需將船頭調向西北方向駛入」〔註 19〕。在這些航路指南性的記載中，一般航法、顯著物標、安全航道、港灣介紹、危險物、礙航物、錨地等一應俱全。不過哥倫布船隊沒有繪製專門的航海圖（有其他地圖），鄭和船隊繪製有專門的航海圖，但缺乏詳細的航海日記〔註 20〕，所以在資料積纍上雙方是各有長短。

航跡推算是一種最基本的海上定位方法，它須掌握航向、時間、航速三大要素。哥倫布的羅盤已是旱羅盤，它不僅有玻璃罩，而且還有常平架〔註 21〕，可以在船舶搖晃時基本保持平衡，不卡針。它和今日普通羅盤已很接近，比鄭和羅盤進步了許多。羅經卡已發展爲 32 個等分。所以波托蘭地圖上各中心點放射出去的羅經線爲 32 條。在航向測定上，哥倫布首航時便發現了地理北極與地磁北極之間的偏差，測量了磁偏角，並在測定方位時予以應用〔註 22〕，這比前人又提高了一步。時間的測定哥倫布用沙漏，不很準確，每天要通過日晷校正。航速的測定哥倫布是用古老而直觀的漂物測速法，其測量精度主要靠直覺和經

〔註 18〕《哥倫布航海日記》，拉斯．卡薩斯節錄，馬丁．費爾南德斯校注，上海外語教學出版社 1987 年版，1492 年 10 月 15 日。

〔註 19〕《哥倫布航海日記》，拉斯．卡薩斯節錄，馬丁．費爾南德斯校注，1492 年 12 月 1 日。

〔註 20〕隨行馬歡之《瀛涯勝覽》，鞏珍之《西洋番國志》，費信之《星槎勝覽》均有一些航海內容，但基本上屬於地理學、歷史學、旅游學著作，而不屬於航海日記；且都比較簡略。

〔註 21〕見格蘭佐托：《克利斯托弗．哥倫布》，第 113 頁，諾曼 1987 年版（Gianni Granzotto：Christopher Columbus, Norman）。

〔註 22〕見《哥倫布航海日記》，1492 年 9 月 13 日，9 月 17 日，9 月 30 日。

驗。只不過船邊有一根均勻地打著結的測量繩作爲尺度〔註23〕。所以在計時、測速、計程方面，中西差別很小。作爲船長的哥倫布，每天要對各當班船員測得的三要素的資料進行核算與修正，推算航跡，做出下一步導航方案。1493年1月17日的日記是哥倫布進行航跡推算的典型例證。「昨天，日落後，風速略減，船隊航行約14流沙時（1流沙時約當半小時）直近半夜，已行28海里（1意大利海里＝0.75海里），時速4海里。後來，風速漸強，船隊繼續行駛10流沙時，日出前又行6流沙時，時速8海里。總航程爲84海里，即21里格，航向爲東北偏東1羅經點」〔註24〕。在陸標定位方面，哥倫布也從單標定位進步到三標交叉定位。如1493年2月27日，帆船「在離聖比森特角120里格，離馬德拉島82里格，離聖瑪麗島106里格的海域航行」〔註25〕。

在天文定位方面，哥倫布也是通過觀測太陽的中天高度或北極星的「出水」高度，求出觀測時的本船緯度。當時，古老的星盤已改進爲相對簡便的四分儀（即象限儀）。其觀測精度並不比鄭和船隊的牽星板高，但使用起來較爲方便。例如，1493年2月3日，哥倫布在亞速爾群島附近「發現北極星位置很高，就像在聖比森特角見到的那樣」〔註26〕，隨即認爲其緯度值與帕羅斯相仿，便走等緯航線返航。用天文定位確定經度，雖然古希臘的希帕庫（Hipparchus，前194～120）和托勒密等人早已提出，通過在兩地同時觀測同一日食或月食的時間差來測定它們之間的經度差，從而推算出某一地點的經度〔註27〕。但由於各方面條件不具備，哥倫布以前的航海者是不知道自己所在的經度的。而在哥倫布的航海日記中，我們看到他做出了可貴的嘗試。例如1494年9月14日夜，哥倫布在紹納島觀測月食，並與記載紐倫堡這次月食時間的曆書做了比較。推算出了時間差和當地的經度。1504年2月29日，他再次觀測照例發生的月食，推算出卡迪斯和牙買加聖格洛里亞之間的時間差和當地經度〔註28〕。這些經度資料皆誤差很大，但畢竟邁出了從無到有的第一步。在確定經度方面，哥倫布及其西歐比鄭和及其中國先進一些。

〔註23〕見格蘭佐托：《克利斯托弗．哥倫布》，第114頁。
〔註24〕見《哥倫布航海日記》1493年1月17日。
〔註25〕見《哥倫布航海日記》1493年2月27日。
〔註26〕見《哥倫布航海日記》1493年2月3日。
〔註27〕見保羅．佩迪什：《古代希臘人的地理學》，第813頁，商務印書館1983年版。
〔註28〕見《哥倫布航海日記》1494年9月14日，1504年2月29日；又見薩．伊．莫里遜：《航海家哥倫布》，湖南人民出版社1983年版，第151～152頁，第233頁。

在駛風技術方面，哥倫布船隊可以在與頂風成 57 度（約 5 個羅經點，每點爲 11.5 度）的角度範圍內前進〔註 29〕。所以，哥倫布船隊也能船駛八面風，只不過在逆風時，西方表述爲走「Z」字形罷了。在暴風雨條件下，哥倫布基本上能以嫻熟的駕船駛風技術逢凶化吉，轉危爲安。在安全靠泊方面，哥倫布總是先停泊、後觀測，再尋泊。在通過淺險航道時，哥倫布一是邊勘察，邊測深，邊通過。二是反覆運錨和絞錨，即先用小艇運錨、前進一定距離、投錨入水，然後用大船上的絞錨機械把船絞拉到投錨地點。例如在第二次古巴航行遇到特淺航段時〔註 30〕。三是利用漲潮、退潮和平潮時期的不同水位和海流安全通過。在搶險方面，哥倫布已使用唧筒（手動往復泵，今日抽水、油、酒等還用）排水〔註 31〕。

哥倫布的航海技術和航行方法在當時是很高明的。哥倫布四次遠航，船隻的毀損率相當低，也說明了這一點。哥倫布第一次航渡美洲時，因值班人員疏忽，聖瑪麗亞號在海地島擱淺。但船上的人員和物資都安全轉移下來，船體也被用作建材修建殖民據點〔註 32〕。其他兩隻船都安全返航。哥倫布的其他三次航渡美洲，在他直接指揮下的船隊也基本沒有發生船毀人亡的嚴重海難〔註 33〕。相比之下，鄭和船隊的毀損率較高。如同兵部主事劉大夏所說：「三保下西洋，費錢糧數十萬，軍民死且萬計」〔註 34〕。還有人指出：「其隨行軍士，或以舟敗漂沒異國，有十餘年始得還者，十不存一二云」〔註 35〕。當然，這並不是鄭和船隊航行的安全係數大大低於哥倫布船隊，而主要是因船大舟多人眾，操縱、指揮難度大和疏忽率必然較高所致。

以上那些航海技術和航行方法自然非鄭、哥一人所用所創，只不過他們是領導者和指揮者，是各自船隊最主要的航海家而已。

〔註 29〕見薩・伊・莫里遜：《航海家哥倫布》，第 81 頁。
〔註 30〕見薩・伊・莫里遜：《航海家哥倫布》，第 147 頁。
〔註 31〕見薩・伊・莫里遜：《航海家哥倫布》，第 226～228 頁。
〔註 32〕見馬吉多維奇父子：《地理發現史綱》第二卷，第 22 頁，莫斯科 1983 年版（И. П. Магидович, В. И. Магидович：“Очерки по Истории Географических Открытий 》, Москва）。
〔註 33〕參張箭：《地理大發現研究，15～17 世紀》，第六章第五節「哥倫布後三次在美洲的探險、發現與殖民」，商務印書館 2002 年版。
〔註 34〕〔明〕嚴從簡：《殊域周咨錄》卷八《瑣里・古里》，中華書局 1993 年版。
〔註 35〕〔清〕傅恒：《歷代通鑒輯覽》卷 102，「遣中官鄭和使西洋」條，1857 年刻本，第 52 冊。

三、結　語

鄭和下西洋和哥倫布橫渡大西洋所採用和發展的那些航海技術和航行方法，在時代內涵上深刻反映了15世紀世界航海術從古代轉向近代，由傳統轉向革新，從定性轉向定量的歷史演變過程；也深刻地反映了那一時期世界航海活動由近海轉向遠洋，從區域性轉向全球性的歷史演變過程。

鄭和船隊和哥倫布船隊的航海技術，都分別代表15世紀初、15世紀末的世界領先水準，交相輝映，互有千秋，「各領風騷數十年」。他們也都具有高超而嫻熟的帆船航海技藝，都是世界一流的大航海家。當然，由於哥倫布航海比鄭和航海晚了八十多年，又有葡萄牙人半個多世紀遠航的技術積纍，在許多具體方面比鄭和又前進了一些。不過，駕駛中小型船比之駕駛大型船，指揮十幾隻船比之指揮兩百多艘船，領導一千多人比之領導兩萬多人，前者畢竟簡單容易一些，後者肯定複雜困難若干。比如在通訊聯絡方面，在後勤補給方面，在海上編隊方面，在停靠駐泊方面，等等。就以船大船小而論，譬如小遊艇，人人都會劃；稍大的打魚船、擺渡船等，就不那麼好擺弄了；再大些的中型漁帆船，一般人就不能駕駛；而駕駛操縱很大的帆船就需要特多的學習和訓練。所以總體來說他們不分伯仲，當時的中西之間也難分軒輊。只是由於種種原因，鄭和遠航體現的中國當時強大的、先進的造船航海能力和航行技術並沒有使得中國人參與完成地理大發現，這是很令人遺憾的。倘鄭和下西洋的遠航能堅持下去，並把超大規模的七下西洋，改爲小規模的無數次下西洋，中國的航海術造船術便會繼續發展進步，中國人也就會參與一部分地理大發現，近代的部分世界歷史也許就會改寫。所以，通過15世紀中西航海術（還有造船術）的比較使我們容易認識到，需要繼續探討中國人沒有參與地理大發現的各種原因。

（附識：本文某些方面參考借鑒過孫光圻先生的有關論著，特此說明并致謝）

（原載《華東理工大學學報》哲社版2004年第3期）

Comparison between Nautical Techniques of Sailing to Western Ocean and to America

Abstract

The nautical techniques of Zheng He's fleet and Columbus' fleet, including their taking a ship's bearings, celestial navigation, meteorology and knowing wind, manipulating sail and using wind, compass and it's rose, nautical chart and map, log and measuring speed, sounding channel and so on, hand both reached the highest level up to their own then in the sail time. Owing to Columbus' voyage was later than Zheng He's for more than eighty years, hence Columbus' nautical techniques had made progress a little than Zheng He's. But due to both of the fleet and the capital ships of Zheng He's were bigger than Columbus' very much and much, for this reason the nautical techniques embodied in Zheng He's voyage were more complex and difficult than ones in Columbus'. Therefore their nautical techniques of each had his strong points and were on a par.

Key words: Zheng He's voyage, Columbus' voyage, Nautical techniques, One more complex, Another more advanced.

「美洲」地名由來與鄭和遠航

眾所周知，西半球的新大陸並沒有以它的首先到達者、發現者、考察者、征服者哥倫布的名字命名，叫作哥倫比亞洲什麼的，而是以維斯普奇的父姓命名，叫作亞美利加洲，簡稱美洲。但這裡面有許多陰差陽錯、誤會和俗成、機遇和運氣卻鮮為人知，不為人識。

一

哥倫布四次航渡美洲，發現了加勒比海地區的主要島嶼，首先發現了中美地峽和南美大陸。他在美洲活動、考察了好幾年（1492 年 10 月～1493 年 1 月，1493 年 11 月～1496 年 3 月，1497 年 8 月～1500 年 8 月，1502 年 6 月～1504 年 9 月），前後連續探險遠航了十二年（1492～1504）。可是哥倫布基本上始終認為，他到達的地方是亞洲的東部，歐洲大西洋以西的印度。所以他把美洲叫作西印度，把美洲土著居民叫作印第安人。美國史家莫里遜研究考證，哥倫布偶爾也把美洲稱為「另一個大陸」（otro mundo），「新大陸」（Nuevo mundo）。這些辭彙均指歐洲人前所未知的、托勒密的地理書和地圖集上沒有提到過畫出來的陸地〔註 1〕。例如哥倫布在 1500 年給西班牙王位繼承人的奶媽托雷斯夫人的信中，便使用過這些辭彙。蘇聯地理學家傑緬季也夫和安德留先科則推測認為，哥倫布後來也意識到了他到達的地區不是亞洲的東部，西邊的（泛）印度。但他守口如瓶，死不認錯，以保住自己開闢了去東方的

〔註 1〕見薩・伊・莫里遜：《海洋元帥哥倫布傳》（S. E. Morison：Admiral of the Ocean Sea, A Life of Christopher Columbus），紐約 1962 年版，第 184～185 頁。

新航路的殊榮和既得利益〔註2〕。

即便如此，占絕對優勢的原始文獻仍然表明，哥倫布在絕大多數時候、場合，仍然堅持認爲他到了亞洲的東部，西邊的（泛）印度。如遠航初期的1493年2月，哥倫布在首航返回加那利群島後寫給西班牙國王王后的信中，便口口聲聲說他到達了「印度」，見到了「印度人」（印第安人）。又如後期1503年的最後一次航行，哥倫布在自牙買加寫給西班牙國王王後的信中，也仍然認爲加勒比海和中美洲地區是「西印度群島」、「印度群島」。最後在1506年5月哥倫布臨死前的遺囑中，他仍然說：「聖靈祐助，我獲得了並後來徹底明白了一種思想，就是從西班牙向西航行、橫渡大洋，可以到達印度。……承萬能的主祐助，我在1492年發現了印度大陸以及大批島嶼，包括被印第安人稱爲海地，被摩尼康谷人稱爲西潘戈的小西班牙在內……」〔註3〕。上述情況說明，哥倫布臨死時還不知道他所發現的不是西印度，而是新大陸。至於說哥倫布後來心中明白錯了但表面上不承認，那也只是一種推測，無法證實，即使退一步說哥倫布內心眞有一點這種意識。

這個重大錯誤也不是哥倫布一人獨犯，而是時代和歷史條件使然。跟隨哥倫布一起探險的人，與哥倫布分道揚鑣另行西航探險的人，與哥倫布競爭的人，包括到達北美的英國的卡博特父子，在維斯普奇之前誰都沒有意識到那是一片新大陸。因爲認識錯誤、發現眞理也得依賴實踐的進程，地理發現也得依賴航海探險考察的進展。

還有，哥倫布是於1506年，在55歲上較早去世的。當維斯普奇於1503年在給美第奇家族的信中指出美洲應是新大陸的時候，哥倫布還在世。他死後僅一年，首倡稱新大陸爲美洲的瓦爾澤繆勒的地理書和地圖便出版了。他死後9年，以瓦爾澤繆勒理論爲根據的第一個地球儀（舍孔勒爾 Schöner 製作）問世。倘若哥倫布多活若干年，壽終正寢，按他的秉性、脾氣和作風，他肯定會全力攻擊這一僭稱，維護自己應享的名譽。如同他爲維護自己由遠航前夕的聖塔菲協定所確定的地位和權利，反覆同西班牙國王王后爭執糾纏一樣。他也會迅速接受新的正確的地理觀念，如同他早年最早一批接受地圓學說、西航理論一樣。西班牙、意大利和葡萄牙等國家也會大力支持哥倫布，

〔註2〕見傑緬季耶夫、安德留先科：《地理學史》（В. А. Дементьев ,О. Н. Адрющенко :《История Географии》）第一部，明斯克1962年版，第96頁。

〔註3〕《哥倫布遺言》，載郭守田主編：《世界通史資料選輯·中古部分》，商務印書館1981年版，第301～302頁。

因爲它們直到 17 世紀甚至 18 世紀伊始才改口稱新大陸爲亞美利加洲〔註 4〕。這樣的話，亞美利加洲這個地名很可能在傳開以前就被遏制住，被扼殺掉；哥倫比亞洲、亞特蘭蒂斯洲（大西洲）、安得列斯洲（七城島洲）之類的地名便很可能用來稱新大陸。

而且，維斯普奇、瓦爾澤繆勒所意識到的所指稱的也只是南美洲，因爲它比亞洲大陸靠南得多，而北美洲則與亞洲大陸在緯度上基本一致。直到 16 世紀 30 年代末 40 年代初，墨卡托才把「亞美利加」擴展到北美。因此，如果哥倫布不早逝，至少北美可以獲得哥倫比亞洲之類的名稱。

再者，哥倫布與維斯普奇之間的孰是孰非、誰對誰錯也帶有很大的偶然性，在一定程度上是碰運氣。因爲直到 1728 年白令發現並穿過了白令海峽，才最終證明美洲不與亞洲相連，美洲不是亞洲的延伸部分而是一塊獨立的大陸・可是在此之前兩百來年，人們都一直認爲哥倫布錯了，維斯普奇正確，人們早已稱那片大陸爲亞美利加洲了。即使這時白令證實了人們推測中的阿尼安海峽（straits of Anian）只是地峽，美洲與亞洲相連，人們似乎也不會把亞美利加又改稱爲哥倫比亞了，而很可能將錯就錯、習非成是了。人們還很可能像後來所作的那樣，如 19 世紀中葉開鑿蘇伊士運河，20 世紀初葉開鑿巴拿馬運河，從而把地中海與印度洋溝通，把大西洋與太平洋溝通，把亞洲和非洲分開，把南美洲和北美洲分開。人們也會在 20 世紀開鑿白令（或阿尼安）運河，從而把太平洋與北冰洋溝通，把亞洲和美洲分開，讓美洲成爲一塊獨立的大陸。

由於以上種種因素使新大陸的名字沒有與克利斯托弗相連而是與維斯普奇相連，造成了航海探險史上和地理學史上最大的不公平和遺憾。聊以可慰的是他倆均爲意大利同胞，意大利人似乎不用爲此抱怨。儘管如此，大多數意大利人仍遲至 17 世紀才改稱「西印度」、「新世界」爲「亞美利加」。

美洲這個地名在明末傳入中國。《明史》載：「意大里亞居大西洋，自古不通中國。萬曆時，其國人利瑪竇至京師，爲《萬國全圖》。言天下有五大洲：……第四曰亞墨利加洲，地更大。以境土相連，分爲南北二洲」〔註 5〕。

〔註 4〕參見《美國歷史辭典》（Dictionary of American History），紐約 1976 年版，第 97 頁；馬吉多維奇父子：《地理發現史綱》（И. П. Магидович, В. И. Магидович："Очерки по Истории Географических Открытий"）第二卷，莫斯抖 1983 年版，第 81 頁。

〔註 5〕《明史》卷 326《外國七・意大里亞傳》。

所以新大陸的地名一傳入中國便是「亞美（墨）利加」，而沒經過西印度、新世界這些過渡階段。

二

由美洲地名的由來和發展我們還想到，西半球的那塊新大陸本來也不是沒有可能被稱作鄭和洲、成祖洲、扶桑洲、西王母洲之類的。在哥倫布西航前半個多世紀，中國的鄭和便率龐大的艦船隊七下西洋，一般認爲最遠到達了非洲的索馬里、肯尼亞。這個距離相當於到北美洲北部的距離。從空間直線上看，東非在中國以西約 80 個經度（均以今日中國大陸海岸線的中點爲基點），北美的阿拉斯加則在中國以東約 80 個經度。從主要的實際航線看，鄭和艦船隊主力從江蘇太倉瀏家港出發，南下走臺灣海峽、南海，向西北穿馬六甲海峽，北上到孟加拉灣沿岸，再西南下走印度與斯里蘭卡之間的保克海峽，然後西渡印度洋到達非洲東部。這個航程大於從南京出發，北上偏東走東海、朝鮮海峽、日本海、宗谷海峽、千島群島、白令海（白令海夏秋不封凍）到達阿拉斯加的航程；也不小於走上述航線到達千島群島的北端後，走阿留申群島東渡太平洋到達阿拉斯加的航程（據筆者用曲線計在地圖上的量算）。西南下到東非的困難也不亞於東北上到北美，因走上述航線到北美沿途也可在大陸、海島停靠補給。

從造船航海能力、船隻大小、船隊規模來看，鄭和寶船隊每次有兩三萬人，兩百多艘各種艦船，最大的載重兩千多噸〔註 6〕。半個多至一個世紀後的哥倫布、達·伽馬、麥哲倫首航時，都只有三至五艘船，最大的載重僅兩百多噸。雙方的規模如此懸殊。當然，西方的三大航行主要屬探險探航性質，受財力物力人力制約，自然不可能也不需要出動多大的船隊。而 1474 年漢撒同盟便有一艘載重 2250 噸的彼得·馮·但澤號商船在但澤港下水〔註 7〕。所以如果需要西方也能傾力造大船。不過哥倫布二航美洲、葡萄牙人二航印度（麥哲倫已在首次環航中喪生），性質上是殖民、通商、海盜、探險兼有，但也只能出動 13～17 艘船、1200～1500 人。這就證明中國當時的造船航海能力的確比西方強許多。而且中國還比西方早半個世紀進行遠洋航行，首先開創

〔註 6〕最大的寶船載重達多少噸有極大的爭議，我們這裡就按所估算的最小的載重量論說。

〔註 7〕見詹·威·湯普遜：《中世紀晚期歐洲經濟社會史》，商務印書館 1992 年版，第 235 頁。

了經久不衰的大航海時代〔註8〕。所以就造船航海能力、技術水準來說，鄭和船隊是完全有能力往東北遠航去發現美洲，把它命名爲鄭和洲、扶桑洲什麼的。由此便又引出一個令人深思、饒有興趣的話題，即鄭和航海爲什麼沒有導致中國人去參與、去完成地理大發現？宋正海、陳傳康兩先生曾從軟弱而短暫的動因、狹隘的大地觀、傳統地圖的缺陷三方面予以解釋和回答〔註9〕。筆者認爲在此基礎上還應補充兩條，即重陸輕海的觀念和探險取向，地理條件和地緣政治的制約（限於本文的旨趣和篇幅，該問題將專文討論）。

「時來天地皆用力，運去英雄不自由」。鄭和遠航沒有導致中國人參與、完成地理大發現，美洲沒有被叫作鄭和洲，留下了幾多遺憾和感慨。不過，鄭和船隊在東南亞、北印度洋一帶傳播了先進的中華文明，增進了中外各國的物質文化交流，與各國人民結下了友誼和深情。而哥倫布等人卻給美洲印第安人帶去了血與火、奴隸制，傳去了天花、麻疹、傷寒等傳染病，造成了一些地區的種族滅絕。彼此形成了鮮明的對比。對此中國人民是永遠值得自豪和可以慰藉的，也是亞非人民永遠值得紀念和謳歌的。而對西方的遠航，亞非拉人民是永遠有權揭露和鞭撻的。

（原載《鄭和研究》1997年第2期，2012年2月修改。）

〔註8〕鄭和首航是在1405年，葡人沿西非海岸遠距離地南下是在15世紀中葉。

〔註9〕參宋正海、陳傳康：《鄭和航海爲什麼沒有導致中國人去完成「地理大發現」？》，載《自然辯證法通訊》1983年第1期，又載《鄭和研究資料選編》，人民交通出版社1985年版。

船舶研究篇

鄭和寶船實際噸位探析

摘　要

鄭和下西洋的大寶船據歷史文獻記載合今長 123 米，寬 50 米。按木帆船的結構規律和造船法式，（型、艙）深應有 25 米。這樣，據阿基米德浮力定律，它的滿載排水量高達 4 萬多噸。下西洋的大船隊共有 208 艘船，分超大型、大型、較大型、中型、小型五類。所以，總噸位多達 200 萬噸。這就有不少問題。這麼大這麼多的巨舶，以當時中國的生產力——科技水準和綜合國力造不出來；要完成下西洋的各項任務達到下西洋的各種目的也不需要這麼大的鉅船；古今中外也沒有過那麼大的木帆船，因爲用木材造不出萬噸級的船，那麼大的船也不適合用風帆作推進裝置。總之，當我們把研究思路從傳統的尺寸轉換到相應的噸位，問題就清楚多了。

關鍵詞：鄭和寶船；單船最大噸位；船隊總噸位；是否可能；出錯的原因

中圖分類號：K248.105, U 675.15

文獻標識碼：A

論及鄭和寶船的大小，歷來都據史籍記載說它們有多長多寬，而幾乎從不說它有多少噸。文獻肯定派和科技否定派皆如此。但眾所周知，以船的尺寸說船的大小是古代的表示法，以船的噸位來說船的大小才是現代的表示法，才能清晰地、準確地、完整地、動態地、科學地表明船舶的大小。且噸位與尺寸有一定的正相關關係，有一定量的噸位，必有一定量的尺寸，有一定量的尺寸也必有一定量的噸位，這是由數學力學原理決定的。本文擬實事求是地探討鄭和寶船的噸位，並與一些傳統的說法商榷。

一、鄭和大寶船的單船噸位

由於（中國）古人還沒有噸位的概念，有關史籍只記載了寶船的尺寸，所以第一步的工作是要補充完善調整寶船的尺寸。《明史・鄭和傳》說：「造大舶，修四十四丈，廣十八丈者六十二」〔註 1〕。上述數字均被文獻派學者認可肯定並從各個角度論證過。現在首先將市制長度換算爲公制長度。1 丈=3 米，則寶船長 132 米，寬 54 米。但因明尺比今尺稍小，故還得把古制長度換算爲今制長度。據《中國歷史大辭典》下卷附錄五《中國歷代度量衡演變表》〔註 2〕，明代一尺合今 31.8 釐米。而今尺爲 33.333 釐米。這裡的明尺指營造尺，明朱載堉《律學新說》所繪木工曲尺即營造尺。又據吳承洛《中國度量衡史》中的《中國歷代法定尺之長度標準變遷圖》〔註 3〕，1 明尺合今 0.933 市尺。這就是說，明代一個單位的長度只相當於今天同樣一個單位長度的 0.933。這樣，132 米×0.933＝123.156 米，54 米×0.933＝50.382 米。於是，據文獻記載可知鄭和寶船的最大長度爲 123 米，寬度約爲 50.3 米。

文獻無載寶船的型深（或曰船高，或曰船深，或曰艙深），即船舶中部主甲板到船底龍骨的深度。我們只好據古今中外木帆船的一般規律和造船「法式」設想推測計算，即按有一定量的船長船寬就有一定量的船深。船特別是木帆船的型深爲船寬的 2/3 到 1/2 之間。我們就設船深爲船寬的一半（參圖 2）。不可能再淺了：第一，再淺就像筏子或筏船，而不像船了。那樣的話

〔註 1〕《明史》卷 304《宦官・鄭和傳》，中華書局標點本。《國榷》卷 13 永樂三年條（中華書局斷句本第 1 卷〕、明鈔說集本《瀛涯勝覽》卷首等書則說寶船六十三艘，大者長四十四丈四尺，寬十八丈。後者見馮承鈞校注《星槎勝覽・前集・占城國》，中華書局 1954 年版，第 1 頁。

〔註 2〕編委會編：《中國歷史大辭典》，上海辭書出版社 2000 年版，第 3459 頁。

〔註 3〕吳承洛：《中國度量衡史》，上海書店 1984 年據商務印書館 1937 年版複印本，第 67 頁。

其航行穩定性會很差，難以在風力驅動下正常航行。第二，大型遠洋船都要求做得較深較寬，以求在同等載重量的情況下，減小船體表面面積，省料省工，提高強度〔註 4〕。第三，鄭和寶船是用於遠洋航行的，不比在運河和近海航行的漕船及內河船，不要求艙淺吃水淺，也不會那樣。第四，從適於航行、便於建造、提高強度、擴大載重、增多艙容等因素綜合考慮，與其造得再淺一些還不如造得短一些、窄一些。第五，再淺也與所說的「體勢巍然，鉅無與敵」,「船型制圓短」不合。第六，傳統的木質海船其艙深不會小於船寬的一半。例如，北宋宣和六年（1124 年）徐兢出使高麗的船，「其長十餘丈，深三丈，闊二丈五尺」〔註 5〕。泉州南宋末年的沉船殘船經復原後，其型深約爲船寬的 3/5〔註 6〕。明中葉陳侃於 1534 年出使琉球的船：「長一十五丈，闊二丈六尺，深一丈三尺」〔註 7〕。明末杜三策於 1633 年出使琉球的船：長 20 丈，寬 6 丈，艙深 5 丈。清初海寶於 1683 年出使琉球的船：長 10 丈，寬 2 丈 8 尺，艙深 1 丈 5 尺〔註 8〕。清中葉徐葆光記載當時出訪琉球的「封舟」，一號船「長十丈，寬二丈八尺，深一丈五尺」〔註 9〕。《聖經・舊約・創世紀》所說和公元 1 世紀猶太史家約瑟夫・弗拉維（Flavius Josephus）《猶太古史》（Jewish Antiquities）所記之挪亞方舟，其長寬高（型深）的尺寸比例爲 450 肘×75 肘×45 肘，高（型深）是寬的 60%。有學者甚至認爲，寶船的型深當爲船寬的 83%〔註 10〕。所以型深是問題的關鍵之一。這樣，寶船的型深爲 50.382 米×1/2＝25.16 米。在計算型深時不考慮主甲板以上的建築（造船術語亦稱上層建築），即船樓。船樓在古代的遊船和今天的客輪和軍艦上都很明顯。鄭和大寶船的上層建築據其長寬深大概也有十幾米高。所以，大寶船的總容積或總體積約爲 50 米×25 米×123 米＝153,750 立方米。

〔註 4〕參編寫組：《造船史話》，上海科技出版社 1979 年版，第 82 頁，第 138 頁。

〔註 5〕《宣和奉使高麗圖經》卷 34《客舟》，商務印書館萬有文庫本。

〔註 6〕見楊槱：《對泉州灣宋代海船復原的幾點看法》，載《海交史研究》1982 年總第 4 期，第 35 頁。

〔註 7〕陳侃：《使琉球錄・使事紀略》，《臺灣文獻史料叢刊》第三輯，臺灣大通書局 1990 年代版。

〔註 8〕參唐志拔：《鄭和寶船尺度之我見》，載《鄭和研究》2001 年 2 期第 29 頁。

〔註 9〕〔清〕徐葆光：《中山傳信錄》，《小方壺齋輿地叢鈔》第十帙（三）。

〔註 10〕韓振華認爲，當寶船寬爲 10 丈時，其船腹高度（簡稱船高、即型深）應爲 8.3 丈，其餘類推。按此計算法式，當寶船寬爲 18 丈時，則型深有 15（14.93）丈，合今 41.8 米。見韓振華：《論鄭和下西洋船的尺度》（上），載《中國水運史研究》1988 年第 2 期，第 56 頁。

根據阿基米德浮力定律，漂浮或浸入水中的物體（但不下沉）的重量，等於它所排開的同體積的水的重量。水的比重爲 1（$1g/cm^3$），海水的比重爲 1.025（因含鹽），可忽略不計鹽分，仍爲 1。所以，當把這麼大的船裝滿重物，讓它平穩地緩慢地沉入水中（但不沉底）；或者說，當把這麼大的物體製成潛水艇，或潛水艇的體積有那麼大，那麼它的水下總排水量約爲 15.4 萬噸。鄭和寶船當然不可能是長方體的或四棱長方柱體的，其水下總排水量也顯然遠沒有 15.4 萬噸。

現在就切入了排水量，噸位。船舶的噸位就指其排水量。簡言之，船舶在水面以下的體積乘以水的比重就等於船舶的排水量／噸位。其中最重要的指標有兩條，一是空船排水量，二是滿載排水量。前者指空船的重量，包括船舶本身和一應俱全的航行設備，駕船者等，但不包括壓載（艙）物、配置的武器裝備、淡水（現代船舶還不包括燃料）。後者指空船排水量加上壓載（艙）物、配置的武器裝備、載運的貨物、人員、淡水（現代還包括燃料）等，直到最大限度爲止〔註 11〕。其次還有有載排水量和多載排水量兩條。前者指載了一些貨物人員；後者指扔掉壓載物或壓艙物（一般是石頭、沙土），騰出載重量和艙容，多載了一些人和物，達到滿載排水量的吃水線。

按常規，船舶最大載重時，吃水可達型深（船深）或船幫的 3/4，幹舷爲 1/4（參圖 1）。這樣，鄭和寶船的滿載排水量就應爲 15.4 萬噸減去 15.4 萬噸的 1/4 即 3.8 萬噸，那麼可達 11.6 萬噸。空載時（不含壓載物）船的吃水爲型深的 1/3〔註 12〕（參圖 1），故大寶船的空載排水量約爲 5.1 萬噸。鄭和寶船顯然沒那麼大，所以必須做許多修正縮減。

根據明代《鄭和航海圖》上的插圖和明代《天妃經》〔註 13〕卷首上的插

〔註 11〕參韓鐵城等：《航海知識》，遼寧人民出版社 1980 年版，第 43～48 頁。

〔註 12〕現代輪船空載時吃水約爲型深的 2/5。木帆船比起鋼鐵輪船自重輕得多，又無沉重的輪機設備，故吃水可定爲型深的 1/3。

〔註 13〕《天妃經》全稱爲《太上老君說天妃救苦靈驗經》，刊於永樂十八年。全文載《正統道藏》第 19 冊《洞神部・本文類》，臺灣新文豐出版公司 1976 年影印本。附有卷首插圖的明鈔本藏北京國家圖書館古籍部善本書室。經文云：「有諸眾生，或以興商買賣，採寶求珍。出使遐荒，交通異域。外邦進貢，上國頒恩。……舟船往復，風水不便，潮勢洶湧，驚濤倉猝。或風雷震擊，雨雹滂沱。其諸鬼神乘此陰陽變化，翻覆舟船，損人性命……天尊道前而說誓言：一者救舟船，達於彼岸；二者誓護客商，咸令安樂；……轉誦是經一遍，乃至百遍千遍，即得……行商坐賈，採寶求珍，海途平安，無諸驚恐；……」。

圖〔註 14〕（見附圖 1-2），結合現存的清代石舫形制，包括本人實地考察過的北京頤和園昆明湖上的石舫，北京大學未明湖上的石舫，南京國民黨國民政府總統府〔註 15〕園內的清乾隆時石舫，並參考現在還在使用的各種帆船，在博物館中陳列的各種出土古船，我們可大致推測出鄭和寶船的形制，並在此基礎上削減其噸位。

第一步縮減：船舶一般是上寬下窄（參圖 2）。這樣滿載排水量就應是 11.6 萬噸減去 11.6 萬噸的 1/5 即 2.3 萬噸，還有 9.3 萬噸。

第二步削減：船舶主甲板表面也不會是標準的長方形，一般會兩頭窄一些（如圖 3）。這樣就應減去 9.3 萬噸的 1/7 約 1.3 萬噸，還剩 8 萬噸。

第三步削減：船的側面或船的縱剖面的兩頭也不會是方的，而一般應是上略長下略短，斜的（如圖 1）。這樣就應減去 8 萬噸的 1/5 約 1.6 萬噸，還剩 6.4 萬噸。

第四步縮減：船舷也可能不是水平的（從側面看），有一些弧度。或者換句話說，船深（型深）也可能是不一致的，船前船中船後各部分有一點變化。於是可以再減去 6.4 萬噸的 1/7 約 0.9 萬噸，還剩 5.5 萬噸。

這樣，鄭和大寶船的滿載排水量可達 5.5 萬噸。木帆船的空載排水量一般爲滿載排水量的 2/5（不含壓載（艙）物）。所以鄭和寶船的空載排水量也達 2.2 萬噸，最大載重量可達 3.3 萬噸（含壓載（艙）物）。有學者認爲，大木帆船的排水量與載重量之比應爲 8：5，（最大）載重量應爲（滿載）排水量的 62.5%〔註 16〕。用這個法式算出的載重量爲 3.4 萬噸，與我推算的載重量基本

以上內容直接間接反映了鄭和下西洋的事情。天妃又稱媽祖，宋代起就作爲海上救難女神受到沿海人民的供奉。元代起各地普建天妃宮（廟）、媽祖廟。明代鄭和下西洋、鄭成功收復臺灣據說都曾得到天妃女神顯靈祐助。鄭和下西洋期間，曾爲此修建過天妃宮，下西洋人員也常到各地天妃宮祭拜，祈求保祐。故留下了南京天妃宮及天妃宮碑、江蘇太倉瀏河天妃宮與通番事蹟碑，福建長樂天妃行宮和天妃之神靈應記碑，福建湄州嶼天妃廟等古跡（參山東大學歷史系：《鄭和下西洋》，北京，人民交通出版社 1985 年版，第六章第一節「國內的遺跡和傳說」）。

〔註 14〕插圖由沈建峰描摹復原。採自鄭明：《鄭和科學航海與古船文明》，2002 年南京鄭和研討會交流論文。

〔註 15〕又是明漢王府，清兩江總督署，太平天國天王府，孫中山南京臨時政府所在地。

〔註 16〕見韓振華：《論鄭和下西洋船的尺度》（下），載《中國水運史研究》1989 年第

吻合。

我的放樣、下線、設計、量算、推測可能有不準確的地方、粗疏的地方。就算有 20%的誤差，且都是算大了。即使那樣，按史籍記載的寶船尺度，鄭和寶船的噸位至少也得有：滿載排水量約 4.4 萬噸，空載排水量約 1.8 萬噸（不含壓載物），最大載重量約 2.6 萬噸（含壓載物）。

由以上的論述我們還可以進一步總結大帆船的一個結構規律和造船法式。從船體來看，寶船滿載吃水線以下的體積爲 5.5 萬立方米。倘再加上前面最先減去的從滿載吃水線到主甲板的 3 萬立方米〔註 17〕，則主甲板以下的總體積爲 8.5 萬立方米。這樣，寶船滿載時的水下部分其體積約爲（從主甲板起）主甲板以下的總體積的 55%（8.5÷15.4×100%＝55.19%）。若滿載排水量的下限定爲 4.4 萬噸，則寶船滿載時其水下總體積約爲主甲板以下的總體積的 28.57%（4.4÷15.4×100%＝28.57%）。由此可知，木帆船滿載時，其吃水線以下的體積應爲相當於該船長、寬（皆主甲板）、深－高（型深、船腹高度）的長方體體積的 30～55%；或者說，木帆船的滿載排水量應爲相當於該船長寬高的長方體其水下排水量的 30～55%。

二、鄭和船隊的總噸位

據《瀛涯勝覽》卷首、《三寶徵彝集》卷首、《客座贅語》卷一等書記載，鄭和下西洋「通計官校、旗手、勇士、士民、買辦、書手共二萬七千八百七十餘員名。寶船共六十三號，大船長四十四丈四尺，闊一十八丈；中船長三十七丈，闊一十五丈」〔註 18〕。大寶船、中寶船各有多少闕載，只好按概率說它們各占一半，各有 31 艘。鄭和首次下西洋是用船最多的遠航之一。史稱「太宗文皇帝命太監鄭和等統領官兵二萬七千有奇，海船二百（零）八艘，賞賜東南諸番，以通西洋……」〔註 19〕。《崇明縣志》也說：「明永樂三年，

1 期，78 頁。

〔註 17〕 前面最先減去了 3.8 萬立方米的長方體體積，扣除從第一步至第四步的削減（即上寬下窄，兩頭窄，斜的，弧度），則最終滿載吃水線以上減去了約 3 萬立方米的體積。

〔註 18〕 〔明〕顧起元：《客座贅語》卷一《寶船廠》，《傳世藏書・子庫・文史筆記》，海南國際新聞出版中心 1996 年版，第 2 冊。

〔註 19〕 《嘉靖太倉州志》卷 10《雜誌》篇，天一閣明代方志選續編第 20 冊，上海書店影印本。按，不計船上搭載的小艇，明嘉靖陳侃使琉球的船小得多，也搭載有小艇（小觵舡）兩隻。鞏珍《西洋番國志・暹羅國》也載：「中國寶舡到，

太監鄭和下西洋，海船二百（零）八艘集崇明」〔註 20〕。永樂五年（1407 年）九月，成祖又「命都指揮汪浩改、造海船二百四十九艘，備使西洋諸國」〔註 21〕。可知鄭和七下西洋多次都達到了兩百餘艘船的規模，我們就以首次爲例。首下西洋的 208 艘船中有「巨舶百餘艘」〔註 22〕。這樣，除了大寶船、中寶船六十二三艘外，還應有巨舶四十餘艘。據明代羅懋登描寫，鄭和船隊中第三大的船爲糧船，長二十八丈，寬十二丈；第四大的船爲座船，長二十四丈，寬九丈四尺；羅懋登提到的最後一種船爲戰船，長十八丈，寬六丈八尺〔註 23〕。假設糧船座船也算得上「鉅舶」，則至少有 40 艘，才能夠《天妃之神靈應記》所說的「鉅舶百餘艘」之數。糧船座船我們也設它們各有 20 艘。剩下的戰船則也應有上百艘。下西洋的總人數已得到學術界的公認，我這裡又考出了首下西洋的總船數。這樣，鄭和下西洋船隊的總噸位（滿載排水量）多達約 200 萬噸。

三、以當時的生產力——科技水準和綜合國力造不出來

如此大噸位的鉅型木帆船，由眾多如此大的鉅舶組成如此多總噸位的龐大木船隊，當時有嗎，後來有嗎，現在有嗎？我以爲都沒有。

第一，以 15 世紀初中國的物力人力生產力水準，能否在短時間內（約兩三年內）造出幾萬噸的鉅船 30 餘艘，1 萬多噸的大船 30 餘艘，幾千噸的中船百多艘，總噸位達兩百萬噸的超級大船隊，似乎不可能。正如羅懋登所說：「這個船數又多，製作又細，費用又大，須是支動天下一十三省的錢糧來，方才夠用」〔註 24〕。就算封建王朝的專制君主可以不顧國計民生強徵濫調工匠、木材、銀兩、各種物資，但造船特別是造大船是技術性很強、工藝

亦遣小舡到上水買賣」。中華書局向達校注本。

〔註 20〕〔明〕張蔚千編、清康熙雍正年重修：《崇明縣志》卷 18《雜記》篇，全套 30 冊，刻本線裝，出版社、地、時不詳。

〔註 21〕《明太宗實錄》卷 71，永樂五年九月乙卯條，臺灣史語所影印本第 7 冊，1970 年代版。

〔註 22〕《天妃之神靈應記》，鄭鶴聲、鄭一鈞：《鄭和下西洋資料彙編》上冊，濟南，齊魯書社 1980 年版，第 42 頁。鞏珍也說「乘駕寶舟百艘」（《西洋番國志·自序》）。

〔註 23〕《三寶太監西洋記》卷之三第十五回，上海古籍出版社點校本。

〔註 24〕《三寶太監西洋記》卷之三第十五回。羅懋登在同書卷之四第十六回再次強調：「這個寶船事非小可，須則户部支動天下一十三省的錢糧」。

很複雜的精細活。不比秦始皇築長城，隋煬帝挖大運河，埃及法老築金字塔，它不是地上的靜止物體，而是水上的運動物體，不是一般人幹得了的。就算能徵調天下的錢糧工匠物資，也不能在短時間內造出那麼多寶船鉅舶來。當時的中國（或曰明朝治下的臣民）只有幾千萬人，生產力水準還處於手工工業、畜耕農業階段。人類還沒有進入機器工業時代。在動力方面人們只能利用人力畜力和有限地利用風力水力這些自然力，還沒有實現能量的轉換和升級，還沒有第一代的人工大力士——蒸汽機。沒有蒸汽機便不能製造許多必需的大型設備、裝具、器件。

第二，以明朝的財力，短期內造不出那麼龐大的船隊。我們可以算算造這麼大這麼多的船大概需要多少錢。據明中葉陳侃所記：「造船之制，訪於耆民得之。大小廣狹惟其制，價計二千五百兩有奇」〔註25〕。而陳侃高澄使琉球的船，僅長十五丈，寬二丈六尺，深一丈三尺，滿載排水量不過一千多噸。囿於造船成本和費用如此不貲，陳侃等也只得調整計畫壓縮開支。「予等初欲各具一艘（指正使陳侃、副使高澄各領一艘），見其費之廣也，而遂不敢無益於國，而侈其費財之蠹」〔註26〕。於是只訂購建造了一艘，兩人及隨行人員共乘。建造一艘一千多噸的木帆船都得花二千五百多兩銀子，每噸約需二兩銀子。按此尺寸／銀兩比或噸位／價格比，建造長四十四丈、寬十八丈、深九丈、滿載排水量達四萬多噸的大寶船，則每艘約需九萬兩銀子。羅懋登也提及，僅建造其中四艘大寶船，「……便用了無萬的黃金」〔註27〕。由此可知，建造200萬噸的龐大船隊，則需400萬兩銀子。就算造得多訂購量大可省一些，也得花約300萬兩銀子（設省1/4）。加上出航的二萬七千多人的薪俸、給養，隨船帶出去用於賞賜、貿易交換的貨物，首次遠航不花400萬兩銀子下不來。而明時朝廷一年的各種收入折成銀才三四百萬兩上下。例如，「正統時（1436～1449年），天下歲徵入數二百四十三萬兩，出數共一百餘萬兩」〔註28〕。按王圻此處所記爲太倉銀庫出入數。張居正財稅改革推行一條鞭法後，財政收入簡單好算。萬曆十年（1582年），歲入白銀367萬餘兩，歲支422萬餘兩，超支54萬餘兩〔註29〕。這裡面還有從明初到明後期

〔註25〕《使琉球錄・使事紀略》。
〔註26〕《使琉球錄・使事紀略》。
〔註27〕《三寶太監西洋記》卷之四第十六回。
〔註28〕〔明〕王圻《續文獻通考・國用考・一》。
〔註29〕談遷《國榷》卷七十二，萬曆十一年十二月，中華書局斷句本。

經濟和生產力緩慢增長的份額。所以，以明代的財力物力是造不了那麼大那麼多的寶船的。還有，如果那樣，鄭和七下西洋，總耗資當在一千萬兩銀之上。因爲要不斷修補受損的船，新造補充沉沒毀壞的船，招待賞賜隨船來朝貢的外國使節等。那樣的話，憲宗成化年間劉大夏的詬病便不會是「三保下西洋，費錢糧數十萬，軍民死且萬計」〔註 30〕；而應是費錢糧數百萬乃至上千萬。

第三，以當時中國乃至世界的技術力量、科學水準能造出那麼大那麼多的木帆船嗎，也不能。15 世紀初的中國乃至世界，其科學水準總體來說還非常低。當然，科學和技術有聯繫也有區別，但技術水準總體上說也非常低。特別是因爲造海上流動的船不比在陸上築靜止的金字塔、長城、大運河。以古代很低的科學技術水準要造出那麼大那麼多的遠洋鉅舶，簡直匪夷所思。曾記否，20 世紀 70 年代初，我們在現代技術條件下造出了第一批萬噸遠洋輪〔註 31〕。當時還把造出萬噸輪作爲重大成就（與萬噸水壓機、南京長江大橋等並列）熱烈慶祝。如果說我們在五百多年前，便造出比此更大的鉅船，那麼 20 世紀 70 年代的慶祝就顯得滑稽了。

四、所執行的任務、要達到的目的也不需要

明成祖派鄭和率龐大船隊七下西洋，是爲了和平外交，睦鄰友好，追捕政敵，掃蕩海盜，互通有無，獲取奇珍，揚我國威，威懾夷蠻，等等。既然如此，有沒有必要造那麼大的船，似乎沒有。把船造小但數量多仍構成龐大的艦船隊，仍完全能達到上述各種目的。

我們再比較一下地理大發現前一階段西方三大遠洋航行的情況便更加明瞭。1492 年哥倫布首航美洲，共 3 艘船，約 90 人。最大的船聖瑪麗亞號 200 噸（滿載排水量，下同），總噸位 400 噸〔註 32〕，平均 4.4 噸／人；1498 年達・伽馬首航印度，共四艘船，約 170 人。最大的船爲無名號的供應船，

〔註 30〕〔明〕嚴從簡《殊域周咨錄》卷八《瑣里・古里傳》，中華書局點校本。

〔註 31〕首輪爲上海造船廠 1970 年建造的遠洋貨船風雷號，二輪爲天津新港造船廠 1972 年建造的遠洋貨船「天津」號，兩輪均載重 1.3 萬噸，兩船的滿載排水量均約 2 萬噸。參編委會：《當代中國的水運事業》，中國社會科學出版社，1989 年，第 457 頁。

〔註 32〕cf. S. E. Morrison：Admiral of the Ocean Sea, a life of Columbus, Time Inc., New York, 1962, PP. 106～116．

約 300 噸，總噸位約 1000 噸〔註 33〕，平均 5.9 噸／人；1519～1522 年麥哲倫環球航行，共五艘船，約 270 人。最大的船聖安東尼奧號 200 噸，總噸位 850 噸〔註 34〕，平均 3.1 噸／人。而 1405 年鄭和首次下西洋，共 208 艘船，27800 人，最大的船 4.4 萬噸，總噸位約 200 萬噸，平均 72 噸／人。同樣是木帆船，同樣是中世紀晚期的 15～16 世紀，同樣是洲際遠洋航行，同樣要帶足給養、淡水〔註 35〕，用於交換的貨物，配備各種武器裝備彈藥（當時均已是冷熱兵器混用）；同樣要帶回外國他洲的貨物、珍寶、土人、使者、朝貢使團和擒住的罪犯。可西方才 4～5 噸／人，下西洋 72 噸／人，下西洋的噸人比較之西方的大 15 倍多（相當於 16 倍多）（參見下表）。

四大航行噸／人比、人／船比比較表

歷次重大遠航	單船最大噸位	船數	船隊總噸位	船隊總人數	噸／人比	人／船比	年代
鄭和下西洋	4.4 萬噸	208	200 萬噸	27800 人	72 噸／人	133 人／船	15 世紀初
哥倫布首航美洲	200 噸	3	400 噸	90 人	4.4 噸／人	30 人／船	15 世紀末
伽馬首航印度	300 噸	4	1000 噸	170 人	5.9 噸／人	42.5 人／船	15 世紀末
麥哲倫環球航行	200 噸	5	850 噸	270 人	3.1 噸／人	54 人／船	16 世紀初
X 倍於西方	146 倍	42 倍	2000 倍	102 倍	15～16 倍	3～5 倍	早近一世紀

從上面的列表比較中可以看出：第一，中國船隊的總人數只是西方三船隊中最大船隊的 100 倍，但中國船隊的總噸位卻是西方最大船隊的 2000 倍，這兩個倍數懸殊太大，太不吻合。第二，中國下西洋船隊的人船比只是西方三大遠航船隊人船比比值的 3～5 倍，但噸人比卻是西方的 15～16 倍。兩比值的懸殊也太大，太不吻合。由此也可看出鄭和寶船的噸位遠沒有史籍所說

〔註 33〕cf. J. E. Gillespie：A History of Geographical Discovery, 1400～1800, New York, 1933, p.20。

〔註 34〕cf. Boies Penrose：Travel and Discovery in the Renaissance, 1420～1620, New York, 1975, p.195。以上外國文獻中的噸位均只說明是載重量，本文已化改爲滿載排水量。

〔註 35〕鄭和下西洋一般是帶足一年的食物淡水（參鄭一鈞：《論鄭和下西洋》，海洋出版社 1985 年版，第 104～105 頁）；哥倫布首航是帶足一年的食物淡水（參李隆慶：《哥倫布全傳》，中國青年出版社 1998 年版，第 164 頁）；達・伽馬首航和麥哲倫環航分別是帶足三年和兩年的給養（參張箭：《地理大發現研究，15～17 世紀》，商務印書館 2002 年版，第 97 頁，245 頁）。

的那麼大。

還有，下西洋最多的一次共 208 艘船，27,800 人，平均每船隻載 133 人。所以，要完成朝廷委派的任務，達到下西洋的各種目的，只需建造平均噸位 670 噸，總噸位 14 萬噸的船隊就夠了。明嘉靖年（1534 年）陳侃使琉球（今沖繩）。同樣是遠洋航行，同樣要帶足淡水、給養、各種貨物、武器裝備彈藥，「凡可以資戎事者，靡不周具」〔註 36〕。且「從行人幾（乎）四百」〔註 37〕。但其乘船不過長十五丈，寬二丈六尺，深一丈三尺。

就算中國船隊儲備的運載力多得多，船員的船上生活優裕得多，那總噸位 28 萬噸，平均 10 噸／人，也就綽綽有餘，非常富裕了。那樣的話，最大的船也不過四千噸（31 艘），較大的船兩千噸（31 艘），中等的千把噸（40 艘），小的幾百噸（106 艘）而已。

五、從古今中外航海的實踐來考慮

第一，當時中國的、下西洋沿途的航道、海港、碼頭能通行、容納、停泊那麼大那麼多的船嗎？似乎也不能。就算能，無風時，或逆風與橫風時，又怎麼進出港。僅靠人力似乎不能有效地駕駛這種鉅舶。例如陳侃出使琉球的乘船，僅長 15 丈、寬 2.6 丈、深 1.3 丈，排水量不過一千多噸。到達琉球（今沖繩）時，因無風或無順風，只得「遣夷眾四千人駕小舟四十艘，……以大纜引予之舟。……船分左右，各維一纜，迤邐而行」〔註 38〕。這樣走走停停，沿途停靠。從 5 月 18 日走到 5 月 25 日，費時七天，「方達泊舟之所，名曰那霸港」〔註 39〕。由此可見，倘數萬噸的鉅舟進出港遇無風或無順風時，豈不要出動數萬人數百隻小舟來牽引拖曳？眞是不可思議。

第二，造那麼大的船，升帆、轉舵、停碇、繫泊、掉頭都極困難，無風時更難前進。又不能像江船那樣依靠拉縴。所以，那麼大的木帆船不能勝任遠洋航行。

〔註 36〕〔明〕陳侃《使琉球錄・使事紀略》，《臺灣文獻史料叢刊》第三輯。

〔註 37〕明郭世霖《使琉球錄》語。這近四百人包括「駕舟民艄用一百四十人有奇（設爲 143 人），護送軍用一百人，通事、引禮、醫生、識字、各色匠役亦一百餘人（也設爲 143 人），官三員……」（陳侃《使琉球錄・使事紀略》），合計 389 人。陳侃《使琉球錄・使事紀略》又曰：「舊時用四百餘人，今革其十分之一，從約也」。設原爲 430 人，今減去 43 人，爲 387 人。兩數吻合。

〔註 38〕陳侃《使琉球錄・使事紀略》，《臺灣文獻史料叢刊》第三輯。

〔註 39〕陳侃《使琉球錄・使事紀略》，《臺灣文獻史料叢刊》第三輯。

第三，古今中外都無那麼大的木帆船，沒有旁證。假如說，明初都能一下子造出幾十艘幾萬噸的木帆船，那爲什麼在以後的漫長歲月裏造不出一艘那麼大的船呢？況且在此後的漫長歲月裏還有生產力和科技水準的緩慢增長發展，還有總體國力和社會財富的緩慢增長。比如明初中國只有幾千萬人口，可清中葉已達兩三億人口。據《蘇聯軍事百科全書·戰列艦》條：「17世紀末，戰列艦排水量爲1500～1700噸，配火炮80～100門，艦員600～700人。後期（19世紀中期），風帆戰列艦排水量達5000噸，裝火炮達120～130門，艦員800人。……19世紀60年代初，……風帆戰艦遂被淘汰，出現了蒸汽裝甲艦」〔註40〕。又據《蘇聯軍事百科全書·帆船艦隊》條：「到19世紀中期，帆船艦隊進入鼎盛時期，當時桅帆戰列艦的排水量增至5500噸，裝備36～68磅火炮135門……。1853年的錫諾普海戰是帆船艦隊的最後一次大海戰。……克里木戰爭（1853～1856年）結束後，世界各國都建立了蒸汽鐵甲艦隊」〔註41〕。

木質風帆戰艦的排水量增到五千多噸便止步不前，原因何在？就在於用木材造不出更大的艦船，或曰用木材造更大的艦船所遇到的技術難題無法解決。而當改用鋼鐵建造機器推進時（「一戰」前後主要是蒸汽機，「二戰」前後主要是內燃機），戰列艦的噸位便迅速增大。到「二戰」期間，戰列艦的滿載排水量普遍達到三至五萬多噸，最大的戰列艦日本的武藏號、大和號達到7.28萬噸〔註42〕。這也旁證了用木材造不出萬噸級的艦船，風帆不適合用作萬噸級的艦船的推進裝置。世界上現存在用的最大木帆船，大概是意大利海軍的一艘訓練艦。該艦爲1931年建造，三桅十幾帆，滿載排水量3500多噸〔註43〕。

文獻肯定派學者也許會說，只要撥給足夠的錢，就能造出史籍文獻所載的那麼大的寶船－木帆船來。問題是中國今天的人口是明初中國的26倍（設

〔註40〕К. О. Дубравин："Линейный Корабль"，《Советская Военная Энциклопедия》，Москва, Воениздат, 1976～1980, Том V，c.284.

〔註41〕Ф. С. Криницы："Парусный Флот"，《Советская Военная Энциклопедия》，Том VI, c.359.

〔註42〕參《中國海軍百科全書》「戰列艦」條，海潮出版社1998年，下冊，第1888頁。

〔註43〕見《艦船知識》2002年第11期第16頁。20世紀初的「法國2號」帆船雖滿載排水量達5900噸，但船身爲鋼殼材料，而且還裝有兩臺輔助發動機。參《世界之最》第2卷，北方婦女兒童出版社2002年版，第24頁。

明初爲 5000 萬人口），國內生產總值（GDP）也許是明初的 2600 倍，綜合國力也許是明初的 26000 倍。今天尚難以撥出錢來造一艘大寶船，明初又焉能撥出天文數字般的鉅款在短時期內（兩三年）造出三十餘艘鉅型寶船，三十餘艘大型寶船，四十餘艘中型寶船。

更爲重要的是，我認爲即使有了足夠的錢，也造不出那麼鉅大的木帆船。別說幾萬噸的木帆船，就是一萬多噸的也造不出來。勉強造出來了也不能出海航行，因爲難以解決升帆、轉舵、掉頭、繫泊、進出港、無風時怎樣前進等難題。更因爲一遇風浪，一顛簸便必然滲漏、破損、散架、翻沉、斷裂等。如同擔扁擔挑東西，扁擔越長，挑的東西越重，一晃悠便很容易折斷。而把重物向肩膀靠近，扁擔變短，彎曲程度縮小，扁擔就不容易折斷。可見這是由材料力學流體力學等力學原理決定的。

所以，估計鄭和下西洋最大的船不過四千噸（31 艘），較大的船兩千噸（31 艘），中等的千把噸（40 艘），小的幾百噸（106 艘），總噸位二三十萬噸而已。當然，這只是估計，因無法精確計算。

六、古籍記載失實的原因推測

至於爲什麼這麼多古籍都記載確鑿之事卻經不起驗證呢？我想情況也可能是這樣：甲、最初曾設計造那麼大的寶船。但在建船過程中，因缺木材、資金、工匠等，便只得大大縮小了噸位尺寸。乙、也許也造出了那麼大的寶船一艘，但在試航中便出現了破損、擱淺、翻沉等情況，證明那麼大的寶船不適合遠洋航行。於是大大修改了縮小了原來的設計藍圖。丙、各級官員爲了請功邀寵，欺上瞞下，謊報寶船尺寸，以滿足皇上和朝廷的虛榮心。丁、督造官員爲了中飽私囊而偷工減料大大縮小了尺寸、噸位。上面知道了因懼怕涉嫌失察只得將錯就錯，秘而不宣。這就涉及到偉大人物在從事完成偉大事業時，也可能有缺點錯誤的問題，但這並不影響歷史人物和歷史事業的偉大。戊、但最初的設想和設計尺寸仍保留下來，流傳開來，輾轉傳抄，以訛傳訛，遂成爲眾書一言的定論。己、有的古代文人缺乏科技知識，又脫離生產實踐，還愛吹牛誇大所致。這樣的事例在歷史上並不鮮見。例如武王伐紂，出動五萬兵馬，《史記．周本紀》等史書都記載紂王出動七十萬大軍禦敵。但方家一般認爲不可能有七十萬，只可能是十七萬之誤！再如，西方學者據西方史料說達．伽馬首航印度的純利潤是遠航成本的 60 倍，此論也在中國廣泛流傳，眾口一詞。但我考證出純利潤只有遠航成本的 6 倍，甚至更少〔註 44〕。我這樣說恐怕會被批評太富於想像了。但歷史本身就很複雜多變，故人們探索的思路也應開闊豐富一些才好。2004 年，史學界、理論界、新聞界隆重紀念了郭沫若的著名論文《甲申三百年祭》發表六十週年。郭老在該文文末便充分發揮了他那大史學家、大文豪的才思、遐想和推測，如倒數第三段運用四個假使，最後一個說：「假使免掉了這些錯誤，在種族方面豈不也就可以免掉了二百六十年間爲清朝所宰治的命運了嗎？」倒數第二段也連用兩個假使，其中一個說：「假使沒有外患，他（指李自成）必然是成功了的」〔註 45〕。郭老的治史方法，値得學習。

總之，鄭和寶船的大小（噸位、尺寸）在沒有確鑿的出土文物予以證實以前，在沒有用造船實驗和航海試驗的成功予以驗證之前，還將研討下去。不過，當我們把寶船的尺寸換算成船舶的噸位來研究，問題就清楚得多了，判斷正誤是非也容易得多了。

當然，鄭和下西洋所用的大寶船遠沒有史籍所記的那麼大，這並不影響鄭和等大航海家的歷史地位，無損於下西洋事業的偉大。

附識：本人曾就文中第一部分中的一些問題與武漢海軍工程大學造船系唐志拔教授切磋，向他請教，特此鳴謝。

（原載《上海交通大學學報》哲社版 2004 年第 3 期）

〔註 44〕參拙文《論開闢歐印新航路的意義、利潤、時間和人選》，載《南亞研究季刊》2001 年 4 期。

〔註 45〕郭沫若：《甲申三百年祭》，人民出版社 1972 年第 2 版，第 31～32 頁。

To Study Tonnage of ZHENG He's Treasure-ships Practically and Realistically

Abstract

The big treasure-ships of ZHENG He's expedition to the Western Ocean has got length of 123 meters and width of 50 meters with today's measure system as the data recorded by historical documents. Its depth of cabin should be 25 meters as the constructional law of ship and the rule of ship-building. Thus, its full displacement could reach more than 40,000 tons according to Archimedes' law of buoyancy. The great fleet of expedition to the Western Ocean has got 208 ships in all, which were divided into the five kinds, namely super giant, giant, more giant, middle type and small one. Thus, its overall tonnage could reach 2 millions tons. There were some problems with it. So big and so much giant ships couldn't be built out with the level of productive forces and science & technology and synthetic strength of China at that time; It isn't necessary for so big ship to finish various tasks and to reach various aims of expedition to the Western Ocean; Never are there any so big sailing ship at all times and in all lands because the ships above grade—10,000 tons can't be built out with timbers and the sail isn't suitable to be used as propellant device for so great ships. In short, the questions is much more clear when our researching train of thought transmit from the traditional measure to its relevant tonnage.

Key words: ZHENG He's treasure—ships; Greatest tonnage of a ship; Overall tonnage of fleet; Whether is possible; Causes of mistake.

寶船示意圖

圖 1　縱斷面圖

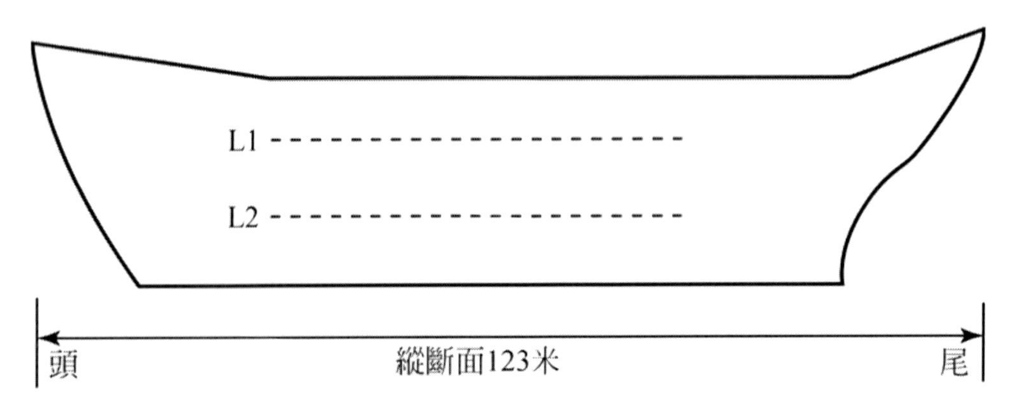

L1　滿載吃水線
L2　空載吃水線（不含壓載物）

圖 2　橫斷面圖

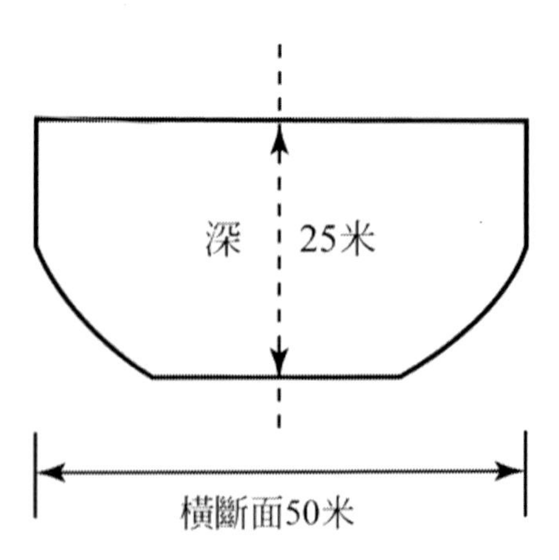

圖 3　船底圖

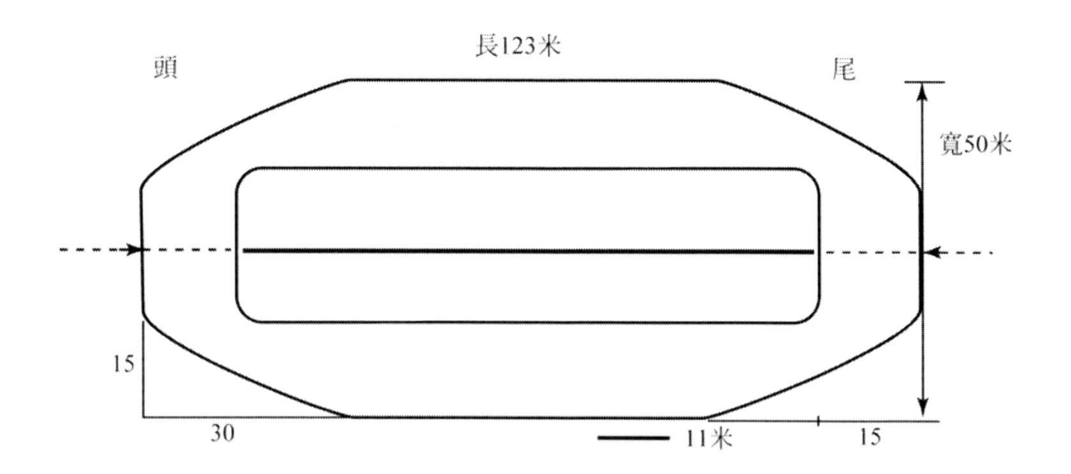

圖 4　舵位圖

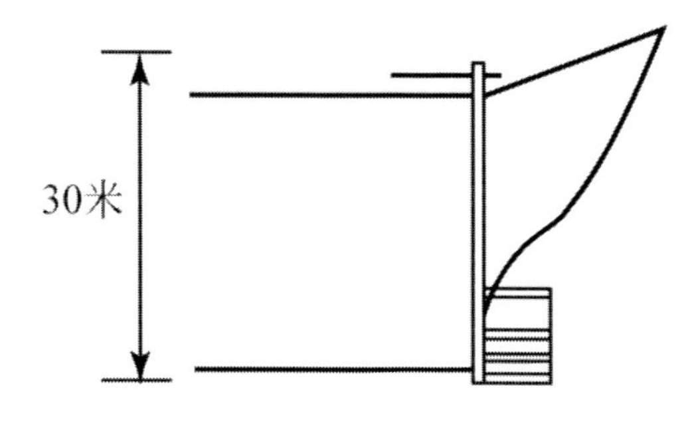

圖 5　　　　　　　　圖 6

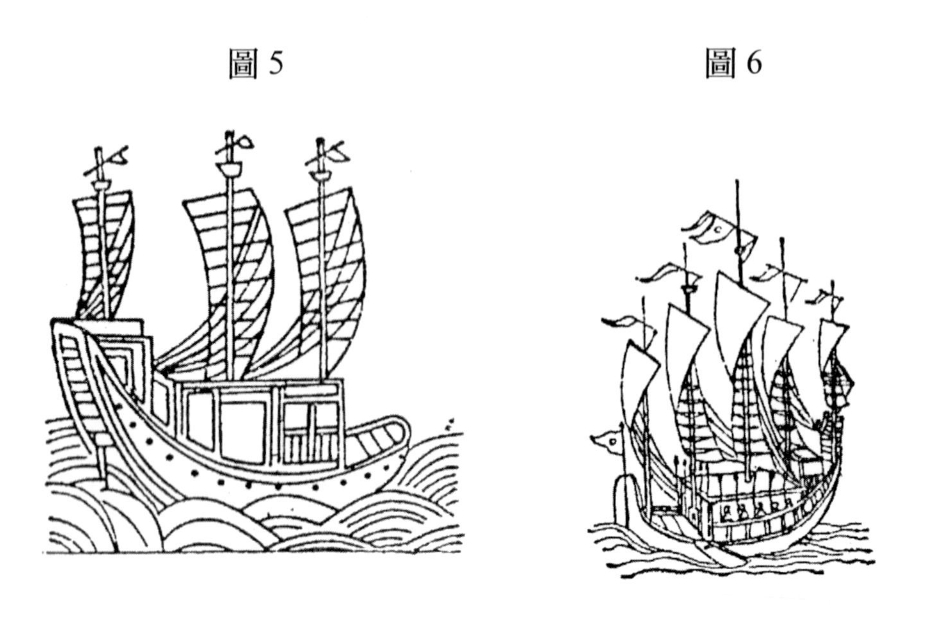

明初《鄭和航海圖》中的下西洋海船　明代沙船，見李盤《金湯十二籌》

圖 7

明初道教《天妃經》所繪下西洋之寶船隊圖（局部）

從考古文物實驗辨析鄭和寶船的噸位

摘　要

鄭和下西洋的大寶船據歷史文獻記載合今長 123 米，寬 50 米。按木帆船的結構規律和造船法式，（型、艙）深應有 25 米。這樣，據阿基米德浮力定律，它的滿載排水量高達 4 萬多噸。下西洋的大船隊共有 208 艘船，分超大型、大型、較大型、中型、小型五類。所以，總噸位多達 200 萬噸。但迄今爲止並沒有出土文物考古發現能證明存在過這麼大的鉅舶，也沒有模擬實驗和航海試驗的成功例子來證實可以有這麼大的木帆船。

關鍵詞：寶船噸位，考古和文物，實驗和試驗　。

中圖分類號：K248.105, U 675.15
文獻標識碼：A

論及鄭和寶船的大小，歷來都據史籍記載說它們有多長多寬，而幾乎從不說它有多少噸。但眾所周知，以船的尺寸說船的大小是古代的表示法，以船的噸位來說船的大小才是現代的表示法，才能清晰地、準確地、完整地、動態地、科學地表明舶舶的大小。且噸位與尺寸有一定的正相關關係，有一定量的噸位，就必有一定量的尺寸，反之亦然，這是由數學力學原理決定的。本文擬從考古文物實驗試驗入手探討鄭和寶船的噸位，並與一些傳統的說法商榷。

一、鄭和大寶船的單船噸位

注：略，詳見本書中《鄭和寶船實際噸位探析》第一部分。

二、鄭和船隊的總噸位

注：略，詳見本書中《鄭和寶船實際噸位探析》第二部分。

三、沒有出土文物考古發現能予以證明

我們本可以從當時的生產力－科技水平和綜合國力是否造得出來，要完成所執行的任務達到下西洋的各種目的需不需要，那麼大的木帆船是否適合勝任遠洋航行，古今中外都沒有過那麼大的木帆船等來予以質疑和否定。限於篇幅和刊物的性質，下面只從考古文物和實驗試驗的角度進行辨析和論證。

寶船的龐大雖有許多古籍的明確記載，但迄今無出土發現的文物能予以證明。

（一）有學者說，南京寶船廠遺址出土的大舵杆有 11.07 米長，是鐵證，它足以證明寶船有文獻上記載的那麼大。乍一聽，似覺得有理。因設一個男子高 1.7 米的話，那也相當於六個半人高了。實際上，有航海常識的人到北京中國歷史博物館明代陳列部去看看，並聯繫到我們所討論的問題想想便明瞭：1、那 11 米長，1 頭 38 釐米見方一頭 22 釐米見方的舵杆怎麼能和 123 米長、50 米寬、25 米深的巨船相匹配（參前文圖 4），那也太不相稱了。按照木帆船的「法式」、規律，舵杆長一般等同於船寬。所以，那根舵杆只能配約 11 米寬的船。鄭和寶船的長寬比爲 2.4:1（44÷18=2.4），因此，與那根舵杆相配相稱的船大概不過是長 26.4 米的船（11×2.4=26.4），只相當史籍所說的鄭和

大寶船的零頭。

2、舵杆要在船上帶舵葉工作控制船的航向，至少得有型深長。這樣，甲板上的舵手（們）才能操縱它，它帶的舵葉也才能浸入水中撥水調整航向（參前文圖 4）。鄭和大寶船的型深，就算爲船寬的一半約 25 米，11 米長的舵杆也根本夠不著，還差一大截。

3、在宋代我國便發明了陞降舵，當船駛入淺水或不需要舵時，可把舵提起來。這樣既減小了船體附屬物的阻力，又可避免觸底碰壞。海船上的陞降舵一般可伸到船底之下，這裡不受船尾處產生的亂流和漩渦的影響，可以提高舵效，並可減少船的横漂。宋代出使朝鮮的徐兢所乘的客舟便「後有正舵，大小二等，隨水淺深更易……」〔註 1〕。宋張擇端的名畫《清明上河圖》中的內河船，尾部都表現得很清楚，是一種能陞降的平衡舵。陞降舵尤其是在逆風航行時極有利於安全和同風帆配合操作〔註 2〕。

4、據《鄭和航海圖》上畫的下西洋的船（不一定是大寶船，但仍能說明問題。參附圖 3），仔細觀察便可發現：一、船是向右方前進的，因左方來風把帆吹得向右方鼓起。二、左上是駕駛樓（宋應星稱爲舵樓），舵手就在那裡掌舵。舵樓（又稱艉樓）大大高於主甲板，且船整個的是前低後高。三、左下是舵，且舵葉有部分露出水面。四、舵杆上端還得多出一截，以便裝舵柄。明代宋應星說：「舵上所操柄，名曰關門棒。欲船北，則南向捩轉，欲船南，則北向轉捩」〔註 3〕。以上幾點說明，舵杆應大大高於或長於型深，才能操縱工作，也才能陞降。而 11 米長的舵杆比 25 米的型深還差一大截，更不用說比它高了。所以這根舵杆的長度僅爲與史籍所載的寶船相配的那種特長大舵杆（估計應爲約 30 米）的 37%，它根本證明不了鄭和寶船有史籍所說的那麼大。

5、我們再從舵杆和舵的重量來考慮。舵杆全長 11.07 米，下大上小，下面約 38 釐米×39 釐米，上面約 20 釐米×22 釐米。這樣，舵杆的總體積爲：11.07 米×（0.38 米×0.39 米＋0.20 米×0.22 米）／2＝$11.07m\times0.096m^2$＝$1.063827m^3$ 木材的比重爲 0.3－0.8（g／cm^3），水和鐵的比重分別爲 1 和 7。舵杆的用材是鐵力木（iron wood），屬很硬很重的一種〔註 4〕。就算它爲最重

〔註 1〕徐兢：《宣和奉使高麗圖經》卷 34《客舟》，第 117 頁。
〔註 2〕參編寫組：《造船史話》，上海科技出版社 1979 年版，第 27-28 頁。
〔註 3〕宋應星：《天工開物》中卷《舟車》，《傳世藏書．子庫．科技卷》，第 1018 頁。
〔註 4〕參《中國農業百科全書．林業卷》「鐵力木」條，北京，農業出版社 1989 年版，下冊第 664 頁。

的木材之一，也不過 0.8 克。這樣舵杆全重爲 800×1.063827=851（公斤）。明斤比今市斤略重，合 590 克 1 市斤〔註 5〕。故 851 公斤約合 1442.4（明）斤。第一，陳侃稱舵杆爲舵柄。他出使琉球的船比所說的鄭和大寶船小得很多很多，但船上所配的「舵柄甚重，約有二千餘（明）斤。平時百人舉之而不足，是時（遇風暴時）數十人舉之而有餘」〔註 6〕。可知那根舵杆充其量就配陳侃使琉球那麼大的船。第二，根據那根舵杆的長度、形制和榫眼，這根舵杆最多配 6 米長的舵葉。由於是不平衡舵（平衡舵兩面有舵葉，不平衡舵則只一面有舵葉。參圖 2)，故舵葉不可能很寬，展弦比應較大。否則舵杆扭矩太大，人力無法操縱，舵杆與舵牙也承受不了那麼大的負荷。估計舵葉的寬度爲舵葉長的 66%約 4 米。舵葉也不會製作得很厚，因它只起撥水調向的作用而不承重。故我們先設它厚 5 釐米。而且製造舵葉會選用較輕的木材如杉木等。舵葉的框架會厚實一些，用材也會較重較硬一些。大船的舵往往還在舵板上打孔，叫開孔舵，以便轉舵時省力。綜合以上因素，我的設舵葉厚 10 釐米，比重爲 0.3。這樣舵葉重　6 米×4 米×0.1 米×0.3 克=720 公斤，所以全舵（包括舵杆和舵葉）不過重 1571 公斤。參加了下西洋的鞏珍曾說：鄭和大寶船的「篷、帆、錨、舵，非二三百人莫能舉動」〔註 7〕。但這根出土大舵杆包括它配帶的舵葉全重才 1500 多公斤，二三十人便能舉動。所以，那根大舵杆並不是大寶船的舵杆，它只能配置於四千噸級（滿載排水量）的木船上。它根本不是鄭和大寶船有史籍所載的那麼大的鐵證。根據大寶船的尺度，考慮到舵要能陞降，便於操縱等因素，與大寶船匹配相稱的舵其舵杆當有 30 米長（參圖 2、《實際噸位》圖-4）。

（二）又有學者說，已出土的明代大鐵錨足以證明鄭和寶船有文獻上記載的那麼大。我在南京長江邊上的獅子山閱江樓展覽室仔細觀察了那個大鐵錨。那不過是一個整高約兩米的四爪鐵錨，錨爪錨身纖細，重約二三百市斤。從形制上看倒像是明代的古鐵錨（參附圖 4）。可稍有航海常識的人也一看便明瞭，那麼大的鐵錨只能匹配幾百噸到四千噸的海船，根本不能匹配幾萬噸的鉅舶，與之太不相稱。而且也與鞏珍的記載大相徑庭。鞏珍《西洋番國志・自序》說，鄭和船隊所用的鐵錨，「大者高八九尺」，幾近一丈，重達數千市

〔註 5〕參《中國歷史大辭典》附錄五《中國歷代度量衡演變表》，第 3462 頁。
〔註 6〕陳侃：《使琉球錄・使事紀略》，《臺灣文獻史料叢刊》第三輯，第 20 頁。
〔註 7〕鞏珍：《西洋番國志・自序》，第 6 頁。

斤。「蓬、帆、錨、舵，非二三百人莫能舉動」。而那隻鐵錨，兩三個人就能舉動。明嘉靖年陳侃出使琉球的船，尺度僅「長一十五丈，闊二丈六尺，深一丈三尺」，但船上配備的「大鐵錨四，約重五千斤」〔註 8〕。就算把五千斤理解爲總重，每隻也有 1400 多斤〔註 9〕。還與宋應星對製錨的記述及繪圖相去甚遠。他在《天工開物》中記道：「……錘法先成四爪，以次逐節接身。……若千斤內外者，則架木爲棚，……蓋爐錘之中，此物其最巨者」〔註 10〕。

我還在北京中國軍事博物館見過甲午戰爭中清水師主力艦定遠艦的鐵錨。定遠艦後來在威海衛被日軍圍困、擊傷，最後被迫自沉〔註 11〕。它比南京閱江樓的所謂寶船鐵錨高大得多，粗壯得多，重得多。其重量是閱江樓鐵錨的許多倍。據大型歷史電視連續劇《走向共和》第 11 集臺詞，定遠艦鎮遠艦的鐵錨每個重達 4 噸（中央電視臺第一套 1 頻道 2003 年 4 月 23 日 20：07－20：55 播出）。但我們知道，定（鎮）遠艦不過是滿載排水量約七千三百多噸的中型軍艦〔註 12〕。2012 年中秋節期間，我參觀考察了泉州海外交通史博物館及其陳列的宋代古船實物和旁邊的古鐵錨實物。那艘古船修復後只有好幾百噸大（可以提供照片）。旁邊陳列的古鐵錨一個比較纖細，比較新（相對而言），解說者說是清代的，約兩米長；一個比較粗壯，很舊，是明代的，約一人高。均爲四爪錨（可以提供照片）。這兩個大錨所配的木帆船當然可以比那艘好幾百噸的宋船大些。但從陳列在一起的古船古錨就可推知，中國現存的可見的古錨（1840 年以前）最大者也就能配一千多噸撐到頂幾千噸的船，根本配不上幾萬噸的鉅船。換句話說，現有的古錨不能證明有過所說的那麼大的寶船。

（三）位於南京三叉河（秦淮河在此注入長江）中保村一帶的龍江寶船廠，是鄭和下西洋所用的大型寶船的主要建造處。至今保存有三個當年船塢遺迹〔註 13〕。其中有兩個作塘（被認爲是船塢），有 300 米長，70 米寬，容得

〔註 8〕陳侃：《使琉球錄・使事紀略》，《臺灣文獻史料叢刊》第三輯，第 10 頁。

〔註 9〕明斤比今市斤略重，合 590 克 1 斤。故每隻鐵錨約重 1475 市斤。參《中國歷史大辭典》附錄五《中國歷代度量衡演變表》，第 3462 頁。

〔註 10〕〔明〕宋應星：《天工開物》卷中《錘鍛》，《傳世藏書・子庫・科技卷》，第 1022 頁。

〔註 11〕參戚其章：《甲午戰爭史》，北京，人民出版社 1990 年版，第 432 頁。

〔註 12〕參姜鳴山：《晚清海軍》，《中國軍事百科全書・軍事歷史卷》，北京，軍事科學出版社 1997 年版，第 3 卷第 1180 頁。

〔註 13〕參江蘇省鄭和研究會編：《鄭和・鄭和研究在江蘇》，南京，2002 年，第 6 頁。

下史籍所載的那種尺寸的寶船。文獻派學者認爲它們是造大寶船的船塢，足以證明完全能造那麼大那麼多的大寶船。此論的疑點實際上甚多。1、那些作塘憑什麼被判定爲是順著造一艘大寶船的船塢，其眞實性也可以受到懷疑。因爲極可能是橫著造多艘中小船隻的船塢。當我們提出這樣的質疑時，一同參觀的肯定派學者無言以對。2、就算是大船塢，能造出不等於已造出了那麼大的船，已造出了也不等於它在下西洋中發揮了作用，這三者是大有區別的。情況也可能是這樣：甲、最初曾設計造那麼大的寶船，便修建了那麼大的船塢。但在建船過程中，因缺木材、資金、工匠等，便只得大大縮小了噸位尺寸。乙、也許也造出了那麼大的寶船一艘，但在試航中便出現了破損、擱淺、翻沉等情況，證明那麼大的寶船不適合遠洋航行。於是大大修改了縮小了原來的設計藍圖。丙、各級官員爲了請功邀寵，欺上瞞下，謊報寶船尺寸，以滿足皇上和朝廷的虛榮心。丁、督造官員爲了中飽私囊而偷工減料大大縮小了尺寸、噸位。上面知道了因懼怕涉嫌失察只得將錯就錯，秘而不宣。這就涉及到偉大人物在從事完成偉大事業時，也可能有缺點錯誤的問題，但這並不影響歷史人物和歷史事業的偉大。戊、但最初的設想和設計尺寸仍保留下來，流傳開來，輾轉傳抄，以訛傳訛，遂成爲眾書一言的定論。我這樣說恐怕會被批評太富於想像了。但歷史本身就很複雜多變，故人們探索的思路也應開闊豐富一些才好。

四、沒有實驗和試驗的成功例證

鄭和寶船有史籍所載的那麼大沒有模擬實驗和航海試驗的成功例子予以支持。大家知道，研究歷史一般是不能模擬實驗的。例如我們不能建一個奴隸社會實驗社區來研究奴隸社會；未來社會研究也是不能模擬實驗的，例如我們也不能建一個共產主義實驗社區來研究共產主義社會。歷史上，空想社會主義思想家創建的超越現實的共產主義新村也很快（三年）以失敗瓦解而告終，例如歐文在 19 世紀 20 年代在美國印第安納州創辦的實驗社區「新和諧村」便是如此遭遇〔註 14〕。但是科學技術史和考古文物的研究則可以用模擬實驗來予以佐證、實證。比如中國古代的四大發明造紙術、印刷術、火藥、指南針，我們今天完全可以按《後漢書・蔡倫傳》對造紙的記載，《武經總要・守城》對火藥的記載，《夢溪筆談・技藝》對活字印刷術的記載，《夢溪筆談・

〔註 14〕參蘇聯科學院：《世界通史》第六卷，北京，三聯書店 1965 年版，第 353 頁。

雜誌》對指南針的記載，模擬實驗，造出紙、火藥、指南針來、印出書來。甚至還有上述發明的活化石殘存在世間。例如，個別地方就還有人工手工造紙作坊的存在。這些在印刷史專家張秀民先生和造紙史專家潘吉星先生的系列論著中有許多記述〔註 15〕。又如印刷術主要分雕版印刷和後起的活字印刷兩類。前者在今天四川甘孜藏族自治州的德格印經院還很有規模地在應用（印藏傳佛教經書）；後者據最近的報載，山西一偏僻山村中有一農民還用木活字印刷本姓氏的家譜、族譜。以上是正面肯定的例證。

反面的例證則有：與鄭和寶船有點關係的古代中國人航渡發現美洲的問題，在國際國內都存在爭論。肯定派爲了證明此事，也借助於模擬漂流試驗。但有史以來從香港、臺灣、日本等地區出發的由肯定派學者所做的橫渡太平洋漂流美洲試驗都無一取得成功，這也是肯定派在史壇不占主流地位的原因之一。

話題回到鄭和寶船上來。迄今尙不能按史籍所載的尺寸（長 123 米、寬 50 米、深 25 米）復原建造出一艘寶船來，更別說用它來進行遠洋航行試驗了。20 世紀 80 年代電視臺曾上映了一部二十集電視連續劇《鄭和》，其中的寶船不過千把噸大，載員一百幾十人。我們知道，電影電視劇是最進究逼眞的。20 世紀末的美國好萊塢大片《泰坦尼克號》中的道具泰坦尼克號輪船，便是根據歷史上冰海沉船的災難事件按原船滿載排水量 4.6 萬多噸〔註 16〕的 75% 噸位，製造的一艘 3.5 萬噸輪船。

文獻派學者也許會說，只要撥給足夠的錢，就能造出史籍文獻所載的那麼大的寶船一木帆船來。問題是中國今天的人口是明初中國的 26 倍（設明初爲 5000 萬人口），綜合國力也許是明初的 260 倍，國內生產總值（GDP）也許是明初的 2600 倍。今天尙撥不出錢來造一艘大寶船，明初又焉能撥出天文數字般的鉅款在短時期內（一兩年）造出三十餘艘鉅型寶船，三十餘艘大型寶船，四十餘艘中型寶船。

還有，我認爲即使有了足夠的錢，也造不出那麼鉅大的木帆船。別說幾萬噸的木帆船，就是一萬多噸的也造不出來。勉強造出來了也不能出海航行，因爲難以解決升帆、轉舵、掉頭、繫泊、進出港、無風時怎樣前進等難題。更因爲一遇風浪，一顛簸便必然滲漏、破損、散架、翻沉、斷裂等。如同擔

〔註 15〕最新的集大成者有，盧嘉錫總主編《中國科學技術史》潘吉星著《造紙與印刷卷》，北京，科學出版社 1998 年版，100 萬字。

〔註 16〕cf.G.J.Marcus: Titanic, Encyclopedia Americana, Vol.26, P.785, 1980s.

扁擔挑東西，扁擔越長，挑的東西越重，一晃悠便很容易折斷。而把重物向肩膀靠攏，扁擔變短，彎曲程度縮小，扁擔就不容易折斷。可見這是由材料力學流體力學等力學原理決定的。

所以，估計鄭和下西洋最大的船不過四千噸（31 艘），較大的船兩千噸（31 艘），中等的千把噸（40 艘），小的幾百噸（106 艘），總噸位二三十萬噸而已。當然，這只是估計，沒準兒還小還少。

至於爲什麼這麼多古籍都記載確鑿之事卻經不起驗證呢？我想除了我在前面推測的那些原因之外，還可能是因爲有的古代文人缺乏科技知識，又脫離生產實踐，還愛吹牛誇大所致。這樣的事例在歷史上並不鮮見。例如武王伐紂，出動五萬兵馬，《史記・周本紀》等史書都記載紂王出動七十萬大軍禦敵。但方家一般認爲不可能有七十萬，只可能是十七萬之誤！再如，西方學者據西方史料說達・伽馬 1498 年首航印度的純利潤是遠航成本的 60 倍，此論也在中國廣泛流傳，眾口一詞。但我考證出純利潤只有遠航成本的 6 倍，甚至更少〔註 17〕。

總之，鄭和寶船的大小（噸位、尺寸）在沒有確鑿的出土文物予以證實以前，在沒有用造船實驗和航海試驗的成功予以驗證之前，還將研討下去。不過，當我們把寶船的尺寸換算成船舶的噸位來研究，問題就清楚得多了，判斷正誤是非也容易得多了。

當然，鄭和下西洋所用的大寶船遠沒有史籍所記的那麼大，這並不影響鄭和等大航海家的歷史地位，無損於下西洋事業的偉大。

（原載《華夏考古》2005 年第 4 期，2012 年 11 月刪改）

〔註 17〕參拙文《論開闢歐印新航路的意義、利潤、時間和人選》，載《南亞研究季刊》2001 年第 4 期。

圖 1

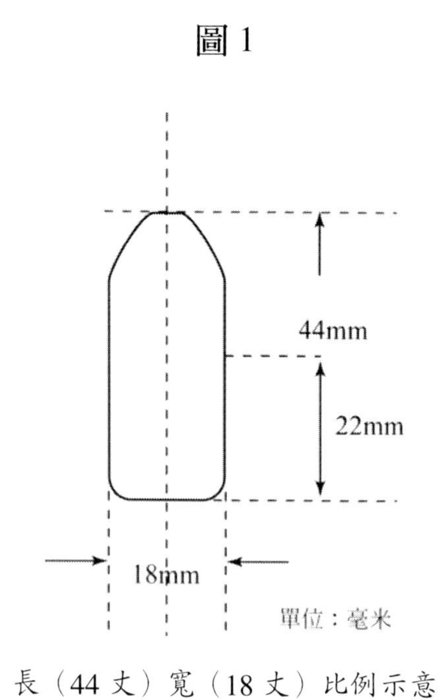

長（44 丈）寬（18 丈）比例示意

圖 2　舵杆復原圖

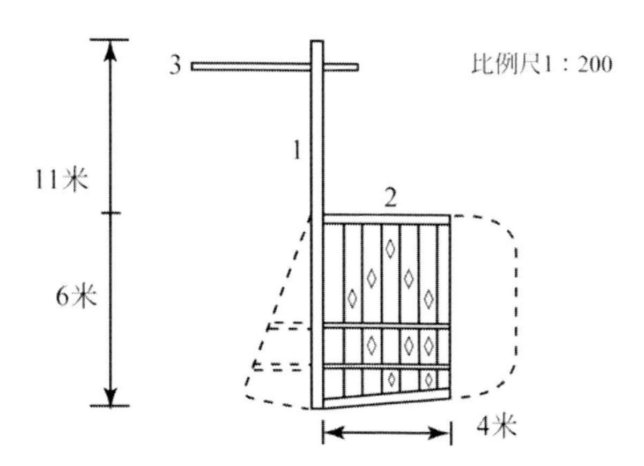

說明：1. 虛線爲平衡舵的舵葉。據舵杆榫眼，復原後應是非平衡舵。
2. 菱形孔爲可能存在的開孔舵舵葉孔。
3. 傳統木船舵由三大部分組成：舵杆、舵葉、舵柄。

附圖 3　明《武備志》卷 240《鄭和航海圖》中的寶船圖

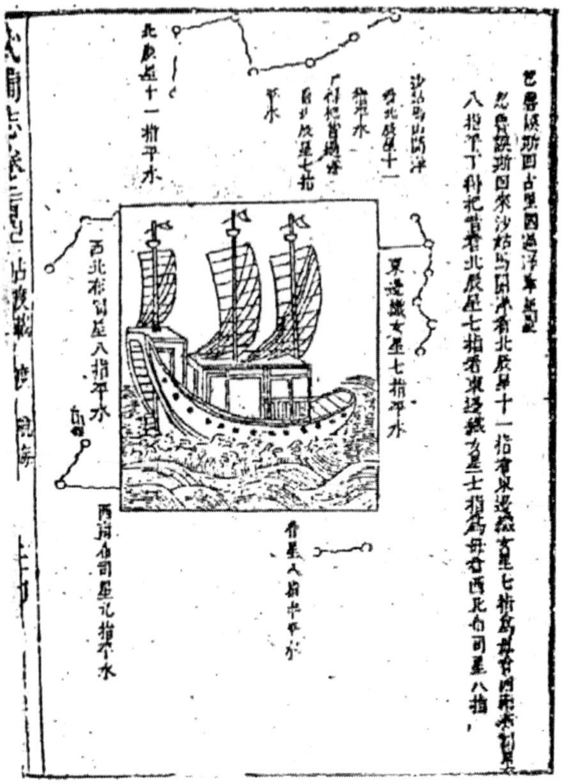

附圖 4　古鐵錨圖

取自《海交史研究》雜誌 1990 年代封面。南京閱江樓陳列的寶船鐵錨與此類似，但錨爪要長一些，爪上有結，如

To Discriminate Tonnage of Zheng He's Treasure-ships From Archaeology, Artifacts and Test

Abstract

The big treasure-ships of Zheng He's expedition to the Western Ocean has got length of 123 meters and width of 50 meters with today's measure system as the data recorded by historical documents. Its depth of cabin should be 25 meters as the constructional law of ship and the rule of ship-building. Thus, its full displacement could reach more than 40,000 tons according to Archimedes' law of buoyancy. The great fleet of expedition to the Western Ocean has got 208 ships in all, which were divided into the five kinds, namely super giant, giant, more giant, middle type and small one. Thus, its overall tonnage could reach 2 millions tons. But there aren't any unearthed artifacts and archaeological finds which could prove that so great sailing ship existed ever by now, nor are there any successful examples of simulated test and of nautical experiment which can prove the possibility of so great wooden ship.

Key words: Tonnage of a Treasure-ship; Archaeology and artifacts, Test and experiment.

動物考證篇

下西洋與中國動物學知識的長進

提　要

明初鄭和七下西洋，到了亞非三十多個國家和地區，觀察、記錄、介紹、引進了一些中國自來沒有的或當時已極少現已滅絕的珍禽異獸。這就豐富了中國人的動物學知識，有助於動物學的發展。本文考察探討中國知識界對其中的五種大中型動物的認識瞭解和知識演進，即犀牛、鱷魚、鴕鳥、斑馬和長頸鹿；並與明末清初西方傳教士帶來的關於那些動物的知識比較，評判其長短高低。

關鍵詞：下西洋，動物學知識，五種珍稀動物，中西比較。

中圖分類號：K23、N09、Q954.2

文獻標識碼：A

動物學是一門實踐性地理性很強的學科。它不同於數學、物理、化學、天文等理論學科，它們在任何地區、國度都能研究，都能逐步從低到高、由表到裏、從簡單到複雜。而動物學則不一樣，如果人們所在的地區、國度沒有某種動物，就不可能對它進行最初步的觀察、描述，也就無從研究它的形態、分類、生理、生態、行爲分佈等等。而沒有上述最基本的知識和研究，便更無法研究它的發生、遺傳、進化、與人類的關係等深層次的東西。明初鄭和下西洋到了東南亞、南亞、西亞、東北非廣大地區。下西洋人員中的文人學者目睹耳聞了許多中國－明朝沒有的不產的動物（其中有的雖產但極少而未被注意或發現），做了初步的記載和描述；下西洋的官員士人還買回了一些中國沒有或罕見的珍禽異獸；有的國家地區也隨寶船隊來華向明朝進獻上貢了一些當地特產中國沒有的珍稀動物。這樣，就使明朝中國的動物學知識有了很大的長進和擴展。這些問題頗有意義和價值，但國內外學術界卻從未涉獵。値此紀念鄭和首下西洋600週年之際（1405～2005），研究這些問題是很有必要和非常適時的。限於篇幅，本文將集中探討今天中國（已）沒有的大中型動物。

一、犀牛——從普通到滅絕

中國今天已不產犀牛了（即除了動物園飼養的已無野生的了）。但古時候中國南方的熱帶森林裏還產犀。甲骨文無犀字。金文已有，作，篆文作。《說文．牛部》「犀，南徼外牛，一角在鼻、一角在頂，似豕。從牛，犀聲」。稍後又有了兕字，最初指犀牛一類的獸。金文作，篆文作，隸書作，今作兕。《說文．豕部》：「如野牛而青」。後來兕專指雌犀牛。老子曰：「蓋聞善攝生者，陸行不遇兕虎，入軍不被甲兵；兕無所投其角，虎不所措其爪」〔註 1〕。據「兕無所投其角」，可知兕確爲犀。《山海經》曰：「兕在舜葬東，湘水南，其狀如牛，蒼黑，一角」。東晉郭璞注：「犀似水牛，兕亦似水牛，青色，一角，重千斤」〔註2〕。《山海經》又曰：「禱過之山，其上多金玉，其下多犀兕，多象」。郭璞又注云：「犀似水牛，豬頭，庳腳，腳似象，有三蹄。大腹，黑色。三角，一在頂上，一在額上，一在鼻上。在鼻上者，小而不墮，

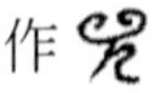

〔註 1〕《老子．第五十章》，遠方出版社2000年版，第25頁。
〔註 2〕《山海經》卷10《海內南經》，巴蜀書社1992年版，袁珂校注本第322頁。

食角也。好啖棘，口中常灑血沫」〔註3〕。由上可知，到東晉時中國南方的犀牛還不罕見，學者們對它的觀察記載比較眞實，達到了一定的程度。以現存的犀爲基準，的確是狀似水牛，色微黑，重千（市）斤以上。頭像豬，矮腿，粗如柱。腳似象，有三趾，大肚。倘以角來分類現有獨角犀和雙角犀兩大類。《爾雅·釋獸》郭璞注云：「亦有一角者」。郭璞說有的犀有三角，這可能是觀察記載有誤，也可能是三角犀今已滅絕。宋陸佃引前人云：「犀體兼五種，……舌內有棘，常食草木棘刺，不啖莖葉也。……三角者，水犀也；二角者，山犀也；在頂者，謂之頂犀；在鼻者，謂之鼻犀。犀有四輩」〔註4〕。可知直到宋代，中國的犀還不罕見。且種類不止一種（今世界上存四屬五種）。國人不僅對它形狀比較瞭解，對它的食性也有所知曉。還知道它壽命較長，能活到四世同堂（四輩）。犀的確長壽，可高達50年，故完全可以四世同堂。

唐代劉恂《嶺表錄異記》云：「犀牛大約似牛形，而蹄腳，似象蹄，有二蹄。二角，一在額上爲兕犀，一在鼻上較小爲渭犀。鼻上皆裙口束而花點少，多有奇文（紋）。牯犀亦有二角，皆謂毛犀。俱有粟文（紋），堪爲腰帶」〔註5〕。可見到了唐代，中國人對犀牛的觀察瞭解，在形態上也很接近眞實。並利用犀皮，製作（褲）腰帶（皮帶）。另外，陸佃又云：「兕似牛，兕重千斤，一角，青色，其皮堅厚，可以製鎧」〔註6〕。可知到宋時兕專指獨角犀。《爾雅·釋獸》兕條郭璞注北宋邢丙疏：「其甲堅厚，可製甲」。唐初醫藥聖孫思邈的《備急千金藥方》收集、整理和研製了三千多個醫方，其中有許多方劑包括犀角地黃湯，成爲後世醫學常用的名方〔註7〕。該方劑由犀角、生地黃、芍藥、牡丹皮組成，功能清熱解毒，涼血散瘀。適用於外感熱病、熱入營血、高熱神志不清、發斑、吐血、衄血、便血等。所以，唐宋時代，中國人還知道了犀牛（資源）的適當開發和科學利用。宋趙汝適則記載了阿拉伯人獵捕犀牛的辦法：獵「犀，則使人升大樹，操弓矢，伺其至，射而殺之。其小者，不用弓矢，亦可捕獲」〔註8〕。

〔註3〕《山海經》卷1《南山經》，第326頁。
〔註4〕《埤雅》卷三《釋獸》，《四庫全書》，臺灣商務印書館影印文淵閣版，第222冊第78頁。
〔註5〕《嶺表異錄記》，載《說郛》120弓，弓67，上海古籍出版社，《說郛三種》，第6冊，第3134頁。
〔註6〕《埤雅》卷三《釋獸》，《四庫全書》第222冊第80頁。
〔註7〕參傅維康主編：《中藥學史》，巴蜀書社1993年版，第144頁。
〔註8〕《諸蕃志》卷上《志國·大食國》，中華書局馮承鈞校注本1956年版，第47頁。

北宋蘇頌主編的《圖經本草》還記載了中國南方沿海之人取犀角的辦法：「唐醫吳士皋言：海人取犀，先於山路多植朽木，如豬羊棧。其犀前腳直，常依木而息。爛木忽然折到，(犀) 僕久不能起，因格殺之。又云：犀每歲一退 (蛻) 角，必自埋於山中。海人潛作木角易之，再三不離其處。若直取之，(犀) 則藏於別處，不可尋矣」〔註 9〕。上述幾種獵犀取角的方法，中國發明的第三種尤其值得稱道。因爲那樣可以保護和發展犀資源，反覆利用，而不致殺雞取卵，斬犀割角，萎縮和枯竭犀資源。

元代《島夷志略》、明代《星槎勝覽》皆立有「龍牙犀角」條，用來指一個國家或地區，一般認爲指馬來半島狼牙修地區。元代旅居中國並歸化了中國的越南人黎崱 (1260s～1340s) 用漢文寫了一部越南史志《安南志略》，書中記載了越南當時有通天犀、鬬水犀、鬬寒犀三種犀。其中的通天犀，黎崱引前人曰：「犀毛如豕，蹄有三跲，頭如馬。有二角，鼻上角長，額上角短」〔註 10〕。黎崱正確描繪了犀牛「鼻上角長，額上角短」的特徵。黎崱雖是越南人，但他已歸化了中國，所著又用漢文，故他的書仍屬大中華文化漢字文化圈中的典籍。

到了元明時代，由於氣候變化，人口增長，伐林墾荒，獵戶捕殺等諸多原因，犀牛在中國已漸稀少珍貴。所以明初永樂年間下西洋時，人們把它作爲珍稀動物來記載。隨行的馬歡說，占城國 (今越南中部)「他所不產，犀牛象牙甚廣。其犀牛如水牛之形，大者有七八百斤。滿身無毛，黑色，俱生鱗甲，紋癩厚皮。蹄有三跲。頭有一角，生於鼻樑之中，長者有一尺四五寸。不食草料，惟食刺樹刺葉，並食大干木。拋糞如染坊黃櫨楂 (渣)」〔註 11〕。馬歡所說是記載下西洋諸書中對犀的描述最詳的。我們知道，現存的犀有五種，其中的小獨角犀 (R.Sondaicus) 分佈於東南亞。所以馬歡的記載較爲眞實詳細。同時也說明中國的犀已稀少罕見珍貴，所以馬歡才詳加描述。也下過西洋的鞏珍則說犀「皮粗厚，紋如鱗甲」〔註 12〕。上述對犀牛的記述，略做省減後也被載入明黃省曾《西洋朝貢典錄》卷上《占城國》中，明嚴從簡《殊域周咨錄》卷七《南蠻·占城》中，等等。由是推之，明初下西洋人員對犀牛的描述，成爲明代知識界對犀牛的標準認識，代表其水準。順便說說，

〔註 9〕《諸蕃志》卷下《志物·犀角》，第 136 頁。

〔註 10〕《安南志略》卷 15《物產》，中華書局 1995 年武尚清點校本，第 367 頁。

〔註 11〕《瀛涯勝覽·占城國》，馮承鈞校注本，中華書局 1955 年版，第 3 頁。

〔註 12〕《西洋番國志·占城國》，中華書局向達校注本 2000 年版，第 2 頁。

犀牛因是熱帶的動物，在溫帶無法生存（當時無人工溫室暖房），故西洋各國一般只貢犀角，下西洋人員一般也只購買犀角。但也有例外，如印尼蘇門答臘下屬的黎代國，「山有野犀牛至多。王亦差人捕獲，隨同蘇門答剌（臘）國以進貢於中國」〔註 13〕。蘇門答剌（臘）國也「朝貢無常。……宣德十年，復請其子封爲王。其貢物：馬、犀牛、龍涎（香）、……」〔註 14〕，等等。

明清兩代，犀牛因下西洋之人的介紹和引進，其形象和利用更加普及。明清官服的標記——補子爲武官繡獸，文官繡鳥。其中武八品的官服上均繡犀牛〔註 15〕。犀牛的形象也滲入了民間的日常生活。山西祁縣清代喬家大院（民俗博物館，電影《大紅燈籠高高掛》拍攝地）靜宜宅中有犀牛望月大鏡子。該鏡上面是大圓鏡，下面鏡座是木犀牛。距今已有二百餘年。但所雕犀牛僅額部有角，鼻部無角，故不很像〔註 16〕。這間接說明清代中國犀牛已很罕見，匠人已把握不住犀牛的主要特徵了（犀牛一般鼻部一大角，額部一小角；獨角犀則鼻部一大角）。

有清一代，由於自然條件變遷，人口爆炸，不得不毀林開荒，墳湖造田，圍澤建地。犀牛的生存環境越益惡劣，中國的犀牛也日益萎縮、罕見，廣東、福建的犀於 18 世紀 30 年代到 19 世紀逐漸滅絕〔註 17〕；19 世紀末 20 世紀初中國雲南西南部的犀牛最後消失，中國的犀牛最後滅絕〔註 18〕。

二、鱷魚——從常見到瀕危

中國自古以來就產鱷，至今還棲息和生存著一種揚子鱷。中國人對鱷的瞭解認識有一個很悠久的歷程。甲骨文、金文、篆文中皆無鱷字。但甲金篆文中有鼉字，分作　。《說文解字·黽部》:「水蟲，似蜥蜴，長大」。《山海經》卷五《中山經》:「又東北三百里，曰岷山，江水出焉，東北流，

〔註 13〕《瀛涯勝覽·黎代國》，第 32 頁。

〔註 14〕《西洋朝貢典錄》卷中《蘇門答臘國》，中華書局謝方校注本 1982 年版，第 69 頁。

〔註 15〕參《大明會典》卷 60《禮部·冠服》，臺灣新文豐出版公司影印本；《清通典·禮·嘉四》，商務印書館萬有文庫本。其眞品實物見山西平遙古城明清縣衙錢糧庫展品，筆者 2003 年 9 月 21 日到此參觀考察。

〔註 16〕本人 2003 年 9 月 21 日到此參觀考察。

〔註 17〕參張榮祖：《中國動物地理》，科學出版社 1999 年版，第 248 頁。

〔註 18〕參張全明、王玉德等：《中華五千年生態文化》，華中師大出版社 1999 年版，下卷第 1022 頁。

注於海。其中多良龜，多鼉」。郭璞注云：「似蜥蜴，大者長二丈，有鱗彩。皮可冒鼓」〔註 19〕。中國古代有鼉更、鼉聲、鼉鳴的說法或習俗。鼉更以鼉夜鳴與更鼓相應而得名。宋陸佃《埤雅．釋魚》：「今鼉像龍形，一名鱓。夜鳴應更，吳越謂之鱓更……舊云鼉性嗜睡，目睛常閉」〔註 20〕。古俗還以爲鼉鳴吼叫則天欲下雨：「鼉俗雨則鳴，俚俗以鼉讖語」〔註 21〕。

中國古代很早就知道利用鼉，用鼉皮蒙鼓。《詩經．大雅．靈臺》，「鼉鼓逢逢」。《山海經》卷五《中山經》郭璞注：「（鼉）皮可冒鼓」。東吳陸璣云：「鼉形似蜥蜴，四足，長丈餘。生卵，大如鵝卵，堅如鎧。今後藥鼉魚甲是也。皮堅厚，可以冒鼓」〔註 22〕。魏晉南北朝時期，出現了「鱷」字。西晉張華曰：「南海有鱷魚，狀似鼉」〔註 23〕。唐代有了對鱷的記載。韓愈被貶爲潮州刺史時，「愈至潮陽既視事，詢吏民疾苦。皆曰：『郡西湫水有鱷魚，卵而化，長數丈，食民畜產將盡。以是民貧』。居數日，愈往視之。令判官秦濟炮一豚一羊，投之湫水，咒之曰：……。自是潮人無鱷患」〔註 24〕。我們知道，鱷是熱帶亞熱帶溫帶動物，唐時潮州相當於今廣東省潮汕地區，屬亞熱帶。大鱷最長可達三丈餘。故《舊唐書》對韓愈咒鱷一事的記載當屬實。

《康熙字典》引宋人曰：「鱷魚之狀，龍吻、虎爪、蟹目、鼉鱗，尾長數尺，末大如箕，芒刺成鉤，仍自膠黏。多於水濱潛伏，人畜近，以尾擊取，蓋猶象之任鼻也」〔註 25〕。可知宋時國人對鱷魚的狀態習性描述已比較翔實眞切。元代周達觀云：「鱷魚大者如船，有四腳，絕類龍，特無角耳」〔註 26〕。由上可知，在中古的一段時期，鱷、鼉並用，皆指鱷。到近古，鱷才逐漸排擠鼉，成爲表鱷的標準字。

到了明代，由於自然條件變化等複雜原因，鱷魚在中國已見稀少，故下西洋人員已把鱷魚當成珍禽異獸來記述。馬歡講：滿剌加國（今馬六甲地區）「海邊水內常有鼉龍傷人。其龍高三四尺，四足，滿身鱗甲，背刺排生，龍

〔註 19〕袁珂：《山海經校注》，巴蜀書社 1992 年版第 189 頁。
〔註 20〕《埤雅》卷二《釋魚》，《四庫全書》第 222 冊第 69～70 頁。
〔註 21〕《康熙字典》亥集下《黽部》，成都古籍書店 1980 年影印本。
〔註 22〕吳陸璣、明毛晉：《陸氏詩書廣要》卷下《釋魚》，《四庫全書》第 70 冊第 146 頁。
〔註 23〕《博物志》卷三《異魚》，《四庫全書》第 1047 冊第 1586 頁。
〔註 24〕《舊唐書》卷 160《韓愈傳》，中華書局標點本第 4202～4203 頁。
〔註 25〕《康熙字典》亥集中《魚部．十六畫》。
〔註 26〕《眞臘風土記》第 24 條《魚龍》，中華書局 2000 年夏鼐校注本，第 157 頁。

頭獠牙。遇人即齧」〔註 27〕。馬歡所說的鼉龍，很可能從《埤雅・釋魚》的「鼉像龍形」一語演化而來。鞏珍《西洋番國志・滿剌加國》亦有類似記載，但把「鼉龍」改爲「龜龍」。其實，在現代漢語中，鼉也叫鼉龍，指鱷的一種中國特產揚子鱷，通稱豬婆龍。所以鼉龍比龜龍更科學、更現代、更準確。明後葉的嚴從簡也把鼉龍改爲龜龍，把這段記述收入他的《殊域周咨錄》，並在後面加了一句：「遇人即齧，齧即死，漁人甚畏其害」〔註 28〕。下西洋之人和諸書還記述了異國他鄉之人利用鱷魚行神命載判法之事：占城國（今越南中部）「有一大潭通海，其中有鱷魚。國人有告爭訟難明，官不能解決者，則令各騎水牛過潭。鱷魚見理曲者則出，食之；其理直者雖過十餘次亦無事。最爲異也」〔註 29〕。馬歡《瀛涯勝覽・占城國》也有類似的記載。鱷魚辯訟神明裁判之事，始見宋趙汝適《諸蕃志》卷上《志國・占城國》。當是馬歡、鞏珍隨下西洋船到了占城國，實地驗證了此事，便再次記了下來。以後明黃省曾《西洋朝貢典錄》卷上《占城國》等也轉載了此事。所以，下西洋增進了中國人對鱷的認識瞭解。

到了清代，由於自然條件變遷和人口爆炸，鱷和許多動物的生存環境惡化，中國的各種鱷類逐漸消亡匿跡。現在，只剩下揚子鱷（又叫中華鱷）一種了，且已屬瀕危珍稀的國家一級保護動物了。揚子鱷僅體長兩米，以魚、螺、蛙、小鳥和鼠類爲食，無力攻擊人畜。它不能和那些體長六米，經常攻擊人畜的大鱷相比。

上面講的犀、鱷係中國原有或不少，今已滅絕或大部分種屬已滅絕（世界上現存 21 種鱷），剩下的已很珍稀的動物。下西洋人士還耳聞目睹記載描述了一些中國從未有過的大中型動物。下面分別予以論述（鴕鳥、斑馬、長頸鹿）。

三、鴕鳥——世界上最大的鳥

中國從不產鴕鳥，故甲文、金文、篆文、隸書中無鴕字。所以鴕字是個很晚才形成出現的字。宋代丁度等《集韻》收鴕，音駝，曰「鴕，鳥名，似

〔註 27〕《瀛涯勝覽・滿剌加國》，第 25 頁。

〔註 28〕《殊域周咨錄》卷 8《南蠻・滿剌加》，中華書局余思黎點校本 1993 年版，第 290 頁。

〔註 29〕《西洋番國志・占城國》，第 4 頁。

雉」〔註30〕。此字似乎為最早出現的「鴕」字。「鴕」字雖形成較晚，但中國人聽說到鴕鳥卻較早。《漢書·西域傳》載：安息國「有大馬爵」。唐顏師古注（晉）《廣志》云：「大爵頸及膺身，蹄似橐駝，色蒼，舉頭高八九尺，張翅丈餘，食大麥」〔註31〕。師古注的大（馬）爵很可能指鴕鳥：「頸及膺身」指頸很長，直到胸部；「蹄似橐駝」即蹄似駱駝。駱駝蹄扁平，兩趾，蹄底有肉質的墊，適於沙漠中行走。鴕鳥的足也具兩趾和肉墊，適於在沙地奔跑。「色蒼」即青色－黑色。雄鴕鳥體羽主要為黑色，雌鳥羽毛灰色。「舉頭高八九尺」，成年雄鴕鳥高達 2.75 米，且漢尺比今尺小點。「張翅丈餘」，鴕鳥的雙翅雖已退化，不能飛翔。但奔跑時能鼓翅扇動以助一臂之力。故兩翅張開連同身軀也有近一丈。再說前面提過漢丈尺比今丈尺小點。晉郭義泰的《廣志》除了說它「舉頭高八九尺，張翅丈餘，食大麥」之外，還稱它為「安息雀」，並說它「卵如甕」〔註 32〕。通過把郭義泰說的安息雀師古注的大（馬）爵與現代鴕鳥的頸、蹄（足）、色、高、翅對比，可知它應該就是現代的鴕鳥。所以，晉唐人便接觸過鴕鳥並留下了記載。《新唐書》卷 221《吐火羅傳》提到鴕鳥。宋趙汝適提到，弼琶羅國（非洲索馬里沿海地區）「又產物名駱駝鶴，身項長六七尺，有翼能飛，但不甚高」〔註 33〕。這裡所說的駱駝鶴也應是鴕鳥。前已提說，鴕鳥的翅膀已退化，不能飛翔。可能是鴕鳥鼓翅助跑，飛躍前進，給人的印象好像是低飛。屬觀察不細，記載失真。元代汪大淵說，麻那里地區（麻那里一般認為係東非肯雅馬林迪地區）「有仙鶴，高六尺許，以石為食。聞人拍掌，則聳翼而舞。其容儀可觀，亦異物也」〔註 34〕。鴕鳥常在沙漠活動，在沙中覓食，故被人誤以為以石為食。可見到元代及下西洋前，人們對鴕鳥的瞭解仍沒超過唐代顏師古。因鴕鳥對中國人來說實在太罕見了，故認識反而退步了。

鄭和下西洋的船隊和人員到了產鴕鳥的非洲和阿拉伯沙漠，親眼目睹了鴕鳥，對它有了真切的認識：祖法爾國〔註 35〕「山中亦有駝雞，土人間

〔註30〕《集韻·平聲·三》，上海古籍出版社 1985 年版。
〔註31〕《漢書》卷 96《西域·安息傳》，中華書局標點本，第 3890～3891 頁。
〔註32〕《廣志》，載明陶宗儀等編《說郛三種》，㔾61，上海古籍出版社，第 6 冊第 2836 頁。
〔註33〕《諸蕃志》卷上《弼琶羅國》，中華書局馮承鈞校注本，1956 年版，第 55 頁。
〔註34〕《島夷志略·麻那里》，中華書局蘇繼廎校注本 1981 年版，第 295 頁。
〔註35〕《星槎勝覽》作佐法爾，今阿拉伯阿曼佐法爾 Zufar 地區。

亦捕獲來賣。其雞身扁頸長，其狀如鶴。腳高三四尺，每腳止有二指（趾）。（羽）毛如駱駝，食綠豆等物。行似駱駝，因此名駝雞」〔註 36〕。竹步國（索馬里朱巴州）「地產……駝蹄雞，有六七尺高者，其足如駝蹄」〔註 37〕。下西洋人員不僅見到了鴕鳥，還採買帶回了一些，讓更多的人得以觀察欣賞見識。如祖法爾國其「國王於欽差使者回日，亦差其頭目將乳香、駝雞等物，跟隨它船以進貢於朝廷焉」〔註 38〕。鞏珍《西洋番國志・祖法爾國》也有類似的記載。明中葉的黃省曾也說：「其貿採之物，異者十有二品：……十一曰駝雞，……」〔註 39〕。故至下西洋，中國人對鴕鳥的瞭解認識才超過了唐代顏師古。這個認識水準在明朝還得以保持。黃省曾便述曰：「（祖法爾國）有禽焉，長身而鶴頸，足四尺而二爪。其狀如駱駝，其名曰駝雞，是食五穀」〔註 40〕。

所以，下西洋期間及稍後，鴕鳥首次現身於中國。這亙古未有、從未見過的珍禽，引得達官貴人士子爭相觀看，寫詩作賦，史載「永樂初年，己亥（即十七年，1419 年）秋八月旦吉，西南之國（指忽魯謨斯即伊朗霍爾木茲地區）有以異禽來獻者，稽往牒而莫徵，考載籍而難辨。皇帝御奉天門特以頒示，群臣莫不引領快睹，頓足駭愕，以爲稀世之罕聞中國所未見」〔註 41〕。於是有儒臣文人作賦捧場：「其爲狀也，駞首鳳啄，鶴頸鳧臆，蒼距矯攫，修尾嶍崒，雄姿逸態，鷙武且力。衡不逾咫，高可八尺，名曰駝雞」〔註 42〕。這些雖爲文學性的詞賦，也算是對鴕鳥做了一些描繪形容，有利於人們認識瞭解。以後就是長篇大段地描寫歌舞昇平，粉飾太平了。例如它最後說：「臣目睹於盛美，愧陳詞之弗臧，頌聖壽於萬年，同地久而天長」〔註 43〕。不過，這些賦同詠麒麟（長頸鹿）賦等一起，形成詠西洋珍禽異獸賦，也算是明代文學界短暫閃現的一道風景線。可是，下西洋之人和明人都把鴕鳥稱爲駝雞，沒有宋代丁度的稱呼好。到清初編《康熙字典》和《古今圖書集成》時，才

〔註 36〕《瀛涯勝覽・祖法爾國》，第 54 頁。
〔註 37〕《星槎勝覽・後集・竹步國》，中華書局馮承鈞校注本 1954 年版，第 20 頁。
〔註 38〕《瀛涯勝覽・祖法爾國》，第 54 頁。
〔註 39〕《西洋朝貢典錄》卷下《阿丹國》，第 114 頁。
〔註 40〕《西洋朝貢典錄》卷下《祖法爾國》，第 104 頁。
〔註 41〕《殊域周咨錄》卷九《西戎・忽魯謨斯》，第 318 頁。
〔註 42〕同上，第 318～319 頁。
〔註 43〕同上，第 319 頁。

「以鳥之名，改（從）馬爲從鳥」〔註 44〕，稱駝鳥或鴕雞。到民初編《中華大字典》時，才像今天一樣定名爲鴕鳥，並附有精美的彩圖〔註 45〕。

四、斑馬——世界上最漂亮的馬科動物

斑馬產於非洲，中國自來不產。有學者認爲《山海經·南山經》中的鹿蜀疑是蜀鹿之誤，便是斑馬，中國古產斑馬〔註 46〕。此論頗值商榷。先看文獻，《山海經》是如此敘述的：「杻陽之山，……有獸焉。其狀如馬而白首，其紋如虎而赤尾，其音如（歌）謠，其名曰鹿蜀，佩之宜子孫」〔註 47〕。明代朱謀瑋《駢雅》在此基礎上簡注鹿蜀爲「虎，紋馬」。但較之動物園中和圖片上的斑馬，其狀大不相符。第一，斑馬非白首，其頭部也是黑白斑紋相間。第二，虎是黃底黑紋，花紋不對稱；斑馬是黑白相間，不好說是黑底白紋還是白底黑紋，花紋對稱。第三，斑馬尾巴非赤色，也是黑白相間；成環狀，末端是黑穗。第四，「佩之宜子孫」即「佩帶其皮毛宜子孫」〔註 48〕。但中國從未有佩帶斑馬皮（或海魂衫那類的衣物）以宜（益、合順等）其子孫的事例和習俗。再看圖畫。提出此說的《中國古代動物學史》配有一幅圖畫，很像斑馬，出處爲《古今圖書集成》。但據我所知，《山海經》最早無圖，晉郭璞做注時又繪圖做贊。但郭圖後亡佚。今天能見到的圖，皆是明清時人補繪。今人袁珂校注的《山海經》也配有一幅鹿蜀圖（第 3 頁），看上去一點都不像斑馬。所以推測那幅像斑馬的圖可能是清人繪製。正是下西洋之人明確描述了甚至引進了斑馬，使畫家畫匠見識了斑馬，所以明代 1430 年左右成書的《異域圖志》才畫出了非洲花福鹿（即斑馬，後要論述）。清康雍時編《古今圖書集成》，編者畫師們受此啓發影響，才把鹿蜀畫成了斑馬。綜上所論，說《山海經》中的鹿蜀便是斑馬事實不清，證據不足，可以否定。至於它是現代的什麼獸，已難以考出。或者本來就沒有，記述錯誤；或者已滅絕了；或者記得離實物太遠，無法恢復其眞面貌了。

〔註 44〕《康熙字典·亥集·鳥部》。

〔註 45〕參《中華大字典·亥集·鳥部》第 51 頁，及第一冊的《動物圖一》，上海中華書局 1915 年版。

〔註 46〕見郭乳、李約瑟、成慶泰：《中國古代動物學史》，科學出版社 1999 年版，第 59 頁。

〔註 47〕《山海經》卷 1《南山經》，第 4 頁。

〔註 48〕晉郭璞注，同上，第 4 頁。

中國人中最早聽說接觸到斑馬的可能是南宋趙汝適。他在任福建路市舶司時聽說過甚至可能見過斑馬（或者見過斑馬的圖畫）。他說：弼琶羅國（今東非索馬里柏培拉 Berbera 地區）「又有騾子，紅白黑三色相間，紋如經帶，皆山野之獸，往往駱駝之別種也。國人好獵，時以藥箭取之」〔註 49〕。比之斑馬，可知所講大部屬實。斑馬外形確實像騾子；說它紅白黑三色相間，不準確。但說斑馬白黑兩色相間，紋如經帶。則屬實。在分類學上斑馬屬哺乳綱，奇蹄目，馬科；駱駝屬哺乳綱，奇蹄目，駱駝科。雖有相差，但同目，故也不很遠。所以這是中國人對斑馬的最早記載和描述。其後，對斑馬的認識瞭解基本中斷。

鄭和下西洋船隊到了產斑馬的非洲（具體到了東北非沿海）。下西洋人士親眼看到了斑馬，做了記載描述。馬歡講：阿丹國（今也門亞丁地區）又有花福鹿（faro），「如騾子樣，白身白面，眉心隱隱起細細青條花，起滿身，至四蹄。細條如間道，如畫青花」〔註 50〕。到底是身臨其境，親眼目睹，所以觀察得較爲仔細，描述得較爲貼切。費信也講，卜剌哇國〔註 51〕產「花福祿（鹿），狀如花驢」〔註 52〕。明中葉之人在此基礎上簡述曰：「有獸焉，其狀如騾，白身白面而青紋，其名曰花福鹿」〔註 53〕。

下西洋之人不僅目睹描述了斑馬，還從西洋諸國引進了斑馬。「永樂十五年統令舟師往西域。……木骨都束國（東非索馬里摩加迪沙）進花福鹿並獅子」〔註 54〕。下西洋船隊也購回斑馬供研究和觀賞。「其貿採之物，異者十有二品：……九曰花福鹿」〔註 55〕。

下西洋時期，中國人不僅記錄了斑馬，而且還傳神地畫下了斑馬。1430 年左右成書的《異域圖志》就寫實地、逼眞地畫下了斑馬，是爲中國的第一幅斑馬圖畫，並簡稱爲福鹿。其惟妙惟肖的程度已接近今天的水準〔註 56〕。

〔註 49〕《諸蕃志》卷上《志國 • 弼琶羅國》，第 55 頁。
〔註 50〕《瀛涯勝覽 · 阿丹國》，第 58 頁。
〔註 51〕今東非索馬里巴拉維地區，見向達校注《西洋番國志》，第 61 頁地圖。
〔註 52〕《星槎勝覽》後集《卜剌哇國》，第 25 頁。
〔註 53〕《西洋朝貢典錄》卷下《阿丹國》，第 114 頁。
〔註 54〕《西洋番國志》附錄《婁東劉家港天妃宮石刻通番事蹟記》，第 52 頁，《長樂南山寺天妃之神靈應記》，第 55 頁。
〔註 55〕《西洋朝貢典錄》卷下《阿丹國》，第 114 頁。
〔註 56〕見李約瑟《中國科學技術史》第五卷《地學》，科學出版社 1976 年版，第一分冊第 36 頁插圖。

這是因爲《異域圖志》的作者大概是朱元璋的第十七子寧獻王朱權（1378～1448）〔註 57〕。他身爲皇冑王公貴族，親眼見過下西洋人員帶回獻進皇宮的珍禽異獸包括斑馬，才親自或請畫匠把斑馬畫下來並畫得較好。《異域圖志》後被余文臺收入於明末 1609 年刊行的《萬用正宗不求人全編》之中〔註 58〕。到清初康雍時編《古今圖書集成》，學者畫師們便把《山海經》中的鹿蜀稱爲、畫爲斑馬。中國人對斑馬的認識瞭解從下西洋起便傳承下來，直到現代。花福鹿何時變更正名爲斑馬，估計是在民國。清初《康熙字典》、民初《中華大字典》斑字條均沒有斑馬一詞，1939 年出的《辭源正續編》合訂本「斑」字條始收有斑馬一詞。

五、長頸鹿——世界上最高的動物

長頸鹿自來產於非洲，中國不產，對之也無從瞭解認識。中國聽說瞭解到長頸鹿大概始於宋代。北宋李石記曰：「撥拔力國有異獸，名駝牛。皮似豹，蹄像牛，無峰，項長九尺，身高一丈餘」〔註 59〕。馮承鈞認爲撥拔力國即弼琶羅國，在今索馬里柏培拉（Berbera）。我們知道，長頸鹿的毛色花紋是有些像豹，皆爲黃色；頸長身高是其最大的特徵。在分類學方面，長頸鹿屬哺乳綱，偶蹄目，長頸鹿科；牛屬哺乳綱，偶蹄目，牛科。它們的足都有四趾，趾端爲蹄。所以，北宋李石《續博物志》所說的駝牛應是長頸鹿。到了南宋，趙汝適的記述又有了新的內容：弼琶羅國（同爲今索馬里北部柏培拉）產「獸名徂蠟，狀如駱駝，而大如牛。前腳高五尺，後低三尺。頭高向上，皮厚一寸」〔註 60〕。趙汝適所提供的新內容包括產地可考，取名由據形態變爲譯音，特別是記下了長頸鹿不同於一般四足動物和家畜的一個顯著特點，即前腿長後腿短。他們兩人的記述可能都是據來華的外國人口述的，係打聽到的。元代汪大淵雖遊歷西洋到過非洲，所著《島夷志略》立有非洲的國家地區條目，記載他在非洲的所見所聞。但沒涉及到長頸鹿。

〔註 57〕《明史．藝文志》注明朱權編著有《異域志》一卷，此書不知是否即李約瑟所說的《異域圖志》。參《明史》卷 97《藝文志・地理類》，中華書局標點本第 3595 頁。

〔註 58〕參李約瑟《中國科學技術史》第五卷，第 35 頁。但在國內這兩本書都未找到。據說《異域圖志》今僅存於劍橋大學圖書館。

〔註 59〕《續博物志》卷十，《四庫全書》第 1047 冊，第 973 頁。

〔註 60〕《諸蕃志》卷上《弼琶羅國》，第 55 頁。

明初鄭和下西洋到了長頸鹿的產地非洲（具體到了非洲東北岸）。下西洋人員親眼目睹了長頸鹿的風采，把它記述下來。馬歡說：阿丹國（今也門亞丁），忽魯謨廝國（今伊朗霍爾木茲）產麒麟（按，當是從鄰近的非洲引進的）。「麒麟前二足高九尺餘，後兩足約高六尺。頭抬頸長一丈六尺，首昂後低，人莫能騎。頭上有兩肉角，在耳邊。牛尾，鹿身，蹄有三跆，扁口。食粟豆麵餅」〔註 61〕。這裡說的食粟豆麵餅恰好證明我說的西亞的長頸鹿是從非洲引進的，是關在籠裏或御園裏人工飼養的。較之今日《現代漢語詞典》的介紹：「哺乳動物，頸很長，不會發聲，雌雄都有角，身上有花斑。跑得很快，吃植物的葉子，產於非洲森林中，是陸地上身體最高的動物」——可知馬歡的記述多麼逼眞、正確、詳細、全面，有些地方甚至超過了今日《現漢》和《辭海》的介紹。

不過，馬歡爲它重新取名爲麒麟，以中國古代傳說中的瑞獸來附會，卻有造成混淆、紊亂之弊病。眾所周知，麒麟是中國古代傳說中一種類似龍鳳那樣的神獸，其狀如鹿，頭上有獨角，全身長鱗甲，尾像牛。古人拿它象徵祥瑞，簡稱麟。《禮記・禮運》「山出器車，河出馬圖，鳳凰麒麟，皆在郊棷」（同藪，沼澤）。又：「麟鳳龜龍，謂之四靈」。亦借喻傑出的人。麒麟早就成爲中國傳統文化中的一分子，如漢代有著名建築麒麟閣，有金幣麟趾金，有成語鳳毛麟角；唐代有成語麒麟楦，有官衙麟臺；天文學上有星座麒麟座，等等。所以，取名爲麒麟實屬敗筆錯名。不過麒麟與長頸鹿皆用鹿旁或鹿字，說明命名者認爲它們有相通或相近之處。這樣其錯誤就犯得相對小些。但是，下西洋的其他人沒有都跟著跑。費信《星槎勝覽》後集《佐法兒國》採用譯音，稱長頸鹿爲祖剌法。還有記載下西洋事蹟的幾塊天妃宮碑刻等也如此。但鞏珍又稱其爲麒麟。他對長頸鹿的描述基本同於馬歡，只有少許調整補充，如：「褊口長頸，舉頭高一丈六尺，前仰後俯，……兩耳邊有短肉角」〔註 62〕。

下西洋之人不僅目睹記載了長頸鹿，而且購進引入了長頸鹿，在阿丹國（也門亞丁），寶船隊買得各色珍寶；「又買得珊瑚枝五櫃，金珀、薔薇露、麒麟、獅子、花福鹿、金錢豹、駝雞、白鳩之類而還」〔註 63〕。後來又在天方國（默伽國，即沙特麥加）「買到各色奇貨異寶及麒麟、獅子、駝雞等物，

〔註 61〕《瀛涯勝覽・阿丹國》，第 58 頁。
〔註 62〕《西洋番國志・阿丹國》，第 57 頁。
〔註 63〕《瀛涯勝覽・阿丹國》，第 55～56 頁。

並畫天堂（即克爾伯清眞寺）圖回京奏之」〔註 64〕。西洋各國也有跟隨寶船隊來華朝貢進獻長頸鹿的。忽魯謨斯國（伊朗霍爾木茲）國王便「修金葉表文遣使隨寶船以麒麟、獅子、珍珠、寶石進貢中國」〔註 65〕。永樂十五年，「阿丹國進麒麟，番名祖剌法」〔註 66〕。永樂十二年，榜葛剌國（今孟加拉）亦「貢麒麟等物」〔註 67〕。

外國進獻的和明人購進的長頸鹿回國到京後，因其形態獨特、是世界上最高的動物、最富觀賞價値而引起人們極大的興趣和關注。有的大臣認爲「五六年間麒麟凡三至京師，烜赫昭彰，震耀中外。誠千萬世之嘉遇，而太平之上瑞也」〔註 68〕。於是作賀辭，吹捧粉飾，其贊曰：「猗歟仁獸，異狀奇形。二儀胚暉玄枵降精。龍顱聳拔，肉角挺生。紫毛白理，龜紋縱橫。其質濯濯，其儀彬彬。有趾弗踶，惟仁是遵。有角弗觸，惟義之循。步中規矩，音協韶鈞。生草不踐，生物不餐。四時乘化，具鳴弗愆。是名麒麟，出應於天……」〔註 69〕。這種辭贊純粹爲了阿諛奉承，但對長頸鹿的形容也反映了一些它的形態、習性，是他們在觀賞後，以文學的筆觸綺麗的語句四言古詩的形式，寫下的對長頸鹿的介紹。請看，「龍顱聳拔，肉角挺生」。長頸鹿的頭顱的確頗像傳說中的神獸龍，雌雄頭頂都長著一對外包皮膚和茸毛的角，永不脫換。「紫毛白理，龜紋縱橫」。長頸鹿毛色棕黃，斑紋淡黃，花紋呈網狀、幾何圖形，就像烏龜殼的花紋形狀。「生草不踐，生物不餐」。長頸鹿吃植物的葉子，不像一般鹿吃草，更不吃小動物小生物。長頸鹿性情較溫順，不用角頂人，也不用足踢人。如文人所贊「有趾弗踶，惟仁是遵；有角弗觸，惟義之循」。所以御用文人的贊辭也多少增進了一點對長頸鹿的認識瞭解。

不過，因下西洋的多數人把長頸鹿稱爲麒麟，這一混用便長期流傳。民初編《中華大字典》，把麒麟（或麒、麟）按傳統仍解釋爲傳說中的祥瑞神奇之獸。但所附的圖畫麒麟圖又是地道的逼眞的長頸鹿〔註 70〕。直到 1939 年出

〔註 64〕《西洋番國志・天方國》，第 46 頁。
〔註 65〕《西洋番國志・忽魯謨廝國》，第 44 頁。
〔註 66〕同上，《婁東劉家港天妃宮石刻通番事蹟記》、《長樂南山寺天妃之神靈應記》，第 52～55 頁。
〔註 67〕《西洋朝貢典錄》卷中《榜葛剌國》，第 90 頁。榜葛剌國的長頸鹿當是進口的然後又轉手進獻。
〔註 68〕《殊域周咨錄》卷九《西域・麻剌》，第 317 頁。
〔註 69〕同上，第 317～318 頁。
〔註 70〕參《中華大字典・亥集・鹿部》，第四冊，亥集，第 95 頁。

的《辭源》，始收有長頸鹿條〔註71〕。至此，人們才把長頸鹿和麒麟區分開。

下西洋還引進介紹了獅子，加深了國人對獅子的瞭解。但因自漢以來就有向中國貢獅子的，從魏晉南北朝以來就形成了獅文化，即以獅子造形藝術、跳獅子舞等爲主要內容和形式的動物文化；再加中國從魏晉起便開始盛行佛教，佛教也以獅子爲吉祥獸和守護神，所以中國人從魏晉以來對獅子就比較熟悉。是故關於大型猛獸獅子的內容本文就不涉及了。

六、中西比較及其他

下西洋人士記錄、介紹、引進了中國沒有的或罕見的珍禽異獸，使中國人對那些動物的認識瞭解達到了一個全新的水準。這在當時（明代，15～16世紀）是很高的，沒準還是最高的。就是到了明末清初（17世紀），比起西方來也毫不遜色，有的地方甚至還要勝之。

譬如關於犀牛，明末來華的意大利傳教士艾儒略（Giulio Alèni,1582～1694）曰：印弟亞（印度）「有獸名獨角，天下最少，亦最奇，利未亞（即利比亞，指非洲）亦有之。額間一角，極能解毒」〔註72〕。又曰：「勿搦祭亞國庫云有兩角，稱爲國寶。又有獸，形如牛，身大如象，而少（稍）低。有兩角，一在鼻上，一在頂背間。全身皮甲甚堅，銳箭不能入。……頭大尾短，在水中可數十日。……其骨肉皮角牙蹄糞皆藥也，西洋俱貴重之……」〔註73〕。艾儒略提供的犀的新知識僅止它能長居水中，但對犀的綜合利用特別是犀角藥用方面不如中國知識界。

至於本文所論的其他四種動物，通讀了艾儒略的《職方外紀》卷一《亞細亞洲》，卷二《利未亞洲》均無隻字提及。說明他和他那個時代的西歐知識界對它們也不甚瞭解甚至還未聽說過。清初來華的比利時傳教士南懷仁（Berdinard Verbiest, 1623～1688）才有所論及。比如鱷，南懷仁講：「厄日多（Egypt，即埃及）國產魚，名喇加多，約（長）三丈餘。長尾，堅鱗甲，刀箭不能入。足有利爪，鋸牙滿口。性甚獰惡。色黃，口無舌，唯用上齶食物，入水食魚。登陸每吐涎於地，人畜踐之即僕，因就食之。見人遠則哭，近則噬。冬月則不食物。睡時常張口吐氣。有獸名應能滿，潛入腹內齧其肺

〔註71〕《辭源正續編合訂本．戌集．長部》，商務印書館1939年版。
〔註72〕《職方外紀》卷一《印弟亞》，《四庫全書》第594冊第294頁。
〔註73〕同上，第294頁。

腸，則死。應能滿大如松鼠，淡黑色。國人多畜之以制焉」（並附精美插圖）〔註 74〕。南懷仁介紹的鱷和中國知識界已知的差不離。但他講的能制服鱷的松鼠大小的「應能滿」則屬傳說無稽，且有損於他前面的概述。

關於鴕鳥，南懷仁講：「駱駝鳥，禽中最大者。形如鵝，其首高如乘馬之人。走時張翼，狀如棚（鵬），行疾如馬。或謂其腹甚熱，能化生鐵」〔註 75〕。他的介紹比中國人的記述簡略，說「其腹甚熱能化生鐵」更是誇張。特別是，他說駱駝鳥（即鴕鳥）產於南美洲。但南美洲棲息的不是鴕鳥（Ostrich）而是美洲鴕，音譯列雅（Rhea americana）。美洲鴕形似鴕鳥，但小一些，體高約 1.5 米，鴕鳥體高約 2.5～2.75 米；美洲鴕三趾，鴕鳥兩趾；美洲鴕每窩產卵 30 枚；鴕鳥每窩產卵僅 6～8 枚；美洲鴕飛跑時速度約爲 50 公里／小時，鴕鳥速度則可高達 80 公里／小時……〔註 76〕。可見，南懷仁的簡介在物種和產地上有嚴重失誤。再如關於長頸鹿，南懷仁講：「亞毘心域國產獸，名惡那西約。首如馬形，前足長如大馬，後足短。長頸，自前蹄至首高二丈五尺餘。皮毛五彩。豨畜囿中，人視之，則從容轉身示人，以華彩之狀」〔註 77〕。南對長頸鹿的介紹過於簡略，對其的觀察也不細緻。譬如，明清之人稱長頸鹿爲麒麟，而傳說中的瑞獸麒麟狀如鹿，獨角，故表它的文字偏旁爲鹿。說明中國人已認識到它「首如鹿形」，而非南氏所述「首如馬形」。直到清末，西洋人對長頸鹿的觀察瞭解記載才稍稍超過中國。比如晚清咸豐年間英國傳教士合信介紹說：「之獵猢，中國無名。西域有麋曰之獵猢（即英語 giraffe 的另一種譯音）。豹紋而鹿足，身高於人，項長八尺，自首至蹄高於丈五。食葉不食草。翹其首，高枝可攀；卷其舌，大枝可折。目能顧後瞻前，身勢易仰難俯。胎一年而子生，產於野而難捕。誠爲麋鹿之特」〔註 78〕。英人的介紹比起下西洋之人的記載，其超出內容就只是說明了長頸鹿一年生一胎。不過這時已是 1855 年了，比下西洋的最後一年 1433 年已晚了四百多年了。

至於斑馬，艾儒略的《職方外紀》、南懷仁的《坤輿圖說》均隻字未提，可見西歐人對它還不知曉。據查，歐洲人聽說知曉斑馬確實晚於中國。17 世

〔註 74〕《坤輿圖說》卷下《利未亞洲・東北》，《四庫全書》，第 594 冊第 782 頁。

〔註 75〕《坤輿圖說》卷下《南亞墨利加洲》，《四庫全書》第 594 冊第 786 頁。

〔註 76〕參《世界動物百科・鳥類卷》，第一卷第 6～11 頁，臺北，廣達出版有限公司 1984 年版。

〔註 77〕《坤輿圖說》卷下《利未亞洲》，《四庫全書》第 594 冊第 783 頁。

〔註 78〕《博物新編》集三《鳥獸論》，咸豐五年上海書店藏板。

紀以來西歐文獻才開始有對斑馬的零星記載和提及，才有「斑馬」這個詞（zebra）出現。18 世紀以來才有對斑馬稍詳的介紹〔註 79〕。

綜上所述，西方當時對那些珍奇動物（犀、鱷、鴕、斑馬、長頸鹿）的認識瞭解水準，總體上相同於甚至還不如中國知識界。雖然中國知識界對它們的認識水準，也還停留在動物志地理志的層面。自然，艾儒略南懷仁二人並不能完全代表當時西方最高最領先的水準，但也至少反映了西方知識界一般的整體的水準。所以，下西洋大大豐富了中國人的動物學知識，促進了動物學的發展。

從清中葉起，即從 18 世紀初開始，由於種種原因，中國越來越落後於西方了，包括生物學中的動物學。可以設想，倘若下西洋能長期堅持下去，雖改朝換代仍不輟止，並把超大規模地七下西洋改成小規模地無數次下西洋（按規模可分為超大規模、大規模、中規模、小規模四檔），中國在許多方面包括在動物學領域是不會落後，至少不會落後許多。不過，這個問題已不在本文的討論範圍內了。

（原載《海交史研究》2004 年第 1 期）

〔註 79〕cf. The Oxford English Dictionary, Second edition, Vol.20, p.787, Clarendon Press, Oxford, 1989.

Sailing to West Ocean and Progress of Zoological Knowledge in China

Abstract

In the early period of Ming, Zheng He's fleet sailed to the West Ocean many times and visited more than 30 countries and regions in Asia and Africa. They observed, recorded, introduced and brought in some rare birds and animals which have never existed in China or were rare then and no longer present now. This enriched the Chinese zoological knowledge and facilitated the development of zoology. This paper investigates and discusses the understanding and comprehension as well as the knowledge evolution of the Chinese intellectual circles over the five big and middle animals, among them namely to rhinoceros, crocodile, ostrich, zebra and giraffe. In addition, it compares with the knowledge about those animals brought in by the Western missionaries in the end of Ming and early time of Qing, judging which is superior and higher.

Key words: Sailing to West Ocean, Zoological knowledge, Five rare animals, Comparison between West and China.

下西洋與非洲動物的引進

張　箭

提　要

在六百年前開始的下西洋的偉業中，鄭和船隊到達了亞非三十多個國家和地區。其中可考的有七個非洲國家和地區，即米息（埃及）、木骨都束（索馬里摩加迪沙）、卜剌哇（索馬里巴拉韋）、竹步（索馬里朱巴）、速麻裏兒（索馬里）、麻林地（肯尼亞馬林迪）、慢八撒（肯尼亞蒙巴薩）。鄭和船隊從西亞非洲引進了一些獨特珍稀的非洲動物，其中可考的重要的有花福鹿（斑馬）、麒麟（長頸鹿）、駝蹄雞（鴕鳥）、馬哈獸（直角羚）和非洲獅。這些動物今天已僅存於非洲了。下西洋之人和明人對非洲動物的記載描述爲中國乃至東亞動物學界增添了新知識；文人墨客詠歎非洲動物的詩賦造就了明代文壇的一道風景線；丹青妙手對它們的摹繪爲中國乃至東亞世界留下了關於非洲動物的最早的造型藝術珍品。

關鍵詞：下西洋、非洲七國、五種非洲動物、在華的影響。

中圖分類號：K248. 105，Q958.1

文獻標識碼：A

非洲是個大中型野生動物資源最爲豐富的大洲，也是今天許多珍稀大中型動物的最後棲息存續之地。六百年前鄭和率龐大船隊七下西洋（1405～1433），其大隊和分䑸（分隊）多次到達非洲東北的亞丁灣、紅海海岸和東部的印度洋海岸。船隊的明朝官兵水手與非洲東北部的各國家、地區、部族進行了友好交往、互通有無、貿易交換、互利互惠，從而傳播了文明，結下了友誼，留下了動人的傳說。下西洋人士還從非洲購買引進，非洲各邦也上貢進獻了許多非洲特有的、當時中國沒有、今日亞洲也沒有的珍稀動物。從而在中非關係交流史上譜寫了美好獨特的篇章。在紀念鄭和首下西洋六百週年之際（1405～2005），本文對此盛事佳話進行梳理、勾勒、考證、論述，以利於中非友好史和中外交流史的研究。

一、下西洋船隊到達的非洲國家和地區

曾隨鄭和船隊四下西洋的費信寫有記載下西洋諸事和沿途見聞的《星槎勝覽》。《星槎勝覽·後集》立有「竹步國」條，馮承均校注其西語名爲 Jubb or Jobo〔註 1〕。竹步國今爲何地。從發音看，東北非索馬里南部有朱巴河（Zubba）、中朱巴州、下朱巴州，河口有港埠城市瓊博（Jumba）。其「朱巴」的西語爲 Zubba〔註 2〕。從地望看，費信在竹步國前先介紹佐法兒國（Zufar）。佐法兒公認爲是今阿拉伯半島阿曼的佐法爾（Zufar）地區。在竹步國後又介紹木骨都束國。木骨都束即今索馬里首都摩加迪沙（Mogadisho，濱海城市）。摩加迪沙在朱巴地區附近。「其處（指竹步）與木骨都束山地連接」〔註 3〕。佐法爾離朱巴也不遠。從物產民俗人種看，竹步國「風俗亦淳，男女拳（鬈）髮，男子圍布，婦女出則以布兜頭，不露身面。……產獅子、金錢豹、駝蹄雞（即鴕鳥，後要考證）」〔註 4〕。我們知道，索馬里是以黑人爲主的國家，黑人的一大特徵是鬈髮。獅子、鴕鳥是黑非洲的特產。綜合以上地名發音、地望、特產、民俗、人種等，可判定竹步國即今索馬里南部朱巴河河口朱巴州地區。鄭和船隊或其分䑸到了索馬里朱巴地區。

〔註 1〕費信：《星槎勝覽·後集·竹步國》，馮承均校注本，中華書局 1954 年版，第 19 頁。

〔註 2〕cf. The Times Atlas of the World, comprehensive edition, seventh edition, 1985, Times Books Limited, London, 1985, Plate 87, Ethiopia：Somalia：Suddan。

〔註 3〕《星槎勝覽·後集·竹步國》，第 20 頁。

〔註 4〕同上，第 20 頁。

《星槎勝覽·後集》立有木骨都束國，前已提及它即爲今索馬里首都摩加迪沙（Mogadisho）城。其人種也是黑人，費信說他們「男女拳（鬈）髮四垂，腰圍稍布」〔註5〕。所以鄭和船隊或其分䑸到了索馬里摩加迪沙地區。

《星槎勝覽·後集》立有卜剌哇國，馮承鈞校注其西語名爲 Brawa〔註6〕。從發音看，今索馬里東海岸摩加迪沙以南朱巴河以北有港口城市巴拉韋（Baraawe）〔註7〕，兩音相通。從地望上看，「其國與木骨都束國接連，山地，傍海而居」〔註8〕。從人種特產來看，卜剌哇國「男女拳（鬈）髮，穿短衫，圍稍布。……地產馬哈獸（即直角羚，後要考證），花福鹿（或驢）（即斑馬，後要考證）、豹、鹿、犀角、沒藥、乳香、龍涎香（一種芳香物質，抹香鯨腸道的分泌物）、象牙、駱駝」〔註9〕。屬於黑非洲的索馬里恰好出產直角羚、斑馬、犀牛、大象，沿海出沒抹香鯨。

從古今地圖的對比來看，14、15世紀時摩加迪沙以南不遠的穆斯林殖民城邦依次有梅爾卡（Merca）、布拉瓦（Brava）〔註10〕，今摩加迪沙以南不遠的城市依次有馬爾卡（Marka）、巴拉韋（Baraawe）〔註11〕。它們的發音、地望完全吻合。從發音、地望、人種、特產來判斷，卜剌哇是今索馬里巴拉韋。所以，鄭和船隊或其分䑸到了索馬里巴拉韋。順便說說，今日各種地理書、歷史書所說的布臘瓦、布拉瓦、巴拉韋皆指一地，巴拉韋是最新的譯名。

曾隨寶船隊三下西洋的馬歡寫有記載下西洋之事和沿途見聞的《瀛涯勝覽》，書中所立諸番國名雖沒有非洲國家和地區的條目，但書首的「紀行詩」誦曰：「忽魯謨斯近海傍，大宛米息通行商。曾望博望（張騫）使絕域，何如當代覃恩光」〔註12〕。這裡的忽魯謨斯公認是今伊朗的霍爾木茲（Hormuz）海峽，海峽北岸的伊朗霍爾木茲甘省。關於所說的大宛米息，大宛在中亞內陸費爾幹納，非航海所達之地。原文疑是大食（即阿拉伯），傳寫者妄改大宛。

〔註5〕《星槎勝覽·後集·木骨都束國》，第21頁。
〔註6〕《星槎勝覽·後集·卜剌哇國》，第24頁。
〔註7〕cf. The Times Atlas of the World, Plate 87, Ethiopia：Somalia：Suddan。
〔註8〕《星槎勝覽·後集·卜剌哇國》，第24頁。
〔註9〕同上，第24頁。
〔註10〕參巴勒克拉夫主編：《泰晤士世界歷史地圖集》，三聯書店1982年版，《非洲國家的出現，900～1500年圖》，第137頁、338頁、349頁。
〔註11〕見《最新世界地圖集》第60圖索馬里圖，中國地圖出版社1990年版；The Times Atlas of the World, Plate 87。
〔註12〕馬歡：《瀛涯勝覽·紀行詩》，中華書局馮承鈞校注本1955年版，第2頁。

米息大概是《明史》中的米昔兒（Misr），係阿拉伯語「埃及」的譯音〔註13〕。英語作 Egypt。從地望看，鄭和船隊經伊朗霍爾木茲海峽進入波斯灣，波斯灣周圍除北岸外便都是阿拉伯地區。寶船隊多次到過阿拉伯半島南部的阿曼佐法爾（祖法兒）、也門亞丁（阿丹）。從亞丁灣穿過曼德海峽，便進入紅海。紅海西岸便依次是東北非的厄立特里亞、埃塞俄比亞、蘇丹和北非的埃及。另外，15 世紀初埃及在馬木留克王朝治下，其勢力達到了北緯 20 度今蘇丹努比亞沙漠〔註14〕。故寶船隊只需到達紅海西岸中部地區，便進入了埃及地界。下西洋船隊經紅海到了北非的埃及，與埃及有了交往一事在文獻中還有他證旁證。《明史》載：「米昔兒一名密思兒，永樂中遣使朝貢。……正統六年，王鎖魯檀阿失剌福復（遣使）來貢。……自後不復至」〔註15〕。明成祖永樂年間爲 1403～1425 年，「永樂中」當爲 1410～1420 年。下西洋的年代爲 1405～1433 年，時代吻合。所以正是下西洋的船隊開拓了中埃間的直接交往、交流、交通，埃及馬木留克王朝才遣使隨寶船來華通好。正統六年（1441 年）的那一次遣使來華，則可能是走陸路輾轉而來的〔註16〕。

《明史．鄭和傳》載：鄭「和經事三朝，先後七奉使，所歷……忽魯謨斯、比剌、溜山、孫剌、木骨都束、麻林、剌撒、祖法兒、沙里灣泥、竹步、榜葛剌、天方、黎伐、那孤兒，凡三十餘國」〔註17〕。下西洋之人繪製的《鄭和航海圖》（即《自寶船廠開船從龍江關出水直抵外國諸番圖》）第十九圖〔註18〕標注出的地名有麻林地。這麻林地與《明史》中的麻林當是同一地之稍有差異的地名。麻林或麻林地一般認爲在今東非肯尼亞東南部薩巴基河河口海港城市馬林迪（Malindi），因發音幾乎一模一樣，地望等也吻合。鄭和下西洋寶船隊開拓了與麻林（地）的交往。史載「麻林，去中國絕遠，永樂十三年

〔註13〕參邵獻圖等六人編：《外國地名語源詞典》，上海辭書出版社 1983 年版，第 337 頁。

〔註14〕參巴勒克拉夫主編：《泰晤士世界歷史地圖集》，第 137 頁大地圖。

〔註15〕《明史》卷 332《西域傳四》，中華書局 1974 年標點本第 8619 頁。張星烺考「復來貢」應爲「復遣使來貢」，有道理，故從之。該埃及王今譯爲阿失剌福．賽福丁．白爾斯貝蘇丹（1422～1438 年在位，Malekal Ashraf）。參沈福偉：《中國與非洲》，中華書局 1990 年版，第 449 頁。

〔註16〕參張星烺編注，朱傑勤校訂：《中西交通史料彙編》，中華書局 2003 年版，第二冊第 666 頁。

〔註17〕《明史》卷 304《宦官．鄭和傳》，第 7768 頁。

〔註18〕載《西洋番國志、鄭和航海圖、兩種海道針經》，向達校注，中華書局 2000 年版，無頁碼。

遣使貢……十四年，又貢方物〔註 19〕。又載：「麻剌國前代無考，本朝永樂中，國主哇來頓本率其臣來朝。……十三年又遣使獻（方物）。禮部尚書呂震奏，麻林國進（方物），將至。請於至日率群臣上表賀。……明年乙未秋九月，有曰麻林國以（方物）貢」〔註 20〕。據此可知，麻剌即麻林，實爲一地一國之異譯。史又載「古麻剌國在東南海中，永樂十八年國王幹剌義亦敦奔率妻子及陪臣來朝貢方物，請封給印誥。……其人大食種，纏青布、躡皮鞋。地多岩谷，少寒。產象牙、生金」〔註 21〕。麻林地的統治階級、民族確係信伊斯蘭教的阿拉伯人、波斯人（或與當地人的混血）。可知史籍記載屬實。下西洋船隊到了麻林地（馬林迪），開始了與之的交往。

《鄭和航海圖》標注有地名慢八撒〔註 22〕。慢八撒應爲今肯尼亞南部重要的海港城市蒙巴薩（Mombasa）。11 世紀時阿拉伯人開始來此定居。現名可能是以原阿曼的蒙巴薩命名，18 世紀時曾從屬阿曼〔註 23〕。

史籍中還記載有一地一國曰速麻里兒：「白松虎兒舊名速麻里兒。……其地無大山，亦不生樹木，無毒蟲猛獸之害。然物產甚薄。永樂中嘗入貢」〔註 24〕。類似的記載還有，「白松虎兒舊名速麻里兒。國中無大山，亦鮮林木，無猛獸毒蟲之害。……永樂中，使十六人來貢〔註 25〕。速麻里兒爲何地，應爲今非洲的索馬里（Somalia）。其名一說來自索馬里語中的索馬爾，含意是奶牛或山羊的乳汁，因該國的各族大多是遊牧民族，牛乳、羊乳爲其主要食物〔註 26〕。

有一個問題需略加闡釋。關於明代史籍記載的下西洋到達的非洲國家和地區、下西洋期間來華的非洲使節使團所屬的國家和地區，綜上所論已有竹步（朱巴）、木骨都束（摩加迪沙）、卜剌哇（巴拉韋）、米息（埃及）、麻林地（馬林迪）、慢八撒（蒙巴薩）、速麻里兒（索馬里）等共七個國家和地區。

〔註 19〕《明史》卷 326《外國七》，第 8451 頁。
〔註 20〕〔明〕嚴從簡：《殊域周咨錄》卷九《麻剌》，中華書局余思黎點校本 1993 年版，第 316～317 頁。
〔註 21〕〔明〕陳仁錫：《皇明世法錄》卷 82《古麻剌》，臺北學生書局 1965 年版，第 2175 頁。
〔註 22〕見向達校注《鄭和航海圖》，第 35 圖，無頁碼。
〔註 23〕參邵獻圖等《外國地名詞源詞典》，第 431 頁。
〔註 24〕《明史》卷 332《西域》，第 8617 頁。
〔註 25〕《皇明世法錄》卷 81《白松虎兒》，第 2139 頁。
〔註 26〕參邵獻圖等《外國地名語源詞典》，第 324 頁。

其中，竹步（朱巴）、木骨都束（摩加迪沙）、卜剌哇（巴拉韋），均在今索馬里共和國東海岸。上面又說速麻里兒（索馬里）永樂年中曾遣使來華入貢，是否是同義反覆累贅重疊呢。其實並不反覆重疊，事情是這樣的。木骨都束（摩加迪沙）、卜剌哇（巴拉韋）、竹步（朱巴）均爲索馬里地區的阿拉伯人、波斯人穆斯林殖民地移民地獨立的城邦〔註 27〕。而速麻裏兒（索馬里）應指索馬里地區本地人索馬里人（Somalis）的部族國家。索馬里人又叫歐加登人（因聚居於埃塞俄比亞的東南部的歐加登地區而得名），屬膚色較黑的埃塞俄比亞人種，操索馬里語，其語言屬閃含語系庫希特語族。速麻里兒當時也不一定就統一了索馬里地區的索馬里人部族，而是索馬里人的一個較大部族國家而已。所以速麻里兒、竹步、木骨都束、卜剌哇均爲今索馬里地區的獨立國家。

這樣，鄭和下西洋到達和有交往的非洲國家和地區就一共至少有以上七個。

二、非洲珍稀動物的引進

據四下西洋的費信所記，竹步國（索馬里朱巴州）「產獅子、金錢豹、駝蹄雞，（雞）有六七尺高，其足如駝蹄；龍涎香、乳香、金珀。……酋長受賜感化，奉貢方物」〔註 28〕。這奉貢明朝的方物中便可能包括獅子、駝鳥這些當地特產中國沒有今日亞洲也沒有的珍稀動物。木骨都束國（索馬里摩加迪沙）「其酋長效禮，進貢方物」〔註 29〕。這方物中也可能包括當地的特產珍禽異獸。卜剌哇國（索馬里巴拉韋）「地產馬哈獸，狀如麝獐；花福祿（鹿、驢），狀如花驢；豹、麂、犀牛、乳香、龍涎香、象牙、駱駝。……其酋長感慕恩賜，進貢方物」〔註 30〕。《明史》則說不（卜）剌哇「所產有馬哈獸，狀如獐；花福祿（鹿、驢），狀如驢；及犀、象、駱駝、沒藥、乳香、龍涎香之類，常以充貢」〔註 31〕。這些經常進貢的方物中便應有當地特產的珍稀動物馬哈獸、花福鹿等。

〔註 27〕 參《泰晤士世界歷史地圖集》，第 137 頁「非洲國家的出現，900～1500 年」大地圖。

〔註 28〕 《星槎勝覽・後集・竹步國》，第 20 頁。

〔註 29〕 同上，第 22 頁。

〔註 30〕 《星槎勝覽・後集・卜剌哇國》，第 25 頁。

〔註 31〕 《明史》卷 326《外國七》，第 8449 頁。

如果說，從以上的記載我們只是推論非洲國家和地區向中國進獻輸出了當地特產的珍禽異獸，那麼，下面的史料便明確地記載講明了非洲國家和地區向明朝中國進獻了非洲特產的珍稀動物。例如，下西洋正使太監鄭和、王景弘等所立的《婁東劉家港天妃宮石刻通番事蹟記》碑銘曰：「永樂十五年統領舟師往西域。其忽嚕謨斯國進獅子、金錢豹、西馬（阿拉伯馬）、祖剌法（長頸鹿的譯音），並長角馬哈獸；木骨都束國進花福鹿並獅子；卜剌哇國進千里駱駝並駝雞，……各進方物，皆古所未聞者。及遣王男王弟捧金頁表文朝貢」〔註 32〕。鄭和、王景弘等立的《長樂南山寺天妃之神靈應記》碑銘再次記載了上述非洲國家進獻非洲動物之事〔註 33〕。明嚴從簡《殊域周咨錄》還記述：「麻剌（即麻林）國前代無考，本朝永樂中，國主哇來頓本率其臣來朝，至福州卒。……十三年，又遣使獻麒麟（即長頸鹿，後要考證）。禮部尚書呂震奏：『麻林國進麒麟，將至』。……永樂甲午秋九月，西南夷有曰榜葛剌國（今孟加拉 Bangala, Bengal）以麒麟貢。明年乙未秋九月（永樂甲午年即 1414 年，乙未年即 1415 年），有曰麻林國以麒麟貢」〔註 34〕。《明史》又載：「麻林（馬林迪）去中國絕遠，永樂十三年遣使貢麒麟。……已而麻林與諸番使者以（麒）麟及天馬、神鹿進，帝御奉天門受之。……十四年，又貢方物」〔註 35〕。天馬為何物，大概指優良名貴的阿拉伯馬。神鹿為何獸，即馬來貘（Tapir indicus）；馬來貘的進貢者大概為「諸番」，即東南亞國家。因馬來貘不屬非洲動物，故本文不詳考。

總上所論，下西洋期間，非洲國家進獻出口的，中國直接從非洲引進採購的非洲特有珍稀動物就有斑馬（花福鹿－驢）、長頸鹿（麒麟）、直角羚（長角馬哈獸）、鴕鳥（駝蹄雞）、獅子等多種。上述動物有的當時還存在於西亞和阿拉伯半島，故阿拉伯半島國家西亞國家下西洋期間也遣使隨寶船來華獻上了一些上述非洲動物，下西洋人員也從阿拉伯半島西亞採買過上述非洲動物。但今日它們已在其他地區基本消失，僅存於非洲，成為比較地道的非洲獨有的珍稀動物了。例如，斑馬、長頸鹿今僅存於非洲；鴕鳥又叫非洲鴕鳥，今基本僅存於非洲；直角羚今也只生活在非洲；獅子中的一個主要亞種非洲獅今僅生活在非洲；另一個次要亞種亞洲獅今還殘存於印度古吉拉特邦基爾

〔註 32〕《西洋番國志・附錄》，第 52 頁。

〔註 33〕同上，第 55 頁。

〔註 34〕〔明〕嚴從簡：《殊域周咨錄》卷九《麻剌》，第 317 頁。

〔註 35〕《明史》卷 326《外國七》，第 8452 頁。

森林自然保護區〔註 36〕。

下西洋期間不僅從非洲直接引進了非洲珍稀動物，還從非洲以外的國家間接地輾轉地引進了非洲動物。例如，永樂十二年，榜葛剌國（今孟加拉），「又遣其臣把一濟等來朝，貢麒麟等物」〔註 37〕。榜葛剌國的長頸鹿便是進口的然後又轉手進獻。又如，馬歡說阿丹國（今也門亞丁）產麒麟，它「食粟豆麵餅」〔註 38〕。說它食粟豆麵餅恰好證明西亞的長頸鹿是從非洲引進的，是關在籠裏或御苑里人工飼養的，否則它哪來粟豆麵餅吃。寶船隊在阿丹國「又買得珊瑚枝五櫃、金珀、薔薇露、麒麟、獅子、花福鹿、金錢豹、駝雞、白鳩而還」〔註 39〕。

三、非洲動物古今名對應考

我們爲了方便讀者在前面已夾註出下西洋時引進的非洲珍稀動物的今名，儘管如此仍有必要適當論述它們爲什麼就是我們注出的今天那些人所共知的非洲動物。其主要依據在於下西洋之人明人做了一些形態學等方面的描述。比如關於駝雞，馬歡寫道：「其雞身扁頸長，其狀如鶴。腳高三四尺，每腳止（只）有二指（趾）。（羽）毛如駱駝，食綠豆等物。因此名駝雞」〔註 40〕。費信寫道：「駝蹄雞有六七尺高，其足如駝蹄」〔註 41〕。明人黃省曾述曰：該禽「長身而鶴頸，足四尺而二爪，其狀如駱駝。其名曰駝雞，是食五穀」〔註 42〕。根據以上記述，我們觀照動物園裏的鴕鳥，圖片上的鴕鳥，音像光碟電視裏的鴕鳥，當代動物志上對鴕鳥的介紹，便可考定下西洋之人所說的駝（蹄）雞便是今天所稱的鴕鳥。又如關於花福鹿（驢），馬歡講：阿丹國又有花福鹿，「如騾子樣，白身白面，眉心隱隱起細細青條花，起滿身，

〔註 36〕分見臺北廣達出版有限公司 1984 年出版的《世界動物百科》《鳥》第一卷第 8 頁（鴕鳥）；《哺乳動物》第四卷第 45 頁（長頸鹿）；第四卷第 60 頁（直角羚）；第三卷第 47 頁（獅子）；第三卷第 96 頁（斑馬）。

〔註 37〕〔明〕黃省曾：《西洋朝貢典錄》卷中《榜葛剌國》，中華書局謝方校注本 1982 年版，第 90 頁。

〔註 38〕《瀛涯勝覽·阿丹國》，第 58 頁。

〔註 39〕同上，第 55～56 頁。

〔註 40〕《瀛涯勝覽·祖法爾國》，第 54 頁。《西洋番國志·祖法爾國》改「食綠豆等物」爲「食米豆等物」。

〔註 41〕《星槎勝覽·後集·竹步國》，第 70 頁。

〔註 42〕《西洋朝貢典錄》卷下《祖法爾國》，第 104 頁。

至四蹄。細條如間道，如畫青花」〔註 43〕。費信也講：卜剌哇國產「花福祿（鹿），狀如花驢」〔註 44〕。黃省曾在此基礎上簡述曰：「有獸焉，其狀如騾，白身白面而青紋，其名曰花福鹿」〔註 45〕。根據這些記述，用以上所說的比照方法，便可考定花福鹿（驢）即今斑馬。

再如麒麟，馬歡說：阿丹國、忽魯謨斯國也產麒麟（是從鄰近的非洲引進的）。「麒麟前二足高九尺餘，後兩足約高六尺，頭抬頸長丈六尺，首昂後低，人莫能騎。頭上有兩肉角，在耳邊。牛尾鹿身，蹄有三跲，扁口。食粟豆麵餅」〔註 46〕。鞏珍也稱其爲麒麟，他對它的描述稍有調整補充，如「編口長頸，舉頭高一丈六尺，前仰後俯，兩耳邊有短肉角」〔註 47〕。我們知道，麒麟本是中國古代傳說中的一種類似龍鳳那樣的神獸，其狀如鹿，頭上有獨角，全身長鱗甲，尾像牛。古人拿它象徵祥瑞，簡稱麒麟。由此可知下西洋之人所說的麒麟並非中國古代傳說中的一種瑞獸。那麼它是何獸呢，比照動物園裏、圖片上、光碟電視裏的長頸鹿和當代動物志上對長頸鹿的介紹，就可考定它其實便是長頸鹿。

馬哈獸爲今天何種動物？有關下西洋的碑銘記：「永樂十五年，舟師往西域。其……阿丹國（也門亞丁）進麒麟，番名祖剌法（giraffe,指長頸鹿），並長角馬哈獸」〔註 48〕。據長角可知是羚羊，但不會是一般的羚羊，因下西洋之人明人是能區別普通羚羊與馬哈獸的。例如，馬歡講，天方國（沙特麥加）「土產薔薇露、俺八兒香、麒麟、獅子、駝雞、羚羊、草上飛並各色寶石、珍珠、珊瑚、琥珀等物」〔註 49〕。鞏珍也講天方國「土產薔微露、俺八兒香、麒麟、獅子、羚羊」〔註 50〕。所以馬哈獸非普通羚羊。根據費信講它「狀如麝獐」〔註 51〕，《明史》講它「狀如獐」〔註 52〕。碑銘講它「長角」，這幾條，我們推測是大羚羊（Oryx）。大羚羊屬於偶蹄目牛科的一屬，體長 1.6～2.3 米。

〔註 43〕《瀛涯勝覽・阿丹國》，第 58 頁。
〔註 44〕《星槎勝覽・後集・卜剌哇國》，第 25 頁。
〔註 45〕《西洋朝貢典錄》卷下《阿丹國》，第 114 頁。
〔註 46〕《瀛涯勝覽・阿丹國》，第 58 頁。
〔註 47〕《西洋番國志・阿丹國》，第 57 頁。
〔註 48〕《婁東劉家港天妃宮石刻通番事蹟記》，《西洋番國志・附錄》，第 5 頁。
〔註 49〕《瀛涯勝覽・天方國》，第 71 頁。
〔註 50〕《西洋番國志・天方國》，第 46 頁。
〔註 51〕《星槎勝覽・後集・卜剌哇國》，第 25 頁。
〔註 52〕《明史》卷 326《外國七・卜剌哇》，第 8449 頁。

雌雄均具角，角圓形，或直立呈刺刀狀或後彎呈馬刀狀，長達 0.6～1.2 米。大羚羊分佈於非洲和阿拉伯半島，通常生活於乾旱草原或沙漠地帶〔註 53〕。其中的一個種直角羚（Oryx gazella）棲息在非洲，食用生長在沙漠上的植物嫩芽或野生果實。體長 1.6～2.3 米，身高約 0.9～1.4 米。其羚羊角順著臉線往上豎立〔註 54〕。

四、非洲動物入華後的影響

下西洋引進的非洲珍禽異獸入華後在中國還發揮了一定的影響，起到了一些積極的作用。一是促進了中國動物學知識的長進。例如親自下過西洋的費信、馬歡、鞏珍分別著有《星槎勝覽》、《瀛涯勝覽》、《西洋番國志》幾書，它們對非洲珍稀動物的形態、習俗等的描述（參前「對應考」），便爲中國動物學界增添了新的知識。中國人對那些非洲動物（斑馬、長頸鹿、直角羚、鴕鳥等）以前雖也聽說過，有的動物個別人還偶爾見過，在史籍中也有零星記載，但一般都觀察不細，印象不深，語焉不詳。而下西洋之人的觀察記載介紹，比以前上了一個大臺階，使中國動物學知識前進了一大步。

下西洋之人對非洲動物的介紹，所提供的動物學知識，下西洋引進的活生生的非洲動物所攜帶的信息，還在中國知識界傳承下來，並得到一定程度的發揚光大。例如在美術繪畫、藝術造型方面，1430 年左右成書的《異域圖志》就寫實地逼眞地畫下了斑馬，是爲中國的乃至東亞的第一幅斑馬圖畫（畫名簡稱爲福鹿）。其惟妙惟肖的程度已接近今天的水準（見附圖 1）〔註 55〕。《異域圖志》的作者大概是朱元璋的第十七子寧獻王朱權（1378～1448）〔註 56〕。他身爲皇冑王公貴族，親眼觀賞過下西洋人員帶回獻進的珍禽異獸包括斑馬，才親自或請畫家把斑馬畫下來並畫得較好。《異域圖志》（及其插圖）後又被明人余文臺收入於明末 1609 年刊行的《萬用正宗不求人全編》之中〔註 57〕。明代永樂朝畫家沈度目睹了長頸鹿的風采後，畫了「榜葛剌進麒麟圖」。他把長頸鹿畫得栩栩

〔註 53〕參《中國大百科全書·生物學》第一卷，中國大百科全書出版社 1991 年版，第 182 頁「大羚羊屬」條。

〔註 54〕同上，第 182 頁。

〔註 55〕取自李約瑟：《中國科學技術史》第五卷《地學》，科學出版社 1976 年版，第一分冊第 36 頁。

〔註 56〕《明史》卷 97《藝文志·地理類》注明朱權編著有《異域志》一卷。此書大概便是李約瑟所說的《異域圖志》。

〔註 57〕參李約瑟：《中國科學技術史》，第五卷第 35 頁。

如生，形神兼備，堪稱藝術精品（見附圖 2）〔註 58〕。這幅 1414 年畫的麒麟圖影響較大被一再臨摹。較著名的臨摹作品有清初陳璋的麒麟圖〔註 59〕。偉大的醫藥學家李時珍對鴕鳥也有所研究。他把下西洋之人所稱的駝蹄雞改稱爲駝鳥，前進了一步（今日稱鴕鳥），他觀察到鴕鳥糞無毒，認爲人誤吞鐵石入腹，食鴕鳥糞可化消〔註 60〕。特別需要指出的是，李時珍在其子李建元的協助下，在其不朽巨著《本草綱目》中，還配上他們精心繪製的一千一百餘幅藥圖，其中便有一幅《駝鳥》圖。這是中國乃至東亞第一幅鴕鳥圖。雖是木刻線圖筆觸寥寥，也畫得既較像又有靈氣；並抓住了鴕鳥的主要特徵：鳥類的足一般有四爪，而鴕鳥的足只有兩趾，像駱駝蹄那樣（參附圖 3）〔註 61〕。故下西洋之人稱它爲駝（蹄）雞。由此可推知李時珍年輕時可能見過鴕鳥，鴕鳥在中國傳代畜養了好長一段時期；或也可能下西洋之後非洲西亞國家仍偶爾前來，貢獻非洲鴕鳥。

非洲珍稀名貴動物來華進京後引得皇親國戚達官貴人士紳市民爭相觀看，十分轟動。並在文人墨客中引起衝動，激發了他們的詩興賦趣文學創作靈感。「永樂初年，己亥（即十七年，1419 年）秋八月旦吉，西南之國（指忽魯謨斯）有以異禽來獻者。稽往牒而莫徵，考載籍而難辨。皇帝御奉天門特以頒示，群臣莫不引領快睹，頓足駭愕，以爲稀世之罕聞，中國所未見」〔註 62〕。於是激起儒臣文人即興作賦讚頌：「其爲狀也，馳首鳳啄，鶴頸鳧臆，蒼距矯攫，修尾崷崪，雄姿逸態，鷙武且力。衡不逾咫，高可八尺，名曰駝雞」〔註 63〕。這些雖爲文學性的詞賦，也算是對鴕鳥做了一番描繪形容，有利於人們認識瞭解。以後就是長篇大段地讚美鴕鳥描寫歌舞昇平了。例如它最後說，「臣目睹於盛美，愧陳詞之弗臧，頌聖壽於萬年，同地久而天長」〔註 64〕。

〔註 58〕原圖爲彩色，現藏臺北故宮博物院。長頸鹿身爲棕黃色，身上有六邊形的棕褐色斑紋。其黑白照片載 Louise Levathes :When China Ruled the Seas ,the treasure fleet of the dragon throne,1405-33, Simon & Schuster,New York,London,Toronto,Tokyo,Singapore,1994, Plate 3。

〔註 59〕其彩色圖片見義務教育課程標準實驗教科書《歷史》七年級下冊，北京師範大學出版社 2002 年版，第 129 頁。

〔註 60〕參《本草鋼目 · 獸部》卷 49《駝鳥》，華夏出版社 2001 年版，下冊第 1759 頁。

〔註 61〕取自《本草鋼目》下冊第 54 頁，人民衛生出版社 1982 年版校點本。

〔註 62〕《殊域周咨錄》卷九《西域 · 忽魯謨斯》，第 318 頁。

〔註 63〕同上，第 318 頁。

〔註 64〕同上，第 319 頁。

長頸鹿引起的轟動更大，激發的靈感和創作熱情更高。有的大臣認爲「五六年間麒麟凡三至京師，烜赫昭彰，震耀中外。誠千萬世之嘉遇，而太平之上瑞也」〔註65〕。於是創作詞賦，慶賀粉飾。其中金幼孜的賦曰：「猗歟仁獸，異狀奇形。二儀胚腪，玄枵降精。龍顱聳拔，肉角挺生。紫毛白理，龜紋縱橫。其質濯濯，其儀彬彬。有趾弗踶，惟仁是遵。有角弗觸，惟義之循，步中規矩，音協韶鈞。生草不踐，生物不餐，四時乘化，具鳴弗愆。是名麒麟，出應於天……」〔註66〕。這種贊辭主要是爲了阿諛奉承，比如「惟皇之仁，洽於八垠。極天際地，罔不尊親。惟皇謙恭，弗自爲聖。匪物之珍，協於仁政」〔註67〕。但它對長頸鹿的形容也反映了一些它的形態、習性。是文臣們在觀賞後，以文學的筆觸綺麗的語言四言古詩的形式，寫下的對長頸鹿的介紹。從而也多少增進了一點人們對長頸鹿的認識瞭解。

當代西方史家對明人的詠麒麟賦也頗欣賞，在他們的專著中不時引用，精心翻譯。如美國史學家達索恩在他的《亞洲人的遠航》一書中就引用了永樂朝大臣沈度《麒麟贊》的一段序言，曰「臣聞聖人有至仁之德，通於幽明，則麒麟出。斯皆皇帝陛下與天同德，恩澤廣被。遂故和氣融結，降生麒麟，以爲國家萬萬年太平之徵」〔註68〕。美國史家麗凡西絲在她的專著《中國統治海洋之時》一書的圖版中，也注明譯出了沈度《麒麟贊》中的兩句：「仁哉茲獸，曠古一遇。昭其神靈，登於天府」〔註69〕。在書中第141～142頁，麗凡西絲還大段引用和翻譯這篇賦的一部分〔註70〕。在該書的正文中，麗凡西絲還引用摘錄了永樂朝儒臣金幼孜的《麒麟贊》中的幾句：「無幽弗燭，無遠弗暨。川匯雲奔，稽首奉贄。爰集大瑞，後先駢臻。何以致之，惟皇之

〔註65〕《殊域周咨錄》卷九《西域・麻剌》，第317頁。

〔註66〕同上，第317～318頁。

〔註67〕金幼孜：《麒麟贊（有序）》，《金文靖公集》卷6。

〔註68〕英語原文見 O. R. Dathorne：Asian Voyages, two thousand years of constructing the other, Bergin & Garvey, Westport, Connecticut・London, 1996, p.93。達索恩引用翻譯這段話時掉了或省了兩句，即「……恩澤廣被。草木昆蟲、飛潛動植之物皆得生。遂故和氣融結……」。沈度原賦與麒麟圖寫在一起（即《瑞應麒麟贊・有序並圖》）。其照片載 Louise Levathes：When China Ruled the Seas, the treasure fleet of the dragon throne,1405-33, Plate 3。本人據此辨認。

〔註69〕英語原文見 Louise Levathde：When China Ruled the Seas, Plate 3。

〔註70〕不過，「鹿身馬蹄」一句，她卻譯成「鹿身牛尾」了，即 and the tail of an ox, 應譯成 and the hoofs of a horse。我們知道，傳說中的瑞獸麒麟才是牛尾。故麗凡西絲可能是一時思想短路所致。

仁」〔註71〕。由此可見，明人的詠長頸鹿詞賦的魅力和文采也吸引和感染了西方漢學家。

明代因鄭和下西洋，從非洲和西亞獲得了較多的非洲活獅子和較多的相關的動物學知識。起源發展於東漢魏晉南北朝的中國獅文化——以造型藝術和獅子舞爲主要內容和形式的動物文化——更加發展興盛。並浸染到朝服和衣著。越來越多的人看到了獅子，瞭解了獅子，感受到獅子的兇猛、威風、霸氣，便更加強化了崇獅、愛獅、敬獅、戀獅的情結。於是，獅文化在中國更加興盛起來。明代文人因此也喜歡吟誦獅子，這種情況持續到明中葉仍不衰。明中葉政治家詩人夏言《獅子》曰：「金眸玉爪目懸星，／群獸聞知盡駭驚。／怒懾熊羆威凜凜，／雄驅虎豹氣英英。／曾聞西國常馴養，／今出中華應太平。／卻羨文殊能服（伏）爾，／穩騎駕馭下天京」〔註72〕。明中葉張治道的詩《觀進貢獅子歌》不僅讚歎獅子的兇猛威風，而且批評貢獅養獅獵奇帶來的弊端：「傾都之人都來觀，／我亦走馬入長安。／長安市人色無歡，／爲道食羊責縣官。／一時無羊人遭鞭，／羊備猶索打乾錢」〔註73〕。不過我們換位轉角看問題也可從中窺知，爲了共襄下西洋的盛舉也付出了一些代價；在獅文化的繁榮中也伴隨有民眾的辛酸。

上述那些詩詞歌賦形成讚歎非洲珍禽異獸的獨特的文學作品——詠獸詩賦，從而構成明代文學界一度閃現的一道風景線。

總之，明初（15 世紀初）鄭和率龐大艦船隊（各型船舶二百多艘，官兵水手兩萬七千多人）七下西洋，四到非洲，把中國非洲之間的友好交往和悠久聯繫推上了歷史的最高潮。其中對獨特的珍貴的非洲動物的引進畜養（引進後總要養到老死）、描述、吟誦，堪稱這歷史高潮中的朵朵浪花，雲蒸霞蔚，燦爛多姿，十分絢麗！

（原載《西亞非洲》2005 年第 2 期）

〔註71〕L.Levathes:When China Ruled the Seas,P.151；中文見《殊域周咨錄》卷九《南蠻・麻剌》，第 316 頁。

〔註72〕《古今圖書集成・博物彙編・禽蟲典》卷 59《獅部》。巴蜀書社 1990 年代影印本。

〔註73〕〔清〕陳田輯：《明詩紀事・戊簽》卷 12，上海古籍出版社 1993 年版。

Sailing to Western Ocean and Introduction of African Animals

Abstract

Zheng He's fleet arrived in more than thirty countries and regions of Asia and Africa in the great undertaking of sailing to the western ocean begun 600 years ago. There are seven ones among them which can be verified out, namely to Mixi（Egypt）、Magudushu（Mogadishu）、Bulawa（Somalian Brava or Baraawe）、Zhubu（Somalian Zubba）、Shumalir（Somalia）、Malindi（Kenyan Malindi）、Manbasa（Kenyan Mombasa）. Zheng He's fleet introduced some unique and rare African animals from Africa and the western Asia. Those important ones among them which can be verified out are Huafulu（zebra）, Qilin（giraffe）, Tuotiji（ostrich）, Mahashou（oryx gazelle）and the African lion. These animals live and exist in Africa only today. The persons attended in sailing to the western ocean and ones in Ming times recorded and described the African animals, adding and increasing the new knowledge to the zoological circles of China and even eastern Asia; The verses and rhapsody of the scholars and literary men on the African animals made of a scenic painting of Ming's literary arena; The drawing and depiction of the painters upon and with them left some the earliest plastic arts treasures concerning with the African animals for China even for the world of eastern Asia.

Key words: Sailing to western ocean, Seven countries of Africa, Five kinds of African animals, Their influence in China.

下西洋所見所引進之異獸考

摘　要

隨鄭和七下西洋之人在東南亞、南亞、西亞、東非見到了許多中國不產或罕見的珍禽異獸，有的還被引入中國。其中的神鹿、飛虎、草上飛、馬哈獸、麖里羔獸、膃肭臍爲今日之何獸，學界或未曾辨別，或考證不確，或眾說紛紜。本文運用現代動物學知識，結合古今中外文獻，通過排查、比對、觀察、實驗，考出上述六種異獸分別爲今日之馬來貘、鼯猴、猞猁、阿拉伯直角羚、印度藍牛、小靈貓；並討論一些相關問題。

關鍵詞：七下西洋、六種異獸、今爲何物。

中圖分類號：K248.105，Q959.8

文獻標識碼：A

明初回族航海家外交家鄭和七下西洋，歷時二十八年。率官兵水手兩萬多人，各型船舶二百來艘。劈波斬浪，櫛風沐雨。「雲帆高張，晝夜星馳」（鄭和語）。遍訪亞非三十多個國家和地區，「涉滄溟十萬餘里」〔註 1〕。創下了航海史上的奇跡，拉開了大航海時代的帷幕。下西洋的寶船隊和人員所到之處除了進行和平外交、敦睦促好外，也通商貿易，互補有無稀常。或中方頒賜，外方朝貢，互相交換。其中，包括引進輸入了不少中國沒有的未見過的或罕見的珍禽異獸（其中有些是下西洋的寶船隊購進的，有些是外國進獻的），爲中外物質文化交流、動物的傳播與分佈、中國博物學動物學的發展做出了貢獻，有所裨益。其犖犖大端者有獅子、犀牛、鼉龍（鱷魚）、駝雞（鴕鳥）、花福鹿（斑馬）、麒麟－祖剌法（長頸鹿）等。那些動物在現代動物學裏叫什麼是什麼動物，有的古今一致，下西洋之人已經講清楚了（如獅、犀、鱷）；有的雖大相徑庭，但近現當代的專家學者已考證研究清楚了，如鴕鳥、斑馬、長頸鹿等。但還有不少動物其名古今迥異，今爲何物，尚未考證清楚，甚至還未加辨正。在紀念鄭和首下西洋六百週年（1405～2005）之際，更有進行研究考辨之必要和意義。是故筆者不揣譾陋，率爾試之，以就教諸方家兮，俾有益於學術焉。

神鹿——馬來貘

曾三下西洋的回族阿語翻譯家著述家馬歡〔註 2〕在占城國（今越南中部）見到並記下了一種異獸，取名神鹿。他說：「又山（出？）產一等神獸，名曰神鹿。如巨豬，高三尺許，前半截黑，後一段白，花毛純短可愛。嘴如豬嘴（但）不平，四蹄亦如豬蹄，卻有三跲。止（只）食草木，不食葷腥」〔註 3〕。參加了第七次下西洋的鞏珍則在舊港國（今印尼蘇門答臘巴領旁）也記下了神鹿：舊港國「又產火雞、神鹿。……神鹿大如巨豕，高三尺許，前半體黑後半體白，毛色可愛。蹄與喙皆如豕，蹄有三跲而喙不尖。食草木，不茹腥穢」〔註 4〕。鞏珍的記述也許只是在馬歡所記的基礎上潤色，也許他也見到了

〔註 1〕《婁東劉家港天妃宮石刻通番事蹟記》，載向達校注：《西洋番國志・附錄》〔M〕，北京：中華書局，2000 年。

〔註 2〕《瀛涯勝覽・後序》說：馬歡信「西域天方教（伊斯蘭教），……善通譯番語（阿拉伯語），遂膺斯選。三隨軿軺，跋涉萬里」。馮承鈞校注，北京：中華書局，1955 年。

〔註 3〕馬歡：《瀛涯勝覽・占城國》〔M〕。

〔註 4〕鞏珍：《西洋番國志・舊港國》〔M〕。

所謂的神鹿，在觀察的基礎上描寫。

下西洋之人觀察瞭解到的關於「神鹿」的知識被傳承積纍下來。明中葉的黃省曾便提到三佛齊國〔註5〕。言其國「有獸焉。其狀如巨豕，其高三尺，其毫前黑而後白，豕喙而三趾。其食草木，其名曰神鹿」〔註6〕。明中葉的嚴從簡也談到了三佛齊國的神鹿：「神鹿大如巨豕，高可三尺，短毛喙，蹄三趾」〔註7〕。那麼，明人所記的東南亞特產的神鹿，按現代動物學是什麼動物呢？經排查、比對、研究，應是貘（tapir）。貘是哺乳綱、奇蹄目、貘科、貘屬動物。貘產於馬來西亞、印尼蘇門答臘、泰國及中美、南美等地，中國不產〔註8〕。貘外形略似犀，但較矮小，合於「大如巨豕，高三尺許」。貘的鼻與長唇延長，能伸縮。合於「嘴如豬嘴（但）不平」。貘四肢短，前足四趾，後足三趾。基本合於「四蹄亦如豬蹄，卻有三趾」。其中的馬來貘（T. indicus）的背與兩脅灰白色，頭、肩、腹和四肢黑色。看上去即前半部黑後半部白，這是馬來貘的最大特徵。完全合於「前半體黑，後半體白，毛色可愛」。貘的皮厚毛少，基本合於「花毛純短可愛」〔註9〕。貘愛吃嫩枝葉，合於「只食草木，不食葷腥」。所以，除了尾極短以外，馬來貘幾乎所有的特徵都被馬歡鞏珍他們注意到了抓住了。因此，下西洋之人首次在中國動物學發展史上記下了關於（馬來）貘的比較正確的資料。不過，爲什麼他們當時取名爲神鹿，沒取名爲貘？我想事出有因，這似乎與從古至當時「貘」字的含義另有所指有關。

甲骨文中無貘字。金文中已有貘字，作 。即一獸在太陽照耀下的草叢中。貘篆文作 。《說文・豸部》：「似熊而黃黑色，出蜀中」。《爾雅》卷下《釋獸》：「貘，白豹」。晉郭璞注：「似熊，小頭，庳腳，黑白駁，能舐食銅鐵及竹骨。骨節強直，中實少髓，皮闢濕」。宋邢昺疏：「或曰，豹白色者，別名貘」〔註10〕。由上可見，《說文》實際上沒說貘爲何獸。從《爾雅》起，

〔註5〕三佛齊國又叫浡淋邦，即印尼蘇門答臘島舊港，今巴領旁地區。

〔註6〕黃省曾：《西洋朝貢典錄・三佛齊國》〔M〕，謝方校注，北京：中華書局，1982年。

〔註7〕嚴從簡：《殊域周咨錄・南蠻・三佛齊》〔M〕，余思黎點校，北京：中華書局，1993年。

〔註8〕中國只有地質時代的貘化石發現。參張榮祖：《中國動物地理》〔M〕，科學出版社1999年版，第240頁。

〔註9〕馬來貘的彩色圖片可參《世界動物百科・哺乳動物》〔M〕第三卷，臺灣廣達出版有限公司1984年再版，第118頁。線圖參附圖1。

〔註10〕《爾雅》卷下《釋獸》，四部叢刊初編本，上海：商務印書館，1926年。

貘就指豹的變異種類。白色花斑的或白化了的豹子。而且，豹屬中的雪豹便是灰白色，中國也產。貘的主要意思義項是指白豹，這種情況一直保持到清代。《康熙字典》貘字條便首先詳細地釋貘爲白豹。到民國初年的《中華大字典》，仍首先釋貘爲「似熊而黃黑色，出蜀中。……即諸書所謂食鐵之獸也」。然後釋爲白豹、猛豹。所附的線圖則把貘畫成長鼻長（cháng）毛，頗類象，但無長牙〔註 11〕。到了民國末年貘字才被釋爲：一、豹；二、今日所指之貘（Tapir）〔註 12〕。從此，貘字才有了今義古義兩個義項。從下西洋起介紹進來的神鹿才被更名爲貘。到了當今，貘才在一般的字詞典中只釋爲今日之貘。

由上可知，下西洋之人意識到所見之貘不是豹，不是中國傳統上的或傳說中的貘，於是便給它取名爲神鹿。下西洋期間，除了認識記下了貘，貘還一度被引入中國。「永樂十三年（1415 年），麻林（肯尼亞馬林迪）與諸番使者以（麒）麟及天馬（阿拉伯馬）、神鹿諸物進，帝御奉天門受之」〔註 13〕。這裡應理解爲是東南亞的「諸番使者」進獻了貘。

飛虎——鼯猴

下西洋之人馬歡在啞魯國（今印尼阿魯群島）見到一種「飛虎」:「山林中出一等飛虎，如貓大，遍身毛灰色，有肉翅，如蝙蝠一般。但前足肉翅生連後足，能飛（但）不遠。人或有獲得者，不服家食，即死」〔註 14〕。《西洋番國志．啞魯國》也有類似的記載〔註 15〕。由於這種「飛虎」「不服家食，獲即死」，所以下西洋之人船無法將其購回引進，西洋各國也不能將其捕獲後進貢或出賣（活的動物）。但下西洋之人所瞭解到的這點動物學知識，仍被傳承下來積纍起來。明中葉的黃省曾便予以轉載摘編，曰「有獸焉，其狀如貓，灰毫而肉翅，其名曰飛虎，獲之即死」〔註 16〕。

關於此飛虎在現代動物學上是什麼動物，說法不一。馮承鈞謂疑即飛蜥蜴之一種。但飛蜥體長 20 釐米，灰色或帶綠色，體側有橙黃色翼膜，腹面黃

〔註 11〕《中華大字典．申集．豕部》〔Z〕，上海：中華書局，1915 年。

〔註 12〕《辭源正續編合訂本》〔Z〕，P1406，上海：商務印書館，1939 年。

〔註 13〕《明史》卷 326《外國七》〔M〕，北京：中華書局，1974 年。

〔註 14〕馬歡：《瀛涯勝覽．啞魯國》〔M〕。

〔註 15〕即「山林中出飛虎，大如貓，皮毛灰色，有肉翅生，連前後足，如蝙蝠狀，能飛（但）不遠。此物不服家食，獲即死」。《西洋番國志》第 17 頁。

〔註 16〕黃省曾：《西洋朝貢典錄》〔M〕卷中《阿魯國》。

色。生活於樹上。分佈於我國雲南、廣西、西藏和海南，也產於印度、東南亞一帶。我認爲飛虎不是飛蜥。因爲第一，飛蜥體長僅 20 釐米，但貓的體長有 40 多釐米，小了一半以上。第二，仔細觀察飛蜥的圖片〔註 17〕可知：飛蜥的飛膜有五條延長的肋骨支持，在體側前後肢之間伸開，前後肢從根部起就是獨立的，肢上沒長（zhǎng）膜沒與飛膜連成一體。這與所說的「有肉翅生，連前後足，如蝙蝠狀」嚴重不符。飛蜥在中國並不罕見，下西洋之人似乎沒有必要把它作爲未見過的異獸來記載描繪。謝方認爲大概是飛鼠，我以爲也不合適。飛鼠屬於哺乳綱、嚙齒目、鼯鼠科。形似松鼠，前後肢之間有寬大多毛的飛膜，一般體長 16～20 釐米，毛色隨種類而異。樹棲，能借飛膜滑翔。主產於東南亞叢林地區，少數分佈於北溫帶，中國有多種飛鼠〔註 18〕。另外，還有一種鼯鼠，也稱大飛鼠。前後肢之間有寬而多毛的飛膜，能藉此在樹間滑翔。棲於東南亞、南亞亞熱帶森林。中國也產多種鼯鼠，廣泛分佈於西南、西北、華南、華中地區〔註 19〕。飛鼠或者鼯鼠雖在飛膜等特徵上與飛虎吻合，但仍太小，太不吻合。再者飛鼠、鼯鼠中國都廣產，不罕見，下西洋之人似乎不會覺得它稀奇而加以記載描述。

那麼，飛虎究竟是什麼動物呢？我認爲應是鼯猴。鼯猴（cynocephalus volans）亦稱飛猴、貓猴，屬哺乳綱、皮翼目、貓猴科。體大如貓，從頭部、前臂、後足至尾端有被毛的飛膜（翼膜），藉此在樹間滑翔，最遠達六十餘米。棲息於熱帶樹林中，日間倒懸在樹上，夜間活動，以樹葉和果實爲食。分佈於菲律賓。另種斑鼯猴（C. variegatus）分佈於中南半島和印尼等地〔註 20〕。拿鼯猴與古籍所載的飛虎比對，第一，體大吻合；第二，其飛膜（翼膜）基本吻合；第三，滑翔距離較遠，故被視爲「能飛，（但）不遠」；第四，棲息於熱帶樹林中，符合印尼的氣候條件地理環境，也與它今天的地域分佈吻合。第五，鼯猴又稱貓猴。《辭海》1979 年版就設貓猴條，說其亦稱鼯猴；而不設鼯猴條。貓猴可能因其外表特別是頭面部像貓故名，飛虎也可能因其外表特別是頭面部像虎而得名。貓虎本同屬貓科，外表頭面部都很像，只不過體大懸殊。所以貓猴與飛虎在命名上也有相通之處。第六，鼯猴產於東南亞，中

〔註 17〕《辭海》〔Z〕，上海：上海辭書出版社，1979 年縮印本，P.111 飛蜥條並本文附圖 2；《世界動物百科・兩栖類、爬蟲類卷》〔Z〕，P.72 彩圖。

〔註 18〕《辭海》〔Z〕，上海：辭書出版社，1999 年縮印本，P.132 飛鼠條。

〔註 19〕《辭海》〔Z〕，1999 年版縮印本，P.2493 鼯鼠條。

〔註 20〕《辭海》〔Z〕，1999 年版縮印本，P.2493 鼯猴條並附圖 3。

國不產，中國人未見過，故才被作爲珍禽異獸記了下來。總上所論，飛虎應是今日之鼯猴（貓猴）〔註21〕。

草上飛——猞猁

馬歡《瀛涯勝覽》記載，忽魯謨厮國（伊朗霍爾木茲地區）「又出一等獸，名草上飛，番名昔雅鍋失。如大貓大，渾身儼似玳瑁斑，貓樣。兩耳尖黑，性純不惡。若獅豹等項猛獸，見他（它）即俯伏於地。乃獸中之王也」〔註22〕。另外，《瀛涯勝覽》又說天方國（沙特阿拉伯麥加）也產草上飛。鞏珍《西洋番國志》也有類似的記載〔註23〕。下西洋人員所瞭解到的關於這種動物的知識，薪火相傳。明中葉黃省曾便也摘編：「有獸焉，其狀如貓，質如玳瑁，黑耳而性仁。出則百獸伏地，其名曰草上飛，番名曰昔雅鍋失」〔註24〕。草上飛爲現代之何種動物，馮承鈞、謝方均認爲是山貓，但未加論證。山貓即豹貓。豹貓形似家貓，體長40～65釐米，頭部有黑色條紋，軀幹有黑褐色的斑點，尾部有橫紋。性兇猛，吃鳥、鼠、蛇、蛙等小動物。廣泛分佈於中國南北、印尼、菲律賓至印度、巴基斯坦和朝鮮半島、日本、西伯利亞〔註25〕。豹貓亦叫山貓、狸貓、狸子等〔註26〕。

我認爲此說可疑。豹貓雖與「似貓而大」這條吻合，但花紋毛色不合，也不「兩耳尖黑」,「性純不惡」。特別重要的是，中國從古至今廣產豹貓，從元代至今還有《狸貓換太子》的故事和戲曲在流傳，說的是北宋宮廷鬥爭和包拯的故事。現代艾蕪《南行記．山峽中》中的主人公之一外號就叫野貓子（即山貓），這個姑娘是刻畫得比較成功的形象……。在華如此常見普及的動物，下西洋之人似乎不會不知是狸貓－山貓，似乎不必把它作爲稀奇的異獸記載，還稱之爲什麼草上飛。

綜合各方面情況，我認爲草上飛大概是猞猁（lynx, felis lynx），在現代漢語中也叫林狽〔註27〕。第一、猞猁外形象貓，但大得多，體長約 0.8～1 米，

〔註21〕《世界動物百科．哺乳動物卷》〔Z〕，卷一 P.44 彩圖並附圖 3。
〔註22〕馬歡：《瀛涯勝覽．忽魯謨厮國》〔M〕。
〔註23〕如「似貓而大」等。《西洋番國志．忽魯謨厮國》〔M〕，第 44 頁。
〔註24〕《西洋朝貢典錄》〔M〕卷下《忽魯謨厮國》。
〔註25〕《辭海》〔Z〕，1999 年版縮印本，P.2379 豹貓條。
〔註26〕《現代漢語詞典》〔Z〕，北京：商務印書館，1997 年修訂版，P49 豹貓條。
〔註27〕《現代漢語詞典》〔Z〕，P.1114 猞猁條。

符合「似貓而大」這一條。第二、猞猁全身淺黃色，有灰褐色的斑點，符合「身玳瑁斑」這條；第三、猞猁耳豎立又長又寬，耳毛爲黑色〔註 28〕，符合「兩耳（又）尖（又）黑」這條。第四、猞猁係哺乳綱食肉目貓科的一屬，捕食鳥類、小獸、各種兔，偶爾也攻擊吃食鹿類。夜間活動，不出聲，性狡猾而謹慎，行動敏捷，基本符合「性純不惡」這條。第五、猞猁善爬樹，會游泳。當它與獅虎熊豹狼等猛獸相遇，猛獸要攻擊它時，它便爬到樹上甚至樹梢上。猛獸們伏在地上奈何它不得。只得望樹興歎——這可解「猛獸見之伏地」語。或跳水游泳逃走，猛獸們只得望水興歎。猞猁分佈於歐洲，中國亦產，現爲二級保護動物。所以下西洋之人所記的草上飛似乎應是猞猁。

由於古時沒有猞猁一詞甚至沒有「猞」字，故下西洋之人便暫時取名爲草上飛。何以見得呢，因爲直到清代《康熙字典》仍無「猞」字。民初的《中華大字典》雖有猞字，但組詞只有猞猻，並說什麼它係「猿與狐交所生」〔註 29〕。民末的《辭源正續編》猞字下只有猞猁孫條，釋爲土豹〔註 30〕。建國後，當代的《辭海．語詞分冊》猞猁條沒有書證，而在《現代漢語詞典》中，猞字僅用於猞猁條，《倒序現代漢語詞典》也無「某猞」一類的詞。所以猞猁是現代才出現的辭彙。

馬哈獸——劍羚

如果說，前面考證（出）的幾種異獸還是在有明人的簡單初步的形態描述基礎上做出的。那麼，下面將考證的動物則還缺乏初步的形態學描述，故難度更大，自然考證的準確度也可能受到影響。不過，進行考證，提出一說，也比一無所知、稀裏糊塗前進了一大步。

曾四下西洋的費信〔註 31〕在卜剌哇國（今索馬里巴拉韋 Baraawe 地區）見到並記下了一種異獸：其「地產馬哈獸，狀如麝獐」〔註 32〕。有關下西洋

〔註 28〕Encyclopedia Britannica〔Z〕, Micropedia ,Vol.6, P.417. 1974, 15th edi., Chicago, HHB publisher；《中國大百科全書．生物學卷》〔Z〕，北京：中國大百科全書出版社，1991 年，卷二 P.1290 猞猁屬條並附圖 4。

〔註 29〕《中華大字典．巳集．犬部》〔Z〕。

〔註 30〕《辭源正續編合訂本》〔Z〕，P.973。

〔註 31〕費信說他「永樂至宣德間，選往西洋，四次隨征」。《星槎勝覽．自序》〔M〕，馮承鈞校注本，北京：中華書局，1954 年。

〔註 32〕費信：《星槎勝覽》後集《卜剌哇國》。

的碑銘載：「永樂十五年，舟師往西域。其……阿丹國（也門亞丁）進麒麟，番名祖剌法，並（進）長角馬哈獸」〔註 33〕。《長樂南山寺天妃之神靈應記》也有同樣的記載〔註 34〕。明中葉嚴從簡的描述稍具體一點：「長角馬哈獸（角長過身）」〔註 35〕。馬哈獸是什麼動物呢？首先不會是一般的羚羊，因下西洋之人明人是能區別普通羚羊與馬哈獸的。馬歡講，天方國「土產薔薇露、俺八兒香、麒麟、獅子、駝雞、羚羊、草上飛並各色寶石、珍珠、珊瑚、琥珀等物」〔註 36〕。鞏珍也轉述天方國「土產薔薇露、俺八兒香、麒麟、獅子、駝雞、羚羊」〔註 37〕。明中葉的黃省曾則講天方國（沙特麥加）「其土物有豹、麂、草上飛、麒麟、獅子、羚羊……」〔註 38〕。李時珍《本草綱目》也提到羚羊，對羚羊角則論述很詳〔註 39〕。根據其「狀如麢獐」、「長角」、「狀如獐〔註 40〕」和「角長過身」這幾條，我們推測可能是大羚羊（Oryx）。大羚羊屬偶蹄目牛科的一屬，體長 1.6～2.3 米。雌雄均具角，角圓形，或直立呈刺刀狀，或後彎呈馬刀狀，長達 0.6～1.2 米。大羚羊分佈於非洲和阿拉伯半島，通常生活於乾旱草原或沙漠地帶〔註 41〕。其中的一個種直角羚（Oryx gazella）屬哺乳綱、偶蹄目、牛科，棲息在非洲及阿拉伯半島，食用生長在沙漠上的植物嫩芽或野生果實。體長約 160～235 釐米，身高約 90～140 釐米。羚角會順著臉線往上豎立。其中的另一個種阿拉伯劍羚（Oryx leucoryx，又譯爲阿拉伯大羚羊 Arabian Oryx）身高僅 85～90 釐米〔註 42〕。阿拉伯劍羚以前廣泛分佈於阿拉伯半島和西奈，現已極罕見，是世界上最瀕危的動物之一〔註 43〕。綜上所述，阿拉伯劍羚較小，基本符合「狀如麢獐」「狀如獐」

〔註 33〕《婁東劉家港天妃宮石刻通番事蹟記》，載向達校注：《西洋番國志・附錄》〔M〕。

〔註 34〕《長樂南山寺天妃之神靈應記》，載《西洋番國志・附錄》〔M〕。

〔註 35〕嚴從簡：《殊域周咨錄》卷九《忽魯謨斯》〔M〕。

〔註 36〕馬歡：《瀛涯勝覽・天方國》〔M〕。

〔註 37〕鞏珍：《西洋番國志・天方國》〔M〕。

〔註 38〕《西洋朝貢典錄》卷下《天方國》〔M〕。

〔註 39〕李時珍：《本草鋼目》〔M〕卷 51《獸之二》麢羊條，北京：人民衛生出版社，1982 年。

〔註 40〕《明史》〔M〕卷 326《外國七・卜剌哇》。

〔註 41〕《中國大百科全書・生物學卷》〔Z〕，卷一 P.182 大羚羊屬條。

〔註 42〕《世界動物百科・哺乳動物卷》〔Z〕，卷四 P.60～61 並附圖 5。

〔註 43〕Encyclopedia Americana〔Z〕, Vol.21，PP.99～100,Oryx.Danbury, Grolier Inc.1988.

這條；角長近一米，符合「長角」這一條（「角長過身」則屬文人的誇張）；產在東北非、阿拉伯半島，符合卜剌哇國（索馬里巴拉韋）的地理環境。所以，下西洋之人記載的馬哈獸應是直角羚，特別是其中的（阿拉伯）劍羚。

麋里羔獸——印度藍牛

注：略，詳見本書中《麋里羔獸考》中英文版。

腽肭臍——小靈貓

鄭和下西洋多次到過舊港國（今印尼蘇門答臘（島）巴領旁地區）。下西洋之後的有些史書又稱之爲三佛齊國，浡淋邦（如《西洋朝貢典錄》、《殊域周咨錄》）。鄭和水師在那裡還剿滅了爲非作歹的陳祖義海盜勢力，建立了正常的政治秩序和與明朝的通商邦交朝貢（藩屬）關係。「中使鄭和齎往賜之。自是比諸番國，朝貢不絕」〔註 44〕。嚴從簡《殊域周咨錄》記到，當地產一種小型獸腽肭臍：「獸形如狐，腳高如犬，走如飛。取其腎以漬油，名曰腽肭臍」〔註 45〕。嚴從簡雖是下西洋之後的人，沒下過西洋。但他當是從下西洋之人的記述中或傳說中以及宋元的文獻中瞭解到腽肭臍的，至少是因下西洋開通了或加強了與產地的交往或聯繫而熟知腽肭臍的，故也在此考辨之。

直接記載下西洋見聞的三本書（《瀛涯勝覽》、《星槎勝覽》、《西洋番國志》）沒提過腽肭臍，明以前的史籍卻對此有所記述。元代汪大淵記，波斯離（國）（今伊拉克巴士拉地區）「地產琥珀、軟錦、駝毛、腽肭臍、沒藥、萬年棗」〔註 46〕。蘇繼廎釋之爲香狸（civet，據英語，又譯成香貓、麝貓），但未做論證。再往前溯，南宋趙汝適曾記：「腽肭臍出大食伽力吉國（kalhat, kalkat, khallidj,一說指東北非的埃塞俄比亞一帶〔註 47〕）。其形如猾，肢高如犬。其色或紅或黑，其走如飛。獵者張網於海濱捕之。取其腎而漬以油，名腽肭臍。番惟渤泥最多」〔註 48〕。馮承鈞譯注：「綜考諸說，以腽肭臍所指

〔註 44〕嚴從簡：《殊域周咨錄・南蠻・三佛齊》〔M〕。
〔註 45〕嚴從簡：《殊域周咨錄・南蠻・三佛齊》〔M〕。
〔註 46〕汪大淵：《島夷志略・波斯離》〔M〕，蘇繼廎校釋本，北京：中華書局，1981年。
〔註 47〕參沈福偉：《中國與西亞非洲文化交流志》〔M〕，上海：上海人民出版社 1998年，P.411。
〔註 48〕參沈福偉：《中國與西亞非洲文化交流志》〔M〕，P.411。

之物有三。一爲香狸（civet）；……二爲海狸（beaver）；……三爲海狗（seal）」〔註 49〕。馮考沒有確定膃肭臍到底是上述三種動物中的哪一種，且對英語的翻譯也有誤。Seal 現在一般譯爲海獅。海獅與海狗（northern-fur-seal）是兩種動物而不是一種動物的兩個名稱。只不過有些相像，同屬哺乳綱、鰭齒目、海獅科而已。Beaver 在現代動物學上一般稱爲或譯爲河狸。野生的海狸鼠則只產於南美和西印度群島〔註 50〕。Civet 在現代動物學上一般譯爲靈貓（類、科）。靈貓是食內目的一科，體形較大細長，後足僅具 4 趾，四肢短，具腺囊。共 35 屬 72 種。主要分佈在亞洲和非洲南部的熱帶和亞熱帶地區。其中非洲靈貓、大靈貓和小靈貓以產靈貓香聞名世界。據當代語言學研究，香狸即小靈貓〔註 51〕。小靈貓（viverricula indica）體長約 48～58 釐米，尾長 33～41 釐米，其大小外形合於「獸形如狐」。而上述其他動物皆不符。小靈貓四肢短，合於「腳高如犬」。它行動敏捷迅速，合於「其走如飛」。這一條海獅、海狗、河狸、海狸鼠都做不到。且海獅海狗四肢已演化爲鰭狀，在陸上行動遲鈍。小靈貓全身棕黃，通體呈黑褐色斑點，背部頸部有黑褐色條紋，尾部有黑棕相間的環紋。這條基本合於「其色或紅或黑」，而其他的海狗海狸等均與之迴異。小靈貓在會陰部也具發達的芳香腺囊，所分泌的靈貓香聞名遐邇，是配製高級香精必不可少的定香劑〔註 52〕。併合於「取其腎而漬以油」。所以不管《殊域周咨錄》、《諸蕃志》所說的「名曰膃肭臍」是指這種獸呢，還是這種獸的腎油呢，那種獸都應是小靈貓。也不管李時珍所說的膃肭獸、骨豽、海狗、「膃肭臍一名海狗腎」〔註 53〕，它們在現代動物學上指什麼動物，是用什麼動物的器官製作的藥物，趙汝適、嚴從簡所記的膃肭臍均應是現代動物學上的小靈貓（或小靈貓香）。而李時珍所記所畫的膃肭獸則是今日所稱之海狗（Callorhinus ursinus）〔註 54〕。

本文運用現代歷史學、地理學、生物學、語言學等知識，從詞源、生態

〔註 49〕趙汝適：《諸蕃志・志物・膃肭臍》〔M〕，馮承鈞校注本，北京：中華書局，1956 年。

〔註 50〕《中國大百科全書・生物學卷》〔Z〕，卷一 P.485 海狸鼠條。

〔註 51〕《現代漢語大詞典》〔Z〕，北京：漢語大詞典出版社，2002 年，下冊 P.3117 香狸條；《漢語大詞典》〔Z〕，北京：漢語大詞典出版社，1993 年，第 12 卷，P.430 香狸條。

〔註 52〕《中國大百科全書・生物學卷》〔Z〕，卷二 P.889～890 靈貓科條並附圖 7；《辭海》〔Z〕，1999 年版縮印本，P.1341 小靈貓條。

〔註 53〕李時珍：《本草綱目》〔M〕 卷 51《獸之二》。

〔註 54〕李時珍：《本草綱目・獸類附圖・膃肭獸圖》〔M〕。

地理、動物區系、野獸形態、中外文獻、古今圖畫等入手，用排查、比對、觀察（到動物園）、實驗等方法，考證出下西洋之人所見甚至所引進而今人未考證或未考證正確之異獸六種，即神鹿——馬來貘，飛虎——鼯猴，草上飛——猞猁，馬哈獸——阿拉伯劍羚，麋里羔獸——印度藍牛，膃肭臍（獸）——小靈貓。這些信息傳入後，對中國動物學知識的長進和中外物質文化交流都起了有益的作用，這也是鄭和下西洋所發揮的積極作用之一（自然下西洋也有消極面）。

To Verify Rare Animals Watched and Introduced in during Sailing to Western Ocean

Abstract

Those peoples who attended the sailing to the Western Ocean led by Zheng He watched many rare animals in the south-east Asia, south Asia, west Asia and east Africa which didn't live or were seldom seen in China. Some of them were introduced in China also. What animals are those Shenlu, Feihu, Caoshangfei, Mahashou, Miligaoshou, Wanaqi among them today? About it the scholastic circles, or didn't verify, or didn't investigate them right, or have various opinions. This paper employs the knowledge of contemporary zoology, combining the ancient documents with contemporary ones and doing home with abroad, by means of arrangement and inspection, comparison and contrast, observation and experiment, researches out of them as Malayan tapir, cynocephalidae, lynx, Arabian oryx, Indian nylghaubull and rasse civet. At same time it discusses some concerning problems.

Key words: Sailing to Western Ocean, Six rare animals , What are they today.

附圖 1　馬來貘

取自《中國大百科全書・生物學》第二卷第 1005 頁。

附圖 2　飛蜥

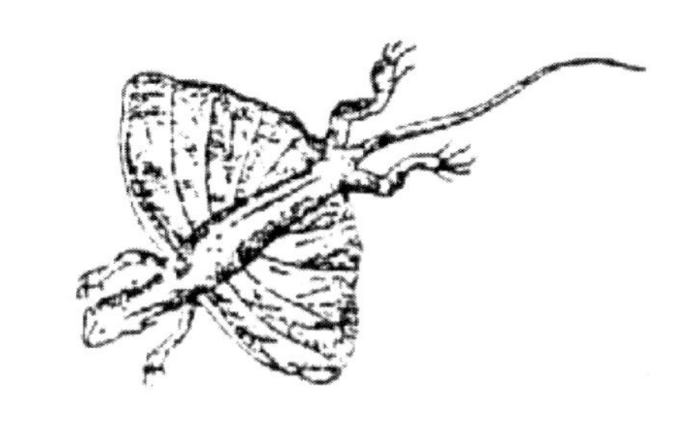

取自《辭海》1989 年版上冊第 288 頁。

附圖 3　鼯猴

取自《世界動物百科・哺乳動物》第一卷第 44 頁。

附圖 4　猞猁

取自《中國大百科全書・生物學》第二卷第 1290 頁。

附圖 5　劍羚

取自《世界動物百科·哺乳動物》第四卷第 60 頁。

附圖 6　雄性印度藍牛

取自《世界動物百科·哺乳動物》第四卷第 59 頁。

附圖 7　小靈貓

取自《中國大百科全書·生物學》第二卷第 890 頁。

下西洋引進之麋裏羔獸考

摘　要

本文從詞源語言、生態地理、動物區系、野獸形態、中外文獻、古今圖畫等入手，鉤沉輯佚，剔抉爬羅，排查比對，考證出鄭和下西洋時引進的麋里羔獸當是印度特產的藍牛。

關鍵詞：下西洋，麋里羔獸，藍牛。

中圖分類號：K248.105，Q959.8

文獻標識碼：A

下西洋引進的麋里羔獸今爲何獸，前輩學者如馮承鈞、張星烺、向達、鄭鶴聲、管勁丞等均未進行考證，至今仍是啞謎。值此鄭和船隊首下西洋 600 週年之際（1405～2005）。筆者知難而上，勉爲考證，以就教於方家，共襄大慶。

引進麋里羔獸之事見兩方碑銘。一方是下西洋的正使太監鄭和、王景弘等於宣德六年（1413 年）春天（即歲次辛亥春朔）立的《天妃宮石刻》。其銘文曰：「永樂十五年統領舟師往西域，其忽嚕謨斯（伊朗霍爾木茲）國進獅子、金錢豹、西馬（阿拉伯馬），阿丹（也門亞丁）國進麒麟，番名祖剌法（giraffe, 長頸鹿），並長角馬哈獸（阿拉伯直角羚）；木骨都束（索馬里摩加迪沙）國進花福鹿（斑馬）並獅子；卜剌哇（索馬里巴拉韋）國進千里駱駝並駝雞（鴕鳥）；爪哇國、古里（印度卡利卡特）國進麋里羔獸。各進方物，皆古所未聞者。及遣王男王弟捧金頁表文朝貢」〔註 1〕。同年冬天（即宣德六年歲次辛亥仲冬吉日）鄭和、王景弘等又立下了《天妃之神靈應記》碑，其銘文再次講述前面《天妃宮石刻》所說的西域諸國獻珍禽異獸事。重申「爪哇、古里國進麋裏羔獸。若藏山隱海之靈物，沉沙棲陸之偉寶，莫不爭先呈獻」〔註 2〕。由此可知，爪哇、古里進麋（麋）里羔獸事不是孤證，完全屬實。

研究考證動物之古今名對應問題的思路和方法應該是，根據古人對它的形態習俗描述，釐清其詞源，在當代動物中排查篩選，把若干候選者與動物園裏、圖片上、電影、電視、光碟上的相關動物比照，參考現代動物志動物書上對那些動物的介紹，然後按圖索驥對號入座確定它（們）是今天的什麼動物，有些什麼特點。運用這些方法手段，前輩學者和今人（包括本人）已考出了下西洋所見的大部分珍禽異獸，下西洋引進的大部分珍貴動物（如我們前面已夾註出的許多大中型珍貴動物的今名）。所以那是科學的有效的研究方法和路徑。那麼，麋里羔今爲何獸呢？現在找得到的下西洋之人留下的各種文獻，如費信《星槎勝覽》、馬歡《瀛涯勝覽》、鞏珍《西洋番國志》、佚名《鄭和航海圖》等都未提及麋里羔獸一事。明人的有關文獻如黃省曾《西洋朝貢典錄》、嚴從簡《殊域周咨錄》、陳仁錫《皇明世法錄》等也未提及，有關明代的重要史料史籍如《明實錄》、《明史》等均也未提及。所以，我們無

〔註 1〕《婁東劉家港天妃宮石刻通番事蹟記》，載〔明〕鞏珍著《西洋番國志・附錄》，中華書局 2000 年向達校注本，第 52 頁。

〔註 2〕福建《長樂南山寺天妃之神靈應記》，載《西洋番國志・附錄》，第 53 頁。

從著手，只好把視線投向散失在海外的明代古籍和西方漢學家的研究上面。

據諸多西方漢學家研究，大概是朱元璋的第十七子寧獻王朱權（1378～1448 年）可能於 1430 年左右編成《異域圖志》一書。該書後被余文臺收入於明末 1609 年刊行的《萬用正宗不求人全編》之中〔註 3〕。筆者查遍了我所在地區的圖書館，也查檢了國家圖書館、北京大學圖書館、中國科學院圖書館的藏書，均未找到《異域圖志》，也未找到余文臺的《全編》叢書。故盼見過者惠示。西方漢學家說他們見到的存世的此書只有一本，現藏劍橋大學圖書館〔註 4〕。劍橋的那本《異域圖志》是 1489 年由廣西地方官員金銑主持付梓刊行的〔註 5〕。該書寬 19 釐米，長 31 釐米，估計完本共約 100 連頁 200 單頁（線裝書一張紙折疊成兩面印字爲一連頁兩單頁）。因已撕掉缺失了幾頁〔註 6〕，現存共 195 單頁〔註 7〕。該書後面有個附錄，題爲《異域禽獸圖》，有七連頁即共十四頁〔註 8〕。

《四庫全書總目．史部．地理類存目》「異域志」條曰：「其書雜論諸國風俗物產土地，語甚簡略。頗與金銑所刻《異域圖志》相似」。「異域圖志」條曰：該「書後有明廣信府知府金銑序……爲明人所作無疑。其書摭拾諸史及諸小說而成。頗多疎舛。……其他敘述，亦太寥寥」〔註 9〕。由此可知，西方漢學家所見的《異域圖志》及對它的研究屬實合理。

《異域圖志》現存共 182 幅插圖〔註 10〕，其中《異域禽獸圖》共畫有十四幅圖，依次爲鶴項（犀鳥）〔註 11〕、福鹿（斑馬）、麒麟（長頸鹿）、白鹿、

〔註 3〕參李約瑟：《中國科學技術史》第五卷《地學》，科學出版社 1976 年版，第一分冊第 35～36 頁。

〔註 4〕同上。

〔註 5〕cf.A.C.Moule:An lntroduction to the I Yü T'u Chin, T'oung Pao（《通報》）, Leiden, 1930, Vol.27,P.188。

〔註 6〕cf.ibid.PP.179～180。

〔註 7〕cf.A.C.Moule:Some Foreign Birds and Beasts in Chinese Books, The Journal of the Royal Asiatic Society of Great Britain and Ireland, 1925 年卷， P.248。

〔註 8〕cf.A.C.Moule:An lntroduction to the I Yü T'u Chin, T'oung Pao（《通報》）, Leiden, 1930, Vol.27,P.188。

〔註 9〕《四庫全書總目》卷 78《史部．地理類存目七》，第 678 頁，中華書局 1965 年版。

〔註 10〕cf.A.C.Moule:Some Foreign Birds and Beasts in Chinese Books, The Journal of the Royal Asiatic Society of Great Britain and Ireland, 1925 年卷，P.248。

〔註 11〕據莫爾（Moule）考證，鶴項應爲鶴頂之誤。參同上，PP.253～254。的確，馬歡《瀛涯勝覽．舊港國》條對鶴頂鳥有較詳的描述。

獅子、犀牛、黃米里高、金線豹（金錢豹）、哈剌虎剌（caracal，獰貓）、玄豹（黑豹）、馬哈獸（直角羚）、青米里高、米里高、阿革羊（肥尾羊）〔註 12〕。在這些獸圖中，有十三種獸類、一種鳥類。米里高獸則有三幅圖或出現了三次，一次注明是黃米里高，一次注明是青米里高（即藍色米里高，例如青天、青山綠水、青苔等皆指藍色），一次未注明是什麼顏色。竊以爲，《異域圖志・異域禽獸圖》中的米里高與鄭和下西洋碑銘中的麋里羔、麋里羔顯然是同一種動物的譯音詞的不同形式。因爲漢語是表音文字，可以用若干字來表示同一個音。據仔細端詳過《異域禽獸圖》的西方漢學家說，三種米里高的圖畫與那隻「白鹿」很相像，米里高的足是偶蹄，尾巴和鬃毛像騾子，胸前有一簇毛，頭上有兩隻小尖角〔註 13〕。

下西洋的碑銘講古里國進麋（麋）里羔獸。古里公認指印度西海岸的卡利卡特（Calicut）。故我們把搜尋的目光投向印度。經過排查比對，我們鎖定了印度羚（the Indian antelope），它又叫鹿牛羚〔註 14〕；或曰藍牛（bluebull）；或曰藍鹿（bluebuck）；俄語稱其爲藍牛羚（антилопа нильгай）；印度人稱其爲「里高」（नील गाय），印地語意爲「藍牛」〔註 15〕。里高顯然是該獸印地語稱謂的譯音。「里高」一詞 18 世紀時進入英語，轉寫爲 nylghau，19 世紀時演變爲 nilghai〔註 16〕。現代英語中仍保留 nilgai、nylghau、nylghai 這些單詞。該獸的學名爲 Boselaphus tragocamelus。以上的論述表明麋里羔疑似獸藍牛的產地對、名稱發音基本對，nylghau 之明代中文譯音爲「里高（羔）」。只是不知爲什麼前面多了一個 mi 米音。可能是覺得「里高」發音不響亮，加個 mi 音說「米里高」發音響亮。此音待考，望方家賜教。

下面論證我們如此掃描鎖定的動物形態學依據。該獸中譯名中有一名爲鹿牛羚，英語名中有一名爲藍鹿，說明它有些像鹿，這符合前面提到見過它

〔註 12〕〔明〕朱權？《異域圖志》附《異域禽獸圖》，劍橋大學圖書館藏本。括弧前的動物名爲原名，括弧內的動物名爲西方漢學家考證出的今名。cf.. J. J. L. Duyvendak：The Mi-li-kao Identified, T'oung Pao（《通報》），Leiden, 1940, Vol.35, p.216。

〔註 13〕cf. ibid., p.216。

〔註 14〕鹿牛羚的稱謂見王同憶主編譯：《英漢辭海》下卷第 3524 頁，國防工業出版社 1987 年版。

〔註 15〕本文涉及的印地語知識蒙川大南亞研究所楊仁德研究員指教，特此鳴謝。

〔註 16〕cf. The Oxford English Dictionary, second edition, Clarendon Press,1989, Oxford, Vol.10, p.421, p.618。

的畫匠把它畫得像鹿，見過米里高圖畫的漢學家說它被畫得像鹿。在分類學上，藍牛（現在起統稱爲藍牛）屬偶蹄目牛科藍牛屬印度羚羊種，這與前面所說的特徵偶蹄吻合。雄體的藍牛有短而稍彎的尖角，喉部有一簇黑色長毛〔註 17〕。這兩個特徵與西方漢學家說的米里高頭上長兩隻小尖角，胸前有一簇毛完全吻合（參附圖）〔註 18〕。關於一簇毛需多說兩句。因藍牛喉部有一簇長毛，拖到了胸前，故被古人前人說成它胸前有一簇毛。這兩個特徵的對應對於我們把麋里羔鎖定爲藍牛至關重要。另外，藍牛有鬃毛，其鬃毛和尾巴也和騾接近。這兩點基本符合古人和洋人的描繪和描述。因騾子也有較驢長，但較馬又稀、短的鬃毛。通過以上的論證，我們現在可以確定，下西洋引進的麋（糜、米）里羔（高）獸便是今天的印度藍牛。

因中國人對藍牛很陌生甚至沒聽說過，下面對它做一簡介。藍牛因雄性具藍灰色毛而得名，雌性毛淺褐紅色（這也合了《異域禽獸圖》說有青米里高、黃米里高之分）。體長 1.8～2.0 米，肩高 1.2～1.5 米，體重約 200 公斤，屬體型最大的羚羊類。雌性略小。四肢長，前肢略長於後肢。腹、耳、面、喉部和蹄上方有白色斑塊。兩性都有短鬃毛（這也合了鬃毛像騾之說）。生活於印度半島中部的森林、灌叢、草地。白天活動，主要吃草。每年 12 月產仔，每胎產 1～2 仔，壽命約 15 年〔註 19〕。

最後還有一個小問題，即下西洋的碑銘說印尼的爪哇國也向明朝進獻了麋里羔獸。但印尼並不產藍牛。這似乎只能解釋爲或許兩方碑銘中的爪哇是對印度某邦的誤稱，或許是印尼的某種動物被誤認爲是麋里羔了，或者可能是爪哇從印度引進了麋里羔又轉手進獻。不過西方學者指出，印尼爪哇出產的野獸動物根本沒有哪種長得有點像印度藍牛〔註 20〕。我認爲，把印度某邦誤記爲印尼爪哇不可能，因爲下西洋船隊多次到過爪哇，下西洋之人對爪哇非常熟悉，下過西洋的馬歡著《瀛涯勝覽》、費信著《星槎勝覽》、鞏珍著《西洋番國志》均立有爪哇國篇。所以決不會在地理上搞混。而印度、印尼自古

〔註 17〕參《簡明不列顛百科全書》第 5 卷第 115 頁藍牛條，中國大百科全書出版社 1986 年版。

〔註 18〕取自《世界動物百科·哺乳動物》第四卷，臺北廣達出版有限公司 1984 年版，第 59 頁。

〔註 19〕參《中國大百科全書·生物學》第二卷藍牛條，第 840 頁，中國大百科全書出版社 1991 年版。

〔註 20〕cf. J.J.L.Duyvendak : The Mi-li-kao Identified, T'oung Pao(《通報》), Leiden, 1940, Vol.35, p.218。

以來就有比較密切的經濟、文化等各方面的聯繫。例如，今天印尼巴厘島上的三百萬居民仍主要信奉印度教〔註21〕。下西洋期間（1405～1433 年），「宣德八年（1433 年），（古里）其王比裏廝遣使偕蘇門答臘等國使臣入貢。其使久留都下（北京），正統元年乃命（其使）附爪哇貢舟西還」〔註22〕。這也是 Indonesia 這個國家被中國人叫作印尼的主要原因。所以，我認爲，爪哇進獻的麋里羔——藍牛當是從印度進口再轉手向中國進獻（出口）的。這樣的事在下西洋時期還不時發生。例如榜葛剌（孟加拉）國就不止一次地在下西洋時代向明朝獻麒麟（長頸鹿）：「永樂十三年，又遣其臣把一濟等來朝貢麒麟等物」〔註23〕。又如，「正統三年（1438 年），（該國又）貢麒麟，百官表賀」〔註24〕。孟加拉的長頸鹿便顯然是進口又轉手進獻出口的。

總上所論，下西洋引進的麋里羔獸可以肯定是印度特產的藍牛，其中古里國進獻的是土產的，爪哇國進獻的是從印度進口又轉手出口的。

（原載《鄭和下西洋研究》2007 年總第 4 期，中國國際經濟文化交流雜誌社）

〔註21〕參《中國大百科全書·世界地理卷》巴厘島條，第 66 頁。
〔註22〕《明史》卷 326《外國七》，中華書局 1974 年版，第 8440 頁。
〔註23〕《西洋朝貢典錄》卷中《榜葛剌國》，中華書局 1982 年版，第 90 頁。
〔註24〕《明史》卷 326《外國七》，第 8446 頁。

To Verify What's Beast Miligao Introduced in China during Sailing to Western Ocean

Abstract

Proceeding from etymology and language, ecological geography, animal fauna, shape of beast, documents in home and abroad, ancient and contemporary pictures, this paper verifies out the so-called Miligao beast introduced in China during sailing to the Western Ocean to be as a bluebull of the Indian speciality, by means of hooking and compiling, collecting and selecting, general investigation.

Key words: Sailing to Western Ocean, Beast of Miligao, Indian bluebull.

雌性（印度）藍牛

取自《世界動物百科·哺乳動物》第四卷第59頁。